Aspekte|Beruf

Deutsch für Berufssprachkurse

Unterrichtshandbuch **C1**

von
Stephanie Mock-Haugwitz
Corinna Gerhard
Anna Pohlschmidt

Ernst Klett Sprachen
Stuttgart

Autorinnen: Stephanie Mock-Haugwitz, Corinna Gerhard (Hinweise zur Aussprache und zum Arbeitsweltwissen), Anna Pohlschmidt (Kopiervorlagen, Anpassung der Prüfungstrainings)

Redaktion: Sabine Franke, Leipzig
Herstellung: Franziska Hofbauer
Layout: Andrea Pfeifer, München
Umschlaggestaltung: Anna Wanner

Illustrationen: Sylvia Neuner, München
Satz: Reemers Publishing Services GmbH, Krefeld
Titelbilder: 4X-image und sudok1, Getty Images, München

Informationen und zu diesem Titel passende Produkte finden Sie auf www.klett-sprachen.de/aspekte-beruf

Die Inhalte werden mit größtmöglicher Sorgfalt und nach bestem Gewissen erstellt. Der Verlag und die Autorinnen gehen deshalb davon aus, dass die Angaben und Informationen in diesem Werk zum Zeitpunkt der Veröffentlichung vollständig und korrekt sind. Dennoch übernehmen Verlag und Autorinnen für die Richtigkeit von Angaben, Hinweisen, Ratschlägen allgemein und insbesondere zu gesetzlichen Regelungen sowie eventuelle Druckfehler keine Haftung.

1. Auflage 1 ³ ² ¹ | 2026 25 24
© Ernst Klett Sprachen GmbH, Rotebühlstraße 77, 70178 Stuttgart, 2024. Alle Rechte vorbehalten. Die Nutzung der Inhalte für Text- und Data-Mining ist ausdrücklich vorbehalten und daher untersagt.
www.klett-sprachen.de

Das Werk und seine Teile sind urheberrechtlich geschützt. Jede Nutzung in anderen als den gesetzlich zugelassenen Fällen bedarf der vorherigen schriftlichen Einwilligung des Verlags.

Druck und Bindung: Elanders Waiblingen GmbH

ISBN 978-3-12-**605369**-3

Inhalt

Abkürzungen und Piktogramme	4		
Einleitung	5		
Hinweise, Kapitel 1	22	Kopiervorlagen, Kapitel 1	132
Hinweise, Kapitel 2	32	Kopiervorlagen, Kapitel 2	135
Hinweise, Kapitel 3	42	Kopiervorlagen, Kapitel 3	139
Hinweise, Kapitel 4	52	Kopiervorlagen, Kapitel 4	143
Hinweise, Kapitel 5	60	Kopiervorlagen, Kapitel 5	147
Hinweise, Kapitel 6	70	Kopiervorlagen, Kapitel 6	150
Hinweise, Kapitel 7	79	Kopiervorlagen, Kapitel 7	154
Hinweise, Kapitel 8	89	Kopiervorlagen, Kapitel 8	158
Hinweise, Kapitel 9	98	Kopiervorlagen, Kapitel 9	161
Hinweise, Kapitel 10	107	Kopiervorlagen, Kapitel 10	164
Hinweise Prüfungstraining A	117	Prüfungsübersicht DTB C1	168
Hinweise Prüfungstraining B	122		
Hinweise Prüfungstraining C	124		
Hinweise Prüfungstraining D	126		
Hinweise Prüfungstraining E	129		

Abkürzungen und Piktogramme im UHB Aspekte|Beruf

A	Aufgabe im Kursbuchteil
BAMF	Bundesamt für Migration und Flüchtlinge
BSK	Berufssprachkurs
DTB	Prüfung „Deutsch-Test für den Beruf"
EA	Einzelarbeit
eGER	ergänzter Gemeinsamer Europäischer Referenzrahmen
HA	Hausaufgabe
KB	Kursbuchteil
KG	Kleingruppe(n)
KV	Kopiervorlage
LK	Lehrkraft
PA	Partnerarbeit
PL	Plenum (der gesamte Kurs)
TN	Teilnehmende/r
Ü	Übung im Übungsbuchteil
ÜB	Übungsbuchteil
B	Vorschlag zur Binnendifferenzierung
E	Vorschlag zur Erweiterung der Aufgabe oder Übung
V	Vorschlag für eine methodische Variante
P	Hinweis zu einer Prüfungsaufgabe
▶	Hinweis auf eine Projekt- oder Rechercheaufgabe
▶	Hinweis auf ein interaktives Tafelbild

Informationen und Hinweise zu:

Arbeitsweltwissen
Interkulturelle Kompetenz
Mediation
Registertraining
Schlüsselkompetenzen
Strategie

Einleitung

Willkommen bei Aspekte|Beruf –
Deutsch für Berufssprachkurse

Aspekte|Beruf ist ein speziell für Berufssprachkurse (BSK) im Rahmen der bundesweiten berufsbezogenen Deutschsprachförderung (DeuFöV) entwickeltes Lehrwerk. Es basiert auf dem erfolgreichen Konzept des Mittelstufenlehrwerks Aspekte|neu, ist jedoch inhaltlich konsequent auf berufliche Kontexte ausgerichtet und folgt dem Lernzielkatalog für Basisberufssprachkurse des Bundesamtes für Migration und Flüchtlinge (BAMF).

Das Lehrwerk umfasst die Niveaustufen B2 bis C1 und bereitet in jeweils 400 UE auf die Prüfungen „Deutsch-Test für den Beruf" (DTB) B2 und C1 vor. Mithilfe des Brückenelements B1/B2 meistern auch schwächere TN in 100 UE den Übergang zu B2.

1. Die Konzeption

1.1 Grundlagen, Zielgruppe und Inhalte

Aspekte|Beruf orientiert sich an den Lernzielen für BSK sowie am ergänzten Gemeinsamen Europäischen Referenzrahmen (eGER) und verfolgt einen handlungsorientierten Ansatz. Die im Lernzielkatalog des BAMF formulierten Handlungsfelder und die damit korrespondierenden, im eGER aufgeführten Sprachhandlungen lassen sich mit Aspekte|Beruf vollständig erarbeiten.

Aspekte|Beruf richtet sich an erwachsene und jugendliche Deutschlernende,

- die eine qualifizierte berufliche Tätigkeit in Deutschland anstreben,
- die sich fit für den beruflichen Alltag in Deutschland machen wollen,
- die sich gezielt auf die Prüfung „Deutsch-Test für den Beruf" vorbereiten wollen.

Die Bände B2 und C1 sind in jeweils 10 Kapitel gegliedert; bei Bedarf können für den Übergang von der Niveaustufe B1 zu B2 die vier Kapitel des Brückenbandes B1/B2 vorgeschaltet werden. Pro Kapitel trainieren die TN in B2 und C1 in vier Modulen alle Fertigkeiten inklusive der Aussprache. Im Brückenband B1/B2 sind es drei Module, in denen ein Schwerpunkt auf der Wiederholung von Grammatik liegt. Die einzelnen Kapitel von Aspekte|Beruf sind modular angelegt, sodass ihre Abfolge im Lauf des Kurses flexibel wählbar ist. Aspekte|Beruf ist somit passgenau für jede Kursstruktur adaptierbar.

1.2 Die Komponenten

Der Kursbuchteil ...
mit zehn Kapiteln – jeweils unterteilt in Auftakt, vier Module mit Fokus auf unterschiedliche Fertigkeiten sowie je eine Seite „Kommunikation im Beruf" und Grammatik-Rückschau.
Nach jedem zweiten Kapitel gibt es ein Prüfungstraining und im Anhang eine Redemittel- und Grammatikübersicht, Verblisten sowie eine Übersicht zu den prüfungsvorbereitenden Aufgaben.

Der Übungsbuchteil ...
mit ergänzenden und vertiefenden Übungen zu jedem Kursbuchkapitel, inklusive Lerntipps, Informationen zu Arbeitsweltwissen, Ausspracheübungen, Angeboten zur Selbsteinschätzung und je zwei Wortschatzseiten. Nach jedem zweiten Kapitel folgt ein Schreibtraining.

Das Brückenelement B1/B2 ...
mit vier Kurs- und Übungsbuchkapiteln – unterteilt in Auftakt, drei Module mit jeweils einem grammatischen Schwerpunktthema sowie je eine Seite „Kommunikation im Beruf" und Grammatik-Rückschau. Nach jedem zweiten Kapitel gibt es ein Sprechtraining im KB-Teil und ein Schreibtraining im ÜB-Teil.

Alle Bände als digitale Ausgabe Allango
erhältlich über den Lizenzschlüssel im Kurs- und Übungsbuch mit Werkzeugleiste, Lösungen und zusätzlichen Inhalten.
... und als digitale Ausgabe Blink
mit interaktiven Übungen und LMS für Lernende und Lehrende

Aspekte | Beruf
Deutsch für Berufssprachkurse

Die Audios zum Kurs- und Übungsbuch ...
- flexibel online abrufbar
- auch als Audio-CDs verfügbar.

Onlineübungen und Transkripte ...
flexibel online abrufbar.

Das Unterrichtshandbuch ...
mit einer Einführung zum Lehrwerk und methodisch-didaktischen Hinweisen zu jedem Kapitel und den Prüfungstrainings. Hier finden sich Vorschläge zur Binnendifferenzierung, zu Unterrichtsvarianten, Erweiterungen und (Recherche-)Projekten sowie pro Kapitel 3–4 Kopiervorlagen (darunter jeweils mindestens eine Seite Portfolio). Zudem gibt es Hinweise zur Prüfung „Deutsch-Test für den Beruf (DTB)" und Infokästen zum Thema „Arbeitsweltwissen".

Das digitale UnterrichtsPlus ...
mit Unterrichtshandbuch, Zwischentests, interaktiven Tafelbildern, Kopiervorlagen und mehr.

Einleitung

1.3 Die Niveaustufen

Aspekte|Beruf ist ein Lehrwerk für die Niveaustufen B1/B2, B2 und C1.

Kennzeichnend für die höheren Sprachniveaus ist ein differenzierter Sprachgebrauch, der auch das Verstehen komplexerer Texte und Argumentationskompetenz beinhaltet. Viele TN empfinden den Schritt von Niveaustufe B1 zu B2 als sehr anspruchsvoll, weshalb Berufssprachkurse oft auf 500 statt 400 Unterrichtsstunden ausgelegt sind. Mithilfe des Brückenelements B1/B2 werden bestehende Kenntnisse der TN zunächst aufgefrischt und gefestigt. Neues Wissen wird behutsam ergänzt. Der Fokus liegt auf dem Wiederholen, bekannte Inhalte aus dem Integrationskurs werden auf berufliche Kontexte übertragen und geübt. Anschließend können mit den Bänden B2 und C1 die Inhalte dieser Niveaustufen solide vermittelt und auf die entsprechenden Prüfungen vorbereitet werden.

In Aspekte|Beruf C1 erarbeiten sich die Kursteilnehmenden ein fortgeschrittenes Sprachniveau, mit dem die Hauptinhalte, aber auch Details umfangreicherer und anspruchsvollerer Texte zu konkreten und abstrakten Themen verstanden werden können. Deutschlernende auf C1-Niveau haben eine hohe Argumentationskompetenz und können sich zu einem breiten Themenspektrum differenziert und flexibel ausdrücken. Auch zu komplexen Sachverhalten können sich TN auf diesem Niveau klar, strukturiert und ausführlich äußern. Mündliche Kommunikationssituationen können sie spontan und fließend bewältigen, sodass ein alltägliches berufliches Gespräch ohne Anstrengung möglich ist.

1.4 Die Themen

Die Auswahl der zehn übergeordneten Themen in Aspekte|Beruf orientiert sich an den im Lernzielkatalog des BAMF definierten Handlungsfeldern:

Übergreifende Handlungsfelder:		Berufsbezogene Handlungsfelder:	
A	Gestaltung sozialer Kontakte am Arbeitsplatz	I	Arbeitssuche und Bewerbung
B	Umgang mit Dissens und Konflikten	II	Arbeitsantritt
C	Realisierung von Gefühlen, Haltungen und Meinungen	III	Arbeitsalltag: innerbetriebliche Kommunikation
D	Austausch von Informationen	IV	Arbeitsalltag: Außenkontakte
		V	Regularien am Arbeitsplatz
		VI	Berufliche Aus-, Fort- und Weiterbildung
		VII	Wechsel/Beendigung des Arbeitsverhältnisses

Bei der Themenauswahl und -vertiefung in den Kapiteln ist die Verzahnung von allgemein- und berufssprachlichen Aspekten ein wichtiges Anliegen. Oft sind z. B. Redemittel aus dem allgemeinsprachlichen Kontext bekannt und werden nun auf berufssprachliche Situationen übertragen. Dies kann für TN eine Entlastung darstellen – nicht alles ist neu, manches ist lediglich kontextuell neu verortet, und zwar im Arbeitsleben.

1.5 Das Arbeitsweltwissen

Neben der Vermittlung von Sprachhandlungskompetenz steht im Berufssprachkurs die Vermittlung von Arbeitsweltwissen im Fokus. TN benötigen für eine gelingende Integration ins Berufsleben Wissen über arbeitsweltliche Themen, von denen einige im Integrationskurs bereits behandelt wurden. Die Hinweise zum Arbeitsweltwissen, die sich nicht nur im Übungsbuch, sondern – in größerem Umfang – auch im UHB finden, bieten sowohl für LK als auch für TN detaillierte weiterführende Informationen. Diese Inhalte können im Unterricht je nach Bedarf und durch Einsatz verschiedener Methoden und Medien mit dem Spracherwerb verzahnt vermittelt werden (siehe auch Punkt 6 und 10).

1.6 Das Registertraining

Das Register als der jeweils spezifisch passende sprachliche Ausdruck in kommunikativen Situationen unterscheidet sich in verschiedener Hinsicht: Wortwahl, Grammatik, Intonation, Grad der Formalität usw. Maßgeblich sind die an der Kommunikation beteiligten Personen (z. B. Kollegin, Vorgesetzte, Kunde usw.) und deren Beziehung zueinander sowie die Kommunikationssituation (z. B. Meeting mit Vorgesetzten, Small Talk in der Mittagspause usw.). Das jeweils passende Register in der mündlichen und schriftlichen Kommunikation immer sicherer zu beherrschen, ist ein deutliches Zeichen für sich entwickelnde Sprachhandlungskompetenz. Im Berufsleben sind häufig Registerwechsel gefordert, die Sprachlernende vor besondere Herausforderungen stellen. Daher ist in Aspekte|Beruf Registertraining ein fester Bestandteil des Unterrichts. Ziel ist, Zwischentöne und Feinheiten im sprachlichen Ausdruck wahrzunehmen und gezielt einzusetzen, z. B. Unterschiede zwischen Umgangs-, Bildungs- und Fachsprache. Auch der oft erforderliche rasche Wechsel zwischen Sprachregistern wird geübt, z. B. durch Adressatenwechsel bei einer schriftlichen Aufgabe oder Rollenwechsel bei Aufgaben zur mündlichen Kommunikation (siehe auch Punkt 6, 7 und 10).

1.7 Mediation

Mediationsprozesse spielen im Berufsleben eine wichtige Rolle, weshalb sie im Unterricht nicht nur regelmäßig trainiert, sondern auch reflektiert werden sollten. Im Kurs- und Übungsbuch finden sich daher immer wieder Mediationsaufgaben in beruflichen Kontexten (z. B. bei einem Übergabeprotokoll oder beim Erklären beruflicher Abläufe). Auch im UHB finden sich zahlreiche Anregungen, wie TN das Übertragen von Inhalten in andere Sprachregister, Textsorten, Modalitäten und das Zusammenfassen und Weitergeben von Informationen im Unterricht miteinander üben können (siehe auch Punkt 6, 7 und 10).

1.8 Das Lernen lernen

Aspekte|Beruf greift sowohl im Kurs- als auch im Übungsbuch verschiedene Lerntechniken und Strategien auf, z. B. für das Lernen von Wortschatz, das Abrufen von grammatischen Strukturen, das Erschließen von Lese- und Hörtexten oder das Verfassen von eigenen Texten. Neben der expliziten Präsentation von Strategien und Tipps findet auch ein implizites Strategietraining statt. So sind beispielsweise in den Aufgabenstellungen Strategien integriert, wenn die TN aufgefordert werden, Wortschatz zu systematisieren oder Leitfragen zu einem Text zu formulieren. Der Begriff „Strategie" bezieht sich also nicht ausschließlich auf die Vermittlung von Lernstrategien, sondern auch generell auf ein strategisches Vorgehen beim Bearbeiten von bestimmten Aufgabentypen – wodurch auch ein strategisches Vorgehen im Hinblick aufs Berufsleben gefördert wird. Auch die Förderung der sogenannten Language Awareness, z. B. über metasprachliche Vergleiche von Herkunfts- und Zielsprache, zählt dazu.

1.9 Schlüsselkompetenzen

Der Einsatz von passenden Methoden und Medien bei der Bearbeitung von Aufgaben und der Vermittlung von Techniken und Strategien fördert neben der Sprachhandlungskompetenz auch berufsfeldübergreifende Kompetenzen wie z. B. Problemlösefähigkeit, Teamfähigkeit oder die digitale Kompetenz der TN – sogenannte Schlüsselkompetenzen. Im UHB sind Aufgaben, in denen Schlüsselkompetenzen zum Einsatz kommen oder reflektiert werden, mit entsprechenden Hinweisen versehen. Im Anschluss an die Bearbeitung von Aufgaben sollte deshalb so oft wie möglich eine Phase des Austauschs und der Nachbereitung stattfinden, um TN bewusst zu machen, welche Kompetenzen neben der sprachlichen genutzt und erweitert wurden. Auch der Transfer, welche Schlüsselkompetenzen wo und wann im Arbeits- und Berufsleben benötigt werden und zum Einsatz kommen, wird im UHB immer wieder angeregt.

Einleitung

1.10 Die Grammatik

Auf dem Niveau C1 wird eine kompetente kommunikative Sprachverwendung in Bezug auf Grammatik vorausgesetzt. TN erarbeiten sich neue grammatische Strukturen und deren Regeln und trainieren deren korrekte Anwendung im beruflichen Kontext. Auch wenn der Band für den modularen und flexiblen Einsatz geeignet ist, wurde die Abfolge der grammatischen Themen aufeinander aufbauend und unter Berücksichtigung zunehmender Schwierigkeit gewählt.

Grammatik wird in Aspekte|Beruf immer situativ aus dem Kontext erarbeitet und dient dem Bewältigen bestimmter Sprachhandlungen. Dabei werden die grammatischen Regeln von den TN (induktiv) erschlossen. Beispielsätze sind stets im beruflichen Kontext verortet. Im Übungsbuch können die TN mit vielfältigen Übungen die grammatischen Strukturen festigen. Zusätzlich gibt es am Ende jedes Kursbuchkapitels eine Grammatik-Rückschau der zuvor behandelten Grammatikphänomene. Das UHB bietet hierzu jeweils eine spielerische Aktivität an, die auch später immer wieder kapitelunabhängig zur Wiederholung eingesetzt werden kann.

Im Anhang befindet sich eine Grammatikübersicht über alle behandelten Themen mit Rückverweisen ins Kursbuch. Dies ermöglicht den TN ein Nachschlagen zu Hause zur Vorbereitung, zur Wiederholung oder wenn sie den Unterricht versäumt haben.

1.11 Der Wortschatz

Im Lehrwerk regen Aufgaben und Übungen fortlaufend dazu an, sich strategisch Wörter zu erschließen, einzuprägen und diese zu (re)produzieren. Darüber hinaus beginnt jedes Übungsbuchkapitel mit einer Doppelseite, auf der für das Kapitelthema wichtige Wörter und Wendungen wiederholt und vorbereitend geübt werden. Zum Schluss jedes Übungsbuchkapitels wird der Lernwortschatz auf einer Doppelseite modulweise präsentiert und durch kleine Übungen noch einmal aktiviert. Für den eigenen Beruf(swunsch) wichtige Wörter und Wendungen können ergänzt werden. Im Anhang gibt es zudem Übersichten über Verben mit Präpositionen, Verben mit Dativ, reflexive Verben und unregelmäßige Verben.

Der im Lehrwerk vermittelte Berufswortschatz ist für eine in Bezug auf Beruf und Arbeitserfahrung heterogene Lernendengruppe ausgewählt. Aus den zugrunde liegenden Handlungsfeldern ergeben sich Sprachhandlungen, die im Berufsleben fachübergreifend stattfinden. Der hierfür nötige Wortschatz wird nach und nach aufgebaut, damit TN in häufig vorkommenden Situationen mündlich und schriftlich sicher, angemessen und eindeutig kommunizieren können. Dabei finden allgemeinsprachliche, berufsbezogene und teilweise auch fachsprachliche Elemente Eingang. Die beruflich-praktische Ebene steht dabei stets im Vordergrund, um das Ziel der raschen Integration von TN in den Arbeitsmarkt oder in eine Ausbildung zu fördern.

Zudem wird durch berufsfeldübergreifende Beispiele immer wieder der Transfer bestimmter Redemittel verdeutlicht (z. B. kann die Frage „Was kann ich für Sie tun?" in verschiedenen beruflichen Kontexten gestellt werden: im Möbelhaus, im Restaurant oder am Krankenbett). Die Bewusstmachung dieser Übertragung wird durch Portfolio-Arbeit im UHB unterstützt, bei der Kursbuch-Inhalte individuell an den jeweiligen Berufskontext der TN angepasst werden. Vorkenntnisse, Bedarfe und Interessen der TN werden auf diese Weise bei der Wortschatzarbeit berücksichtigt, was der Förderung und Motivation im Lernprozess dient.

1.12 Interkulturelles Lernen

Interkulturelles Lernen sowie Offenheit für Diversität wird in Aspekte|Beruf angeregt, indem TN Informationen aus der deutschsprachigen Lebens- und Arbeitswelt aufnehmen und sie in Beziehung zu sich selbst, zu ihrer Kultur und zu ihren persönlichen (Berufs-)Erfahrungen setzen. Ziel ist, in unserer durch Diversität geprägten Migrationsgesellschaft angemessen sprachlich handeln zu können.

Der interkulturellen Kompetenz als Schlüsselkompetenz fällt im Sprachkurs generell eine große Bedeutung zu – fürs Berufs- und Arbeitsleben sind bestimmte Themen besonders relevant, wie z. B. Bildungsbiografien, Ausbildungssysteme, Nähe und Distanz in der Kommunikation oder Umgang mit Emotionen und Konflikten. Auch Sprachvergleiche, die Gemeinsamkeiten und Unterschiede zwischen Sprachen aufdecken, haben das Ziel, interkulturelles Lernen und Sprachbewusstsein zu fördern.

Im UHB sind entsprechende Aufgaben oder Übungen gekennzeichnet und oft mit weiterführenden Hinweisen versehen, in denen interkulturelle Kompetenz eine Rolle spielt (siehe auch Punkt 6, 7 und 10). Auch die Portfolio-Kopiervorlagen dienen dem interkulturellen Lernen.

1.13 Die Prüfung

Aspekte|Beruf bereitet gezielt auf den „Deutsch-Test für den Beruf" vor. Der DTB ist ein Kursabschlusstest, dessen Zielkompetenzen den Beschreibungen des eGER entsprechen. Neben der Vermittlung von Deutschkenntnissen geht es um Schlüsselkompetenzen wie z. B. Problemlösekompetenz und Informationsverarbeitungskompetenz. Auch die Förderung von Sprachbewusstsein und Wissen über Sprachverwendung am Arbeitsplatz spielen eine wichtige Rolle. Im Mittelpunkt steht die sprachlich-kommunikative Handlungskompetenz, für die die Registerwahl von Bedeutung ist und für die ein entsprechendes Repertoire an Redemitteln notwendig ist. Die Grundlage hierfür bietet der Lernzielkatalog.

Wichtig ist, dass es nicht um fach-, sondern um berufsorientierte Sprache geht, mit dem Anspruch, die Heterogenität der Zielgruppe zu berücksichtigen und berufsfeldübergreifend Sprachhandlungskompetenz für die Integration in die deutsche Arbeitswelt auszubauen. Deshalb dienen sogenannte authentische Standardsituationen am Arbeitsplatz als Grundlage für schriftliche und mündliche Aufgabenstellungen. Dabei wird auf allgemein bekannte Berufsfelder fokussiert und Fachwortschatz nur kontrolliert verwendet.

Die im Lernzielkatalog zusätzlich aufgeführten Aspekte „strategische Kompetenz" und „außersprachliches Wissen" finden Berücksichtigung, indem Sprache angemessen eingesetzt und Wissen über die Berufs- und Arbeitswelt genutzt und erweitert wird. Die Thematisierung beider Bereiche spielt in BSK eine wichtige Rolle und findet sich im DTB in der Vielfalt an Situationen und der entsprechenden Sprachverwendung wieder.

Im DTB kommen die Fertigkeiten Rezeption, Interaktion, Produktion und Mediation jeweils mündlich und schriftlich vor. In der Durchführung des Tests sind die Fertigkeiten in den herkömmlichen Kategorien bezeichnet: Lesen, Hören, Schreiben und Sprechen, wobei direkt nach dem Subtest *Lesen* der Teil *Lesen und Schreiben* folgt, der diese beiden Fähigkeiten kombiniert prüft. Vergleichbar damit schließt sich an den Subtest *Hören* die Kombination *Hören und Schreiben* an.

Auf S. 168 gibt es eine Übersicht über die Testkomponenten und Aufgaben des DTB C1. Weiterführende Informationen finden sich im „Prüfungshandbuch BAMF" (im Internet als Download verfügbar).

Einleitung

2 Der Kursbuchteil

Jedes der zehn Kapitel des Kursbuchteils in C1 besteht aus 14 Seiten.

Auftakt (zwei Seiten)		
Modul 1 (zwei Seiten)		
Modul 2 (zwei Seiten)		
Modul 3 (zwei Seiten)		
Modul 4 (vier Seiten)		
Kommunikation im Beruf (eine Seite)		Grammatik-Rückschau (eine Seite)
Prüfungsvorbereitung nach jedem zweiten Kapitel (vier bzw. sechs Seiten)		

2.1 Die Auftaktseiten

Die erste Doppelseite bietet einen motivierenden Einstieg in das Kapitelthema. Die TN beginnen mit kommunikativen und kreativen Aufgaben und werden dabei von visuellen Impulsen gelenkt, wie z. B. Anzeigen, Fotos, einem Quiz, Cartoons oder Zitaten. Eine Übersicht der Lernziele und Grammatikthemen mit Angabe des jeweiligen Moduls gibt Orientierung im Kapitel.

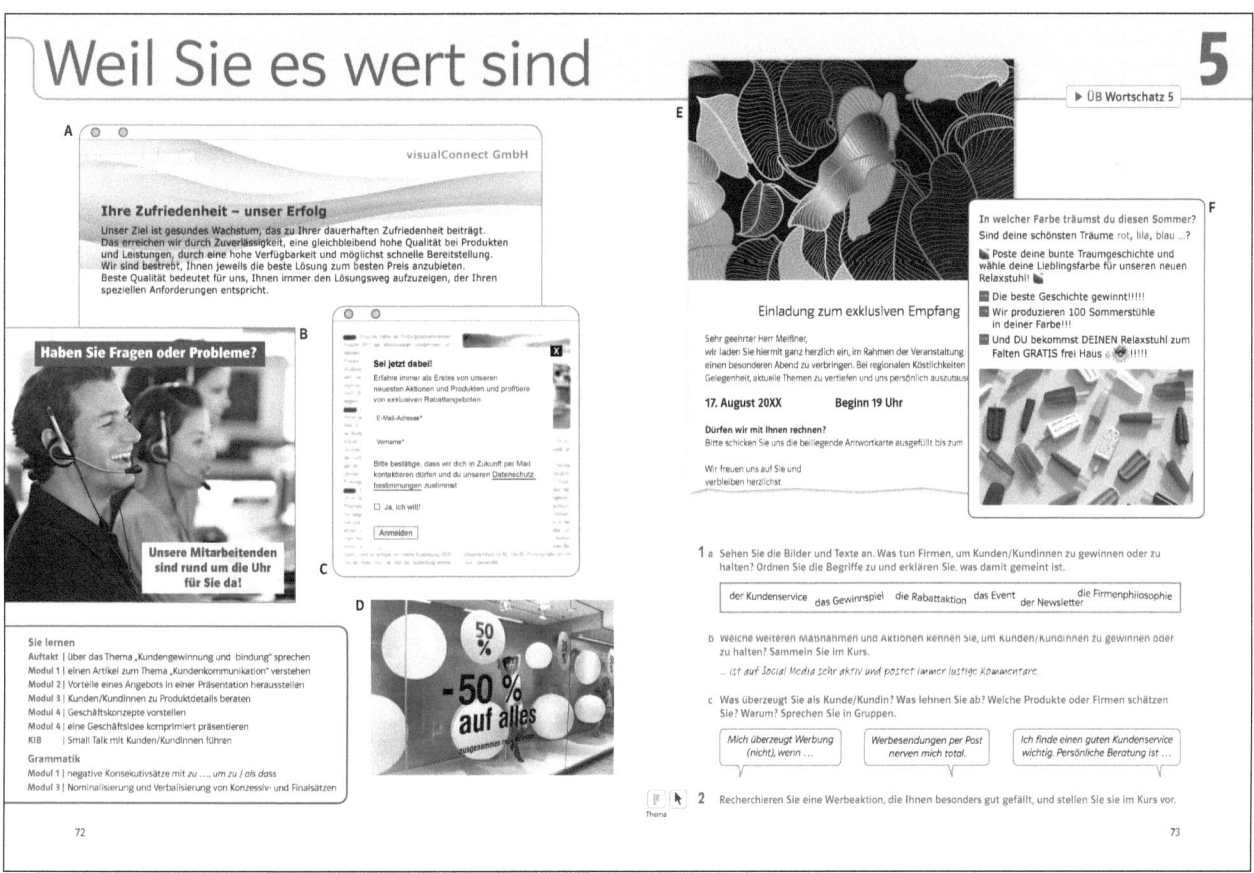

2.2 Die Module

Modul 1 und **Modul 3** umfassen je eine Doppelseite, die **eine Fertigkeit** mit entsprechenden Aufgaben und Texten fokussiert und diese mit einer weiteren Fertigkeit verknüpft, so, wie es im authentischen Sprachgebrauch normalerweise auch vorkommt. In diesen Modulen wird jeweils ein **Grammatikthema** behandelt, das sich aus den Texten oder Sprachhandlungen ergibt.

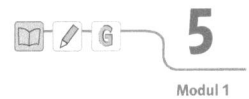

Modul 2 mit einer Doppelseite stellt die intensive Beschäftigung mit **einer Fertigkeit** in den Mittelpunkt der Spracharbeit. Dabei werden auch hier die Fertigkeiten nicht künstlich voneinander getrennt, sondern immer in ihrem natürlichen Zusammenspiel bearbeitet. Die Schwerpunktsetzung beispielsweise auf das Sprechen entsteht durch die Intensität der Aufgaben, die sich auf die Vorbereitung und das Sprechen selbst beziehen. Grundlage für das Sprechen kann ein Lese- oder Hörtext sein oder umgekehrt das Sprechen zum Schreiben führen, beispielsweise in einem Protokoll oder einer Mail.

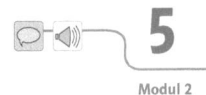

Modul 4 umfasst zwei Doppelseiten und integriert alle **vier Fertigkeiten**. So kann der Einstieg ein Lese- oder Hörtext sein, der über ein Gespräch im Kursraum zu einer sich anschließenden Schreibaufgabe führt. Auf diese Weise werden die Fertigkeiten integrativ ausgeübt, d. h., sie werden so behandelt, wie sie in einer realen Kommunikationssituation gebraucht werden. Dadurch, dass sich die Aufgaben thematisch aufeinander beziehen, erhalten sie Szenario-Charakter: Sprache ist Mittel zum Zweck; die Kommunikation steht im Vordergrund der beruflichen Sprachhandlungssituation.

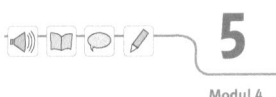

In jedem Kapitel werden Strategien zum Lernen, zur Aufgabenbewältigung oder zu einzelnen Fertigkeiten präsentiert.

„Sprache im Beruf" stellt häufig vorkommende Phänomene und Besonderheiten der gesprochenen und geschriebenen Sprache im beruflichen Kontext vor. Im UHB gibt es Anregungen, wie mit den Strategien und dem Kasten „Sprache im Beruf" umgegangen werden kann.

Jedes Kursbuchkapitel enthält mindestens eine Projekt- oder Rechercheaufgabe, die durch ▶ gekennzeichnet ist.

STRATEGIE
Argumente sortieren
Sammeln Sie zunächst alle Argumente, die Ihnen einfallen. Sortieren Sie die Argumente nach Themen und anschließend nach Wichtigkeit. Damit haben Sie ein Gerüst, an dem Sie sich orientieren können.

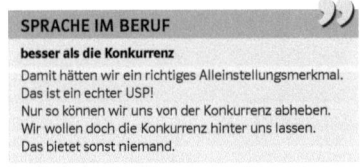

2.3 Kommunikation im Beruf

Die Seite „Kommunikation im Beruf" am Ende eines jeden Kursbuchkapitels sensibilisiert anhand verschiedener beruflich relevanter Themenbereiche und Situationen für die Wahl des angemessenen Registers und übt passende Redemittel ein.

2.4 Die Grammatik-Rückschau

Die Grammatik-Rückschau fasst auf der letzten Kapitelseite noch einmal die Regeln zu den beiden Grammatikthemen aus Modul 1 und Modul 3 übersichtlich und mit Beispielsätzen zusammen.

Einleitung

2.5 Die interaktiven Tafelbilder

Zu jedem Kapitel gibt es ein interaktives Tafelbild, das durch ✏ angezeigt wird. Hier erhalten LK eine weitere Möglichkeit, ein Thema spielerisch und kommunikativ mit TN zu üben und zu vertiefen.

2.6 Die Prüfungstrainings

Die fünf Prüfungstrainings (jeweils vier bzw. sechs Seiten nach jedem zweiten Kapitel) bieten eine Vorbereitung auf den DTB (siehe auch Punkt 1.13). Die einzelnen Formate und Prüfungsteile werden im Detail vorgestellt und die erfolgreiche Lösung mit Strategien und Tipps angeleitet.

Prüfungstraining

Hören Teil 3: Betriebsbezogene Informationen nachvollziehen

1 a In diesem Prüfungsteil hören Sie einen Ausschnitt aus einer Unternehmensversammlu... Um welche Themen könnte es gehen? Sammeln Sie in Gruppen.

Im Kurs- und Übungsbuchteil findet sich zudem immer wieder am Rand das Piktogramm 🅟. Dieses kennzeichnet Aufgaben und Übungen, die den Formaten aus der Prüfung entsprechen und sich deshalb zur Prüfungsvorbereitung eignen. Daneben gibt es das Piktogramm auch in der Variante: 🅟 Thema. Diese Aufgaben bereiten auf die zwölf Themen vor, die im Prüfungsteil *Sprechen Teil 1A* vorkommen können.

Eine Übersicht über alle prüfungsvorbereitenden Aufgaben findet sich im Anhang des Kurs-/Übungsbuchs auf S. 350/351.

3 Der Übungsbuchteil

Im Übungsbuchteil werden Inhalte der Kursbuchkapitel durch weitere Übungen und Texte ergänzt, gefestigt und vertieft. Die meisten Übungen lassen sich selbstständig von den TN bearbeiten. Einzelne Übungen sind, da sie interaktiv oder sehr offen angelegt sind, für den Einsatz im Unterricht konzipiert. Verweise an den Aufgaben im Kursbuchteil zeigen, an welcher Stelle sich die Übungen einsetzen lassen. ◀Ü4 Zeigt der Pfeil nach links, sollte die Übung vorbereitend zur Aufgabe im Kursbuch eingesetzt werden. ▶Ü5 Zeigt der Pfeil nach rechts, sollte die Übung nach der Aufgabe im Kursbuch eingesetzt werden.

3.1 Die Wortschatzdoppelseiten

Jedes Übungsbuchkapitel beginnt mit einer Doppelseite, auf der relevanter Wortschatz zu den Themen des Kapitels aktiviert und wiederholt wird. Die Übungen können vor dem Start in das Kursbuchkapitel bearbeitet werden oder nachdem die Auftaktseiten behandelt worden sind.

3.2 Die Übungen zu den Modulen

Zu allen Modulen stehen im Übungsbuchteil ein bis drei Übungsseiten zur Verfügung. Die Übungen beziehen sich auf alle sprachlichen Bereiche und ergänzen die Themen des Kursbuchteils. Die Übungstypen reichen von geschlossenen, reproduktiven bis hin zu offenen, produktiven Sprachaktivitäten. Vor allem im Bereich Grammatik findet eine Vertiefung und Festigung der im Kursbuch erarbeiteten Strukturen statt. Je nach individuellem Leistungsstand können Sie oder die TN aus zahlreichen Übungen des Übungsbuchs auswählen.

3.3 Die Lerntipps

Tipps zur Unterstützung und Gestaltung des eigenen Lernprozesses unterstützen das selbstständige Lernen. Im UHB werden Anregungen gegeben, wie diese Tipps in den Unterrichtsablauf einbezogen werden können.

TIPP: Vorsilben ändern die Bedeutung von Verben. Erweitern Sie Ihren Wortschatz, indem Sie trennbare und untrennbare Verben rund um ein Kernverb sammeln und Beispielsätze dazu notieren, die die Bedeutungen anschaulich machen.

3.4 Das Arbeitsweltwissen

Passend zu den jeweiligen Inhalten erhalten die TN im Übungsbuchteil kurzgefasste Informationen, die wichtiges Arbeitsweltwissen vermitteln. Im UHB gibt es Hinweise, wie diese Informationen im Unterricht genutzt werden können. Darüber hinaus bietet das UHB (in den Kapiteltexten grau unterlegt) ausführlichere Hintergründe und weitere Informationen zu diesen und weiteren Themen aus dem Bereich "Arbeitsweltwissen", die im Unterricht vermittelt werden können.

INFO: befristete Arbeitsverträge
Es gibt befristete Arbeitsverträge mit Sachbezug (Elternzeit- oder Krankheitsvertretung) und ohne Sachbezug. Befristete Arbeitsverträge ohne Sachbezug haben eine maximale Laufzeit von zwei Jahren. Innerhalb dieser Frist können sie drei Mal verlängert werden. Bei Arbeitnehmenden über 52 Jahre gilt eine maximale Laufzeit von fünf Jahren. Auch bei Anstellungen in Start-ups gelten längere Fristen.

3.5 Die Aussprache

Nach Modul 4 werden Aussprachethemen herausgegriffen, die an das Gelernte aus der Grundstufe anknüpfen, aber darüber hinausgehen. Die Übungen sind zur Sensibilisierung für Ausprachethemen auf der Laut-, Wort- oder Satzebene im Kurs gedacht. Einige Übungen sind für die Partnerarbeit angelegt, andere aber auch für die Einzelarbeit und damit auch für das Üben zu Hause geeignet.

Aussprache: lange Komposita

1 a Hören Sie die Wörter und markieren Sie die Wortakzente.
5.21
1. das Einkommen – die Steuer
2. die Bildung – der Urlaub
3. die Existenz – die Gründung
4. der Alarm – die Anlage

3.6 Die Selbsteinschätzung

Am Ende eines Kapitels erhalten die TN die Möglichkeit, ihren eigenen Lernstand einzuschätzen. In einer Übersicht wird – nach Modulen geordnet – das sprachliche Können beschrieben, das in den Kapiteln erreicht werden sollte. Die Aussagen spiegeln die Lernziele der BSK auf dem Niveau C1 wider.

Die Kann-Beschreibungen beziehen sich auf die rezeptiven, produktiven und interaktiven Sprachhandlungen des Kapitels und korrespondieren mit den Lernzielen auf den Auftaktseiten im Kursbuchteil. Die Aufgabe oder Übung, in der das Lernziel erarbeitet wird, wird direkt im Anschluss der Beschreibung genannt:

▶ M2, A2 bedeutet, dass sich die Beschreibung auf das Kursbuch, Modul 2, Aufgabe 2 bezieht;

▶ ÜB M4, Ü3a bedeutet, dass sich die Beschreibung auf das Übungsbuch, Modul 4, Übung 3a bezieht.

Die TN lesen die Aussagen und bewerten individuell ihr Können:

+ : Ja, das kann ich. Ich bin zufrieden mit meiner Leistung.
O : Im Prinzip kann ich das, aber ich mache noch Fehler.
– : Nein, das kann ich noch nicht. Ich mache noch zu viele Fehler.

Wer „0" oder „-" ankreuzt, kann die entsprechenden Aufgaben und Übungen individuell noch einmal wiederholen.

Einleitung

Entscheidend ist, dass die TN zu einer möglichst realistischen Einschätzung befähigt werden und bei Lernschwierigkeiten selbstständig Lösungsansätze entwickeln. Ein großer Vorteil der Selbsteinschätzung liegt in der Motivation. Durch das kontinuierliche Bearbeiten der Selbsteinschätzung wird der Lernfortschritt bewusst gemacht, was motivierende Erfolgserlebnisse mit sich bringt. Die Selbsteinschätzung folgt dem Portfolio-Gedanken und bietet neben der Einschätzung der eigenen Leistung auch Raum für die Dokumentation der Lernaktivitäten und Fortschritte, die für das eigene Berufsfeld besonders wichtig sind.

3.7 Der Wortschatz

Den Abschluss jedes Kapitels bildet eine Doppelseite Wortschatz, geordnet nach Modulen (max. 70–80 Wörter pro Kapitel). Gelernt werden Ausdrücke, Begriffe, Phrasen und feste Wendungen aus dem Kapitel, die auch berufsübergreifend frequent und relevant sind. (Für eine nicht-lineare Bearbeitung des Lehrwerks ist zu beachten, dass sich der Wortschatz auf diesen Seiten nicht doppelt. Wichtige Wörter zu einem Thema können sich also auf den Wortschatz-Seiten vorhergehender Kapitel befinden.) Die TN können diesen Wortschatz in ihre Sprache übersetzen und somit ein kleines Glossar zu den Kapiteln anlegen. Die Doppelseite endet mit kleinen Übungen, mit denen Lernstrategien für Wortschatz vermittelt, gefestigt und in eine Lernroutine überführt werden können. Die letzte Übung ist jeweils eine Wortschatzsammlung in Form einer Mindmap. Fordern Sie die TN aktiv dazu auf, diese Mindmaps immer wieder zu ergänzen, ggf. auch als Teil ihrer Portfolio-Arbeit (siehe Punkt 10).

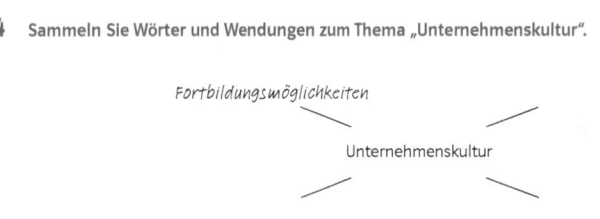

4 Sammeln Sie Wörter und Wendungen zum Thema „Unternehmenskultur".

3.8 Das Schreibtraining

Nach jedem zweiten Kapitel gibt es das Angebot, die Fertigkeit Schreiben zielgerichtet zu trainieren. Am Beispiel einer Textsorte (z. B. Anfrage, Protokoll, Telefonnotiz) aus den beiden Kapiteln zuvor werden folgende Aspekte des Schreibprozesses erarbeitet:

- Was gilt es vor, beim und nach dem Schreiben zu beachten?
- Welche Schritte innerhalb eines Schreibplans sind hilfreich?
- Welche Merkmale hat die behandelte Textsorte?
- Was ist in Bezug auf den/die Adressaten und das entsprechende Register zu beachten?

Im DTB werden verschiedene Gesichtspunkte von Schreibkompetenz geprüft. Neben der inhaltlichen Angemessenheit und der damit verbundenen kommunikativen Aufgabenbewältigung liegt der Fokus bei der sprachlichen Angemessenheit nicht auf bildungssprachlichem Ausdruck, sondern vielmehr auf den Kriterien „Lesbarkeit" (durch klare, präzise Ausdrucksweise und die Produktion eines zusammenhängenden Textes) und „adressatengerechtes Schreiben", d. h. der Wahl des angemessenen Registers. Hierfür werden auf den Schreibtrainingsseiten verschiedene Übungen angeboten, die die einzelnen Aspekte oder kombinierte Varianten trainieren und den Schreibprozess begleiten. Die Übungen werden ergänzt durch Tipps und Checklisten zur jeweiligen Textsorte, die Selbstreflexion sowie Metakommunikation während des Schreibprozesses initiieren und fördern.

> **Checkliste: nachdrückliche/fordernde Mail**
> ☐ Stil: nachdrücklich und klar, ohne unhöflich zu werden
> ☐ Register: formell
> ☐ Grammatik: Imperativ mit *bitte* (statt Bitten mit Konjunktiv); *wenn-dann*-Sätze
> ☐ Wortschatz: nachdrückliche Alternativen zu *bitten* (z. B. *auffordern, dringend ersuchen*); *Beschwerde, Mahnung, Frist, rechtliche Schritte, Konsequenzen*

Generell und über die Schreibtrainingsseiten hinaus sollten Sie als LK die schriftsprachliche Kompetenz der TN stets im Blick haben. Im BSK spielt die Fertigkeit Schreiben eine wichtige Rolle, da die Arbeitswelt entsprechend komplexe Herausforderungen bietet, aber auch im Bereich Ausbildung sowie Fort- und Weiterbildung entsprechende Schreibkompetenz vorausgesetzt wird.

4 Der Anhang

Der Anhang bietet die Möglichkeit zum Nachschlagen und zur individuellen Wiederholung:
- eine nach Sprechabsichten geordnete Redemittelsammlung mit Hinweisen auf die Kapitel bzw. Module, in denen die Redemittel erarbeitet werden,
- eine Grammatik-Übersicht der behandelten Themen mit Regeln und Beispielen sowie Hinweisen auf die entsprechenden Kapitel,
- eine Übersicht unregelmäßiger Verben,
- eine Übersicht über Verben, Nomen und Adjektive mit Präposition,
- eine Übersicht wichtiger Nomen-Verb-Verbindungen,
- eine Übersicht über Aufgaben und Übungen im Kurs- und Übungsbuch, die auf den DTB vorbereiten, sowie
- eine Übersicht über die möglichen Themen im Prüfungsteil *Sprechen – Teil 1A*.

5 Die Hörmaterialien

Sämtliche Hörmaterialien zu Aspekte|Beruf sind online zugänglich. Zusätzlich zu dieser Abhörmöglichkeit gibt es das Hörmaterial auch auf CD.

Die TN haben so die Möglichkeit, auch eigenständig und außerhalb des Unterrichts die Audiomaterialien anzuhören und nach eigenem Ermessen so oft wie nötig zu wiederholen.

Die Verweise auf die Track-Nummern finden sich jeweils beim Lautsprecher-Symbol neben den betreffenden Aufgaben oder Übungen. Es werden verschiedene Textsorten wie z. B. Gespräch, Besprechung, Diskussion, Interview, Statement präsentiert und mit entsprechenden Aufgaben bearbeitet.

6 Das Unterrichtshandbuch

Das UHB bietet **didaktische Hinweise** zu **Aufgaben und Übungen** im KB und ÜB und schlägt mögliche Einstiege in die Kapitel vor. Da sich das UHB an didaktisch ausgebildete LK im BSK richtet, wird nicht jede Aufgabe kommentiert. Vielmehr liegt der Fokus darauf, punktuell ergänzende oder alternative Aktivitäten sowie Möglichkeiten der Binnendifferenzierung anzubieten, mit denen der Unterricht auf die Bedürfnisse der jeweiligen Lernendengruppe zugeschnitten werden kann. Vertiefende Informationen zum Arbeitsweltwissen, Hinweise zur Kompetenz- und Strategieentwicklung und zur Mediation setzen wichtige Schwerpunkte in der Unterrichtsvorbereitung und helfen den TN über den Kurs hinaus bei der Integration in den deutschen Arbeitsmarkt.

Das UHB unterstützt LK zudem dadurch, dass an entsprechenden Stellen Verweise oder Rückbezüge z. B. zu anderen Kapiteln, Modulen, Aufgaben, Hinweisen, Prüfungstrainings, Inhalten des Anhangs usw. zu finden sind.
Die **Lösungen** zu den Aufgaben und Übungen finden sich online.

Zu Beginn gibt eine **Übersicht** Auskunft über die Themen und Inhalte sowie die Lernziele des Kapitels. Daran schließen sich die Hinweise zur Auftaktseite, den Modulen, der Seite „Kommunikation im Beruf", den Aussprache-Übungen (im ÜB) und der Grammatik-Rückschau an.

In der Randspalte finden sich neben den Aufgaben- und Übungsnummern, zu denen es didaktische Kommentare gibt, auch **Piktogramme und Hinweise** auf wiederkehrende Elemente des Lehrwerks sowie auf die Kopiervorlagen:

Binnendifferenzierung: B weist auf Möglichkeiten und Umsetzungsideen hin, wie der Unterricht mit Aspekte|Beruf auf die heterogenen Voraussetzungen und Bedürfnissen der TN im BSK angepasst werden kann. Dabei spielen nicht nur unterschiedliche Berufe (oder Berufswünsche) und Berufserfahrungen eine große Rolle, sondern auch andere Aspekte wie sprachliche Vorkenntnisse, Lerngeschwindigkeit, Medienkompetenz usw. Durch Binnendifferenzierung im Unterricht wird das eigenständige Arbeiten und Lernen gefördert, indem TN häufig Alternativen zur Auswahl angeboten bekommen, z. B. beim Umfang einer Hausaufgabe oder bei der Wahl der Sozialform. TN

Einleitung

reflektieren auf diese Weise ihren Lernstand, treffen Entscheidungen und evaluieren anschließend ihren individuellen Lernprozess. Dabei wird der diversitätssensible Umgang in der Lerngruppe trainiert – eine wichtige Schlüsselkompetenz fürs Berufsleben.

Erweiterungen und Varianten: Neben dem vorgesehenen Ablauf von Aufgaben und Übungen werden im UHB an zahlreichen Stellen Vorschläge gemacht, die die Aktivitäten um einen zusätzlichen Schritt erweitern E oder Variation V in den Ablauf bringen. So lässt sich der Unterricht passgenau und abwechslungsreich gestalten.

Interaktive Tafelbilder: Wie im KB ist auch im UHB markiert, zu welchen Aufgaben im Kursbuch interaktive Tafelbilder genutzt werden können.

Projekt- und Rechercheaufgaben: Wie im KB sind Projekt- und Rechercheaufgaben im UHB mit ausgezeichnet. In den Hinweisen finden sich meist Vorschläge in Form von Links für die Recherche oder sonstige Hilfestellungen.

Prüfung: P macht deutlich, welche Aufgaben und Übungen einem Format des DTB entsprechen. Im UHB finden sich zudem Querverweise zwischen Aufgaben bzw. Übungen und den Prüfungstrainingsseiten.

Kopiervorlagen (KV): Zu jedem Kapitel gibt es 3 bis 4 Kopiervorlagen im Anhang, die in den didaktischen Hinweisen an passender Stelle beschrieben sind. Mit den KV lassen sich ausgewählte Unterrichtsinhalte vertiefen oder noch ausbauen. Eine Besonderheit sind die **Portfolio-KV** (meist eine KV pro Kapitel). Diese dienen dem Wissenstransfer von Inhalten aus dem Unterricht in die persönlichen (Wunsch-)Berufe der TN und der vertiefenden Beschäftigung mit erlernten oder angestrebten Berufen oder Berufsfeldern in Deutschland.

Arbeitsweltwissen: Die Hinweise zum *Arbeitsweltwissen* enthalten detailliertere Informationen zu einem Thema, Begriffen oder Fakten, die im KB oder ÜB direkt oder indirekt vorkommen. Weitere Informationsquellen werden benannt, die von LK und TN für eine weiterführende Recherche genutzt werden können. Die Hinweise können sich auf ein Thema (z. B. Kündigung), eine Organisation (z. B. Deutscher Gewerkschaftsbund), einen Sachverhalt (z. B. gesetzliche Rentenversicherung in Deutschland) oder einen Begriff (z. B. Rapportzettel) beziehen. Während im ÜB sehr knappe Info-Einträge zu diesem Thema zu finden sind, gibt es im UHB ausführliche Info-Kästen (siehe auch Punkt 1.5).

Interkulturelle Kompetenz: In der Randspalte des UHB werden Aufgaben und Übungen mit dem Schwerpunkt *interkulturelle Kompetenz* ausgewiesen. Das ist beispielsweise dann der Fall, wenn es um die Sensibilisierung für potenzielle Gemeinsamkeiten und Unterschiede zwischen Herkunfts- und Zielland geht. Bereits im Integrationskurs spielen die Themen „Diversität" und „interkulturelle Kommunikation" eine wichtige Rolle. Kommunikative Situationen am Arbeitsplatz fordern häufig Sensibilität für kulturelle Unterschiede, weshalb im Unterricht immer wieder Erfahrungsaustausch angeregt und interkulturelle Aspekte beleuchtet werden sollten (siehe auch Punkt 1.12).

Mediation: Aufgaben und Übungen, in denen *Mediation* eine Rolle spielt, sind in der Randspalte des UHB ausgewiesen. Mediationsprozesse spielen im Berufsleben eine wichtige Rolle (z. B. bei der Übergabe von Informationen oder bei der „Übersetzung" betrieblicher Inhalte für Kunden und Kundinnen), daher sollten sie im Unterricht nicht nur trainiert, sondern auch reflektiert werden. Im UHB finden sich Anregungen, wie TN Sprachmittlung, das Übertragen von Inhalten in andere Sprachregister und das Zusammenfassen von Informationen im Unterricht miteinander üben können. Hierfür werden verschiedene Sozialformen und Methoden genutzt, die sich gegenseitig ergänzen (siehe auch Punkt 1.7).

Registertraining: Aufgaben und Übungen, in denen es um *Registertraining* (siehe Punkt 1.6) geht oder an die sich ein solches anschließen lässt, sind im UHB in der Randspalte gekennzeichnet.

Schlüsselkompetenzen: Wenn bei Aufgaben und Übungen berufsübergreifende *Schlüsselkompetenzen* (wie z. B. Recherche- oder Medienkompetenz) trainiert oder thematisiert werden und dies möglichst auch für TN transparent gemacht werden sollte, findet sich im UHB in der Randspalte ein Hinweis (siehe auch Punkt 1.9).

7 Online-Übungen

Zu jedem Kapitel finden die TN vier zusätzliche Übungen online. Diese wiederholen und vertiefen spielerisch Wortschatz, Redemittel und Grammatik oder üben das Hör- und Leseverstehen.

8 Die Zwischentests

Ebenfalls online finden sich Tests, die Sie für Ihre TN ausdrucken können. Jeder Test prüft das vorhandene Wissen der TN nach jeweils zwei Kapiteln ab und fokussiert auf die vier Fertigkeiten Hören, Lesen, Schreiben und Sprechen. In einem kleineren Anteil werden auch Wortschatz, Redemittel und Grammatik abgefragt. Die Gesamt-Punktzahl liegt bei 30. Der Test sollte als bestanden gelten, wenn mindestens 60 % der Gesamt-Punktzahl, also 18 Punkte erreicht sind.

9 Das digitale UnterrichtsPlus

Das digitale UnterrichtsPlus ermöglicht ein flexibles multimediales Vorbereiten und Unterrichten. Als Erweiterung zur Digitalen Ausgabe bietet es zusätzliche Inhalte seitengenau aufbereitet. Es enthält das Unterrichtshandbuch, interaktive Tafelbilder, seitengenaue Lösungen, Transkripte, Zwischentests, Kopiervorlagen u.v.m.

10 Praktische Hinweise zur Arbeit mit Aspekte|Beruf

Anrede: Um TN auf die Kommunikation im Arbeitsleben vorzubereiten, spricht das Lehrwerk TN in der Sie-Form an. Besprechen Sie zu Beginn des Kurses, wie Sie und die TN es mit der Anrede untereinander handhaben wollen. Für das Siezen zumindest zwischen LK und TN spricht, dass die höfliche Anredeform dann während des Unterrichts ausreichend geübt wird. Da man sich am Arbeitsplatz aber auch häufig duzt, spricht nichts dagegen, wenn TN sich untereinander duzen möchten und auf diese Weise beide Anredeformen (bzw. den raschen Wechsel zwischen beiden) im Unterrichtsgeschehen trainieren können. Besprechen Sie im Kurs, welche Anredeform gewählt werden soll und warum.

Kennenlernen: Im UHB wird zu Beginn von Kapitel 1 auf die Kennenlernsituation eingegangen. Falls TN des neu beginnenden C1-Kurses sich noch nicht kennen, bietet sich (ungeachtet der prinzipiell frei wählbaren Kapitelreihenfolge) in diesem Fall an, mit Kapitel 1 zu beginnen.

Geschlechtersensible Sprache: In Aspekte|Beruf wird darauf geachtet, TN und LK möglichst präzise anzusprechen und zu repräsentieren. Daher finden sich in der Regel alternative grammatische Formen mit Querstrichangabe (z. B. *Ihr Partner / Ihre Partnerin, jede/r*). Andere Kennzeichnungen wie Unterstrich, Sternchen, Binnen-I oder Doppelpunkt erscheinen in den Lesetexten und es gibt Texte, in denen gezielt nicht gegendert wird. Es geht hierbei darum, das gesamte Spektrum abzubilden, dem TN im beruflichen Alltag begegnen können, und TN mit verschiedenen Formen des Sprachgebrauchs vertraut zu machen.

Tafel/Whiteboard: Da mit der unterschiedlichen Ausstattung von Unterrichtsräumen und unterschiedlichen persönlichen Präferenzen zu rechnen ist, ist im UHB für das Präsentieren von Inhalten meist von der „Tafel" die Rede. Je nachdem, was zum Einsatz kommt, ist darunter die Kreidetafel, das klassische Whiteboard oder das interaktive Whiteboard gemeint.

Anhang: Nehmen Sie sich zu Beginn des Kurses Zeit für eine Einführung zur Arbeit mit dem Anhang. Sehen Sie sich gemeinsam die Bestandteile an und besprechen Sie mit TN, welche Elemente wofür hilfreich sind und wie

Einleitung

man sie nutzen kann. Erinnern Sie an passenden Stellen im Unterricht TN immer wieder daran, den Anhang eigenständig zu nutzen, z. B. bei den Hausaufgaben oder Rollenspielen. Nach und nach sollte das Nachschlagen für TN zur Routine werden.

Lernstrategien: Die vorgestellten Lernstrategien sind ein Angebot für TN, denn so individuell Lernwege sind, so vielfältig sind die Strategien, die diese unterstützen. Weisen Sie darauf hin, dass Lernstrategien häufiger ausprobiert werden müssen, bevor sie für nützlich befunden werden können.

Lernroutinen: Wiederholung ist elementar für das Lernen und Lernroutinen können auch im Berufsleben eine wichtige Strategie darstellen. Prüfen Sie daher, wann Sie (z. B. beliebte oder gut funktionierende) Aktivitäten wiederholt verwenden können. Im UHB finden sich Hinweise, wenn sich ein Aufgaben- oder Übungstyp wiederholt einsetzen lässt und zu einer Routine während des Lernprozesses werden kann. Ein Beispiel: Im Anschluss an die Bearbeitung einer Aufgabe, bei der ein Text und das Leseverständnis im Vordergrund steht, wird der berufsbezogene Wortschatz im Text oder einem Textabschnitt von TN identifiziert und wiederholt, z. B. indem Wortfamilien zusammengestellt und eine Auswahl der Ergebnisse ins Portfolio übernommen werden.

Grammatikwiederholung: Zu den Grammatik-Rückschauseiten gibt es im UHB jeweils eine spielerische Übung, mit der die grammatischen Themen auch zwischendurch flexibel immer wieder „hochgeholt" und aktuell gehalten werden können. Sie können diese Übungen wie kleine Module für die stetige Wiederholung nutzen, z. B. am Beginn oder Ende jeder Stunde.

Grammatik-Rückschau

→ KV 9–2   Teilen Sie die KV aus. TN arbeiten zu dritt und entwerfen Dialoge. Während TN die Dialoge schreiben, gehen Sie als LK von KG zu KG und unterstützen TN bzw. kontrollieren, ob die Sätze mit den Modalpartikeln korrekt kontextualisiert werden. Die Dialoge werden im PL vorgelesen oder – je nach Zutrauen der TN – vorgespielt.

Wortschatzarbeit: Achten Sie im Unterricht auf vielfältige und abwechslungsreiche Formen der Wortschatzarbeit. Sie können z. B. immer ein „Wort des Tages" im Kursraum aufhängen oder TN selbst Worträtsel, Lückentexte oder zerschnittene Wörter zum Zusammensetzen für andere TN herstellen lassen oder mit Visualisierungen z. B. in Form von Pantomimespielen oder dem Spiel „Montagsmaler" arbeiten.

Die ÜB-Übungen zum Kapitelwortschatz helfen, Wörterlerntechniken wie Mindmap, Synonym-/Antonym-Sammlung, Worterklärungen, Kompositabildung, Erschließung über Wortfamilien/Wortfelder usw. bei TN zu etablieren.

Auch die Verblisten sowie die Redemittelsammlung im Anhang können für die Wiederholung von Wortschatz genutzt werden, z. B. können im Portfolio Inhalte daraus individuell ausgewählt, erweitert oder thematisch neu zusammengestellt werden. Machen Sie TN dabei immer wieder klar, dass das Schreiben mit der Hand beim Memorieren der Wörter bzw. der korrekten Schreibung hilft.

Da die Wortschatzarbeit berufsfeldübergreifend stattfindet, zugleich in den Kapiteln aber beispielhaft spezifische Berufsfelder herangezogen werden, sollten TN immer wieder dabei gefördert werden, aus verschiedenen Kontexten den für sie wichtigen Wortschatz zu ermitteln und in für sie relevante Zusammenhänge zu übertragen.

Aussprache: Es bietet sich an, über die Ausspracheübungen im ÜB hinaus auch sonst immer wieder die Aussprache von Wörtern oder die Intonation von Sätzen zu thematisieren und zu üben. Achten Sie bei den Ausspracheübungen darauf, einzelne TN dabei nicht unfreiwillig zu exponieren, da viele TN sich scheuen, vor anderen laut und evtl. mit Fehlern zu sprechen. Aussprache und Intonation lässt sich sehr gut in Form des chorischen Sprechens üben, am besten in Kombination mit Bewegung (z. B. Armbewegung für steigende Intonation, Klopfen für Betonung, Schritt vor oder zurück bei bestimmten Lauten). So können Sie TN ihre Unsicherheit nehmen, die Kursatmosphäre wird aufgelockert und alle TN kommen tatsächlich zum Sprechen.

Hörtexte: Weisen Sie TN zu Beginn des Kurses auf die Möglichkeit hin, alle Hörtexte online nach Bedarf eigenständig und wiederholt anzuhören. Erinnern Sie TN während des Kurses immer wieder daran, da das der Nachbereitung des Unterrichts als HA oder auch der Binnendifferenzierung dienen kann.

Rollenspiele: In vielen Aufgaben werden Sprachhandlungen in Form eines Rollenspiels angewandt. Es gibt immer mindestens zwei Situationen, damit bewusst die Rollen/Perspektiven getauscht werden können. Entscheiden Sie dies je nach Kurs und Fähigkeiten der TN. Planen Sie genügend Zeit für TN ein, sich auf die Rollenspiele vorzubereiten, sich ggf. Notizen zu machen, wichtige Stellen im Text zu markieren, Wortschatz zu klären usw.

Schreiben: Das Schreibtraining im Übungsbuchteil fördert einen strukturiert aufgebauten, kontinuierlichen Schreiblernprozess. Einzelne Teile der Trainings lassen sich jedoch auch flexibel an passender Stelle in den Unterrichtsablauf einbauen. Wie im Lehrwerk bereits angelegt und im UHB immer wieder angeregt, sollten sowohl analoge wie auch digitale Formen des Schreibens abwechselnd eingesetzt und trainiert werden, da beide Kompetenzen im Berufsleben erforderlich sind. Außerdem sollte das Schreiben von Hand geübt werden, das für manche TN ungewohnt ist. Auch kann je nach Muttersprache der TN das Schreibsystem und die Schreibschrift TN noch nicht gut genug vertraut sein. Eigenhändiges Schreiben wird von TN nicht nur in der Prüfung verlangt, sondern hilft TN auch beim Memorieren von Wörtern und der korrekten Rechtschreibung.

Korrektur: Es ist wichtig, dass Sie TN durch Ihre Korrekturen im Lernprozess (punktuell) unterstützen. Dabei können Sie Fortschritte und Schwierigkeiten Ihrer TN einschätzen und ggf. gezielt z. B. grammatische Strukturen oder häufige Formulierungsfehler in der folgenden Unterrichtsstunde wiederholen. Lassen Sie TN Texte jedoch auch gegenseitig korrigieren. Dafür gibt es verschiedene Möglichkeiten (z. B. Austausch von Texten in PA; „Schreibkonferenz" in KG, wobei jede/r TN rundum nur einen Aspekt korrigiert usw.). Sie können die gegenseitige Korrektur als regelmäßige Unterrichtsroutine im Kurs etablieren, da auch durch das Korrigieren verschiedene Kompetenzen der TN weiterentwickelt werden.

Arbeitsweltwissen: Da der Umfang bereits vorhandenen Arbeitsweltwissens in den Kursen variiert und TN teilweise über (noch) keine oder kaum Berufserfahrung verfügen, ist es oft wichtig, zunächst einen allgemeinsprachlichen Zugang zu Arbeitsthemen zu wählen. Im UHB werden deshalb ggf. Vorschläge für die Übertragung auf andere Lebensbereiche angeboten. Sie können so weniger erfahrenen TN bei Arbeitsaufträgen, in denen es um Berufs- oder Arbeitserfahrung geht, immer auch Situationen und Handlungsfelder aufzeigen, die an deren direkte Lebenswelt anknüpfen, z. B. aus Alltag, Haushalt, Familie oder Freizeit.

Portfolio-Arbeit: Im Anhang des UHB findet sich neben den regulären Kopiervorlagen zu jedem Kapitel auch jeweils mindestens eine sogenannte Portfolio-KV, mit der in der Regel fachübergreifende berufssprachliche Lerninhalte aus dem Kapitel auf den jeweils persönlichen beruflichen Kontext übertragen werden. TN wählen dabei Lernstoff selbst nach individuell befundener Wichtigkeit aus und ergänzen ihn eigenständig. Sie werden dadurch dazu angeregt, sich schon während des BSK ganz konkret den eigenen beruflichen Bedarfen und Interessen zu widmen.

KV 2–1 Portfolio — **2**

Vorbereitung auf ein Personalgespräch

Rückblick
1. Was habe ich im vergangenen Jahr erreicht? *(z. B. Projekte abgeschlossen, neues Verfahren eingeführt, neue Kundin akquiriert, Erste-Hilfe-Kurs organisiert, …)*

2. Wie hat die Firma von meiner Arbeit profitiert?

3. Welche neuen Herausforderungen habe ich angenommen und mit welchem Ergebnis? *(z. B. öfter Präsentationen gehalten, obwohl ich mich erst noch unsicher gefühlt habe – bin dabei jetzt selbstbewusster)*

Selbsteinschätzung
4. Welche Stärken habe ich und wie kann ich sie noch besser einbringen?

Manche Portfolio-KV bieten auch grundlegende Inhalte für das spätere Berufs- und Arbeitsleben, so z. B. die Portfolio-KV zu Kapitel 5, die eine Methode für die Vorstellung einer neuen (Geschäfts-)Idee präsentiert, welche von TN an einem konkreten Beispiel durchgespielt wird.

Einleitung

Für die Portfolio-Arbeit können sich TN einen eigenen Hefter zulegen, in dem diese KV, aber auch andere Materialien, die über das Unterrichtsgeschehen hinaus beruflich relevant sind, gesammelt werden. Auch die Mindmaps der Wortschatzseite aus dem Übungsbuch können dort abgelegt und kontinuierlich mit passendem Vokabular und Redemitteln ergänzt werden. Das Anfertigen der Materialsammlung und deren Verwendung kann über die Kursdauer hinaus eigenständig verfolgt werden.

Mit dem Portfolio soll der individuelle Lernprozess angeregt und dokumentiert werden. Die TN bringen sich im Rahmen der Portfolio-Arbeit beim Lernen aktiv ein und übernehmen Verantwortung im Lehr-Lern-Geschehen.

Während der Kursdauer ist es wichtig, immer wieder konsequent Raum für die Portfolio-Arbeit zu geben, um die selbstständige Beschäftigung der TN mit speziellen Inhalten möglichst zur Routine werden zu lassen. Auch zu den zwölf Themen, die im Prüfungsteil *Sprechen Teil 1A* vorkommen (siehe Übersicht im KB/ÜB auf S. 350/351) können TN ein Portfolio anlegen. Regen Sie TN an, dieses ständig zu erweitern, sobald im KB oder ÜB oder darüber hinaus im Kursgespräch etwas vorkommt, das hinzugefügt werden kann.

Selbsteinschätzung: Die Selbsteinschätzungsseite (siehe Punkt 3.6) wird im UHB nicht weiter kommentiert. Sie sollten TN jedoch darauf hinweisen, dass sie ebenfalls ein Element der Selbstlernkompetenz und der eigenen Lernroutine darstellen kann. Gehen Sie daher in einer der ersten Stunden auf diese Möglichkeit am Beispiel einer solchen Seite genauer ein.

Prüfungsvorbereitung: Nehmen Sie sich zu Beginn des Kurses Zeit, auf die Modalitäten des „Deutsch-Test für den Beruf" einzugehen und TN zu erläutern, dass sie mit der Bearbeitung des Lehrwerks alle möglichen Prüfungsformate durchlaufen und trainieren werden (siehe auch Punkte 1.13 und 2.6). Sie können dafür die Übersicht auf S. 168 des UHB nutzen sowie die Übersichten auf Seite 350/351 des KB/ÜB. Weisen Sie in diesem Zusammenhang auch auf das im Internet erhältliche Trainingstestmaterial des BAMF hin und machen Sie TN mit dem Antwortbogen für die Prüfung vertraut.

Bearbeiten Sie mit TN die Prüfungsvorbereitungsseiten, die ausführliche Schritt-für-Schritt-Anleitungen und Tipps für die Bewältigung der verschiedenen Aufgabenformate bieten. Sie können dem Buch folgend jeweils nach zwei Kapiteln oder an anderer Stelle im Unterrichtsablauf Zeit einplanen, in der Sie systematisch die einzelnen Prüfungstrainings mit TN durcharbeiten. Oder Sie können modular vorgehen, indem Sie immer vor der jeweiligen Prüfungsaufgabe im Kapitel den betreffenden Teil des Prüfungstrainings mit bearbeiten.

Die Prüfungsteile kommen auf den Trainingsseiten nicht in der Reihenfolge der Prüfung vor. Dies hat zwei Gründe: Zum einen wurden „einfachere" Formate, wo möglich, an den Anfang gestellt. Zum anderen passen einige Formate inhaltlich zu den jeweils vorangegangenen Lehrwerk-Kapiteln. Es ist aber auch gut möglich, die einzelnen Teile der Prüfungstrainings modular zu nutzen und sie in der tatsächlichen Reihenfolge der Prüfung zu bearbeiten.

Alles neu

Themen Willkommen im ersten Kapitel von *Aspekte | Beruf C1*: Der Kurs beginnt mit einem neuen Buch und eventuell auch mit TN, die sich möglicherweise noch nicht kennen. Anhand des Themas „berufliche Weiterbildung" können TN sich und ihre beruflichen Wünsche vorstellen.

Auftakt TN beschäftigen sich mit Weiterbildungsangeboten und den Gründen, warum diese für verschiedene Menschen bzw. für sie selbst infrage kommen. Außerdem stellen TN ihre Berufe und beruflichen Pläne im Kurs vor.

Modul 1 Hier geht es um die Merkmale und typischen Inhalte der Gesprächsformate Vorstellungs-, Einstellungs-, Personal- und Teamgespräch, die bei einem Jobwechsel eine Rolle spielen. Exemplarisch wird geübt, wie ein Einstellungsgespräch sprachlich bewältigt werden kann.

Modul 2 Wie läuft der erste Arbeitstag ab? TN befassen sich mit der Vorstellung neuer Kolleginnen und Kollegen am neuen Arbeitsplatz in verschiedenen Situationen. Außerdem geht es um das Erteilen und Verstehen von Anweisungen und darum, welche Punkte bei der Einarbeitung zur Sprache kommen sollten.

Modul 3 Anhand einer Willkommensmappe werden die Themen Datenschutz und der allgemeine Umgang mit digitalen Daten im Arbeitsalltag behandelt.

Modul 4 Hier geht es um die interne Kommunikation am Arbeitsplatz: vertrauliche informelle Gespräche unter Kolleginnen und Kollegen wie auch die offizielle firmeninterne Informationsweitergabe. TN erfassen die Inhalte einer Schulung und einer Gebrauchsanweisung zur Telefonanlage, stellen Rückfragen, schildern Probleme und bitten um Tipps und Hilfe.

KiB Der Umgang mit persönlichen Fragen am Arbeitsplatz ist hier Thema.

Lernziele

Auftakt | Weiterbildungswünsche verstehen und äußern
Modul 1 | ein Einstellungsgespräch führen
Modul 2 | Arbeitsanweisungen geben, verstehen und nachfragen
Modul 3 | Texte mit wichtigen Hinweisen für den Arbeitsalltag verstehen
Modul 4 | eine Schulung für Mitarbeitende und eine Gebrauchsanweisung verstehen
Modul 4 | zentrale Funktionen eines Gerätes erklären
KiB | auf persönliche Fragen reagieren
Aussprache | schnelles Sprechen – Verschmelzungen und Verschleifungen (im ÜB)

Grammatik
Modul 1 | Konnektoren *(andernfalls, folglich, außer wenn …)*
Modul 3 | trennbare und untrennbare Verben

Auftakt

Hinweis
→ **KV 1–1** (Portfolio)

Sollten TN sich beim Start in das Lehrwerk *Aspekte Beruf C1* noch nicht kennen oder neue TN hinzugekommen sein, können Sie vor dem Einstieg in Kapitel 1 anhand der KV Paar-Interviews führen lassen. TN stellen die interviewte Person dann im PL vor. Alternativ lässt sich A3 am Ende der Auftaktseiten durch dieses Paarinterview ersetzen (siehe dort).

Damit TN die KV für ihr Portfolio nutzen können, teilen Sie anschließend eine frische KV-Kopie aus, die sie selbst ausfüllen können – oder TN geben nach der Vorstellung der Interviewpartner/innen die ausgefüllten KV-Kopien zurück.

A1 Nach dem Gespräch im PL darüber, wer welche Anzeige aus welchen Gründen interessant findet, lässt sich gut eine Übung zum berufsbezogenen Wortschatz anschließen, um die Anzeigentexte genauer zu betrachten und zu verstehen: TN arbeiten zu zweit und versuchen, in einer bestimmten Zeit (z. B. in 3 Minuten) so viele Synonyme wie möglich zu folgenden Wörtern aus den Anzeigen zu finden. Prüfen Sie beim Abgleich im PL, ob die von TN genannten Synonyme auch tatsächlich im Kontext der Anzeigen passen.

die Fachkraft:	*der Fachmann / die Fachfrau, der Experte / die Expertin, der/die Spezialist/in*
das Zertifikat:	*der Nachweis, das Dokument*
erfahren:	*geübt, qualifiziert, versiert*
die Förderung:	*die Unterstützung, die Hilfe, die Finanzierung*
die Erstellung:	*der Entwurf, die Ausarbeitung, die Erarbeitung*
umfassend:	*ausführlich, genau, detailreich, erschöpfend*
einschlägig:	*angemessen, entsprechend*
wettbewerbsfähig:	*konkurrenzfähig*
die Transformation:	*die Veränderung, der Wandel, die Umstellung*

A2a Achten Sie darauf, dass TN, die sich für die PA zusammengetan haben, die Personen so wählen, dass sie gemeinsam alle vier Personen abdecken (keine Doppelung).

A2b Sollten Sie das Gefühl haben, dass TN beim Hören unterschiedlich viele Informationen bzw. eher wenig aufnehmen konnten, lassen Sie TN die „Rollen" beim Zuhören nach dem ersten Austausch wechseln und abgleichen, ob der/die Partner/in die in der ersten Runde gesammelten Informationen ergänzen kann.

A2c *Mediation* Um das Gespräch zu fördern, lassen Sie TN in KG zu dritt in den Austausch gehen. Anschließend kann je ein/e Sprecher/in aus jeder Gruppe noch einmal die Ergebnisse aus der KG zusammenfassen. Wichtig ist, dass Sie darauf achten, dass TN die Auswahl der Anzeigen tatsächlich begründen. Ggf. können Sie auch eine kurze Wiederholung vorschalten: Wie begründet man? (Nebensätze mit entsprechenden Konnektoren, z. B. *weil, da, deshalb* …, Redemittel wie z. B. *Der Grund dafür ist …, Wegen …* usw.)

A3 *Mediation* Diese Aufgabe lässt sich gut in drei Schritten durchführen:
1. Sammeln Sie im PL in einem Brainstorming, was zu „berufliche Pläne" zählen könnte (*Ausbildung, Fortbildung, Kurse, Führerschein, Selbstständigkeit, Sprache* usw.). Die Zettel können anschließend zunächst mit Stichworten beschrieben werden, z. B. *Führerschein machen, Englisch B2, Bewerbung bei BVG* usw.
2. TN gehen umher und suchen den/die Verfasser/in des gezogenen Zettels. TN sprechen dann miteinander; Ergänzungen aus dem Gespräch werden zu den Informationen auf dem Zettel hinzunotiert (z. B. passende Verben zu Stichwörtern).
3. Anschließend stellt jeder/r „seine" Person, von der der Zettel stammt, im PL vor.

Weisen Sie TN für die Vorstellungsrunde darauf hin, aus den Stichwörtern ganze Sätze zu bilden. Fragen Sie TN, ob diese die Sätze zunächst schriftlich vorformulieren oder gleich frei sprechen möchten. Sie können dies auch entsprechend binnendifferenziert angehen.

→ KV 1-1 Bei Bedarf können Sie A3 zu einer Kennenlern-Aktivität abwandeln. Gehen Sie dann so vor:
1. Sammeln Sie im PL, was zu „berufliche Pläne" zählen könnte. TN notieren dann jede/r für sich 2–3 Pläne.
2. Um eine/n Partner/in zu finden, gehen TN umher und tauschen sich zu ihren Plänen aus. Wenn sie eine Person mit ähnlichen Plänen gefunden haben, setzen sie sich zusammen. (Sie können die Pläne des/der anderen auch einfach interessant finden.)
3. Die Paare befragen sich jetzt anhand der KV. Sie machen sich Notizen und stellen sich dann gegenseitig im PL vor, inklusive der „beruflichen Pläne" von Schritt 1.

Ü1/Ü2 Eignen sich gut als HA.

Ü3 Nachdem TN die Sätze mit den Verben ergänzt haben, sollten diese zur Korrektur einmal vollständig im PL vorgelesen werden. TN soll bewusst werden, dass es hier um die präzisen Redewendungen geht (denn grundsätzlich passen manchmal auch andere Verben). Achten Sie auf die Aussprache.

TN nennen die Infinitive der zugeordneten Verben (*erläutern, vorstellen, einrichten, führen, zeigen, aushändigen*) und trainieren die Verben anschließend in einer Kettenübung:
TN A: *Ich zeige der neuen Kollegin die Räumlichkeiten. Und Sie?*
TN B: *Ich richte der neuen Kollegin die Firmen-Mailadresse ein. Und Sie?* – Usw.

Alles neu

Ü4 TN listen an der Tafel die für die Übung nicht passenden/verwendeten Verben im Infinitiv auf:
E

verwandeln	erbringen	freigeben
sich nach … richten	organisieren	veranstalten
sich bemühen	mitteilen	ausbilden
erfüllen	vorstellen	

TN arbeiten je nach Wunsch/Bedarf in EA oder PA und formulieren und schreiben zu jedem Verb einen Satz. Lassen Sie einige Sätze im PL vorlesen und ggf. korrigieren.

vor Ü5 Fragen Sie bei Bedarf im PL, wer für die anderen TN die Regel wiederholen/erklären kann, wie der
B Artikel für Komposita zustande kommt. Erwähnen Sie ggf. auch das Binnen-s oder -n.

Ü5 Kann gut als Wettbewerb in 2 Gruppen an der Tafel / am Flipchart durchgeführt werden. Die Gruppen sollten die Ergebnisse der anderen Gruppe nicht sehen können. Sie notieren z. B. in 5 Minuten so viele Komposita inklusive Artikel wie möglich. Es gewinnt die Gruppe, die die meisten Komposita gefunden hat. Nur Komposita mit dem richtigen Artikel werden gezählt.

Modul 1   Der Jobwechsel

A1a TN können ggf. ihr Vorwissen aus Band B2 (→ Seite 148) nutzen; das *Personalgespräch* kommt
E darüber hinaus in diesem Band (C1) in Kapitel 2 ausführlich zur Sprache.
Nach der Zuordnung und dem Abgleich im PL bitten Sie einzelne TN die folgenden Wörter/Begriffe aus den Texten zu erklären:
den Zweck verfolgen (zum Ziel haben, dafür/dazu da sein, bezwecken)
der moderierte Austausch (ein Gespräch, bei dem unter Anleitung Informationen/Erfahrungen/ Meinungen zusammengeführt werden)
den Zusammenhalt stärken (das Team festigen, das Gemeinschaftsgefühl fördern)
sich einen persönlichen Eindruck verschaffen (sich ein Bild machen, sich eine eigene Meinung bilden, sich selbst etwas/jemanden ansehen)
durch etwas überzeugen (durch etwas seine Qualitäten zeigen/beweisen, jemanden durch etwas beeindrucken)
offene Punkte klären (Fragen besprechen, Einzelnes konkretisieren, Antworten finden, fehlende Informationen geben)

Ü1 Diese Übung nimmt den Inhalt von A1 auf bzw. wiederholt diesen. Deshalb eignet sich die Übung gut als HA zur Nachbereitung und ggf. zum nochmaligen mündlichen Formulieren der Inhalte durch die TN während der Kontrolle; TN können jeweils ganze Sätze bilden.

A1b Wenn der Unterricht in Präsenz stattfindet und die Kursgruppe nicht zu groß ist, können Sie sich für den Austausch in einen Stuhlkreis setzen. Fördern Sie über das Berichten von Erfahrungen hinaus auch unbedingt das zugewandte Zuhören, Reagieren (z. B. durch Blickkontakt, Nicken, Sätze wie *Ah, das ist interessant* oder *Ja, das kenne ich auch* oder *So etwas habe ich zum Glück noch nie erleben müssen* usw.) und Nachfragen der anderen TN.

A2a+b TN können zunächst in PA die Antworten abgleichen und sich austauschen. Anschließend ggf. Klärung im PL. Für die Begründung können verschiedene Aspekte von TN angeführt werden, z. B. *Small Talk zu Beginn, Kennenlernen, Gespräch folgt auf Vorstellungsgespräch, Team soll kennengelernt werden, Gespräch zu Jobwechsel und verhandelbaren Konditionen wie Diensthandy, Gehalt, Fortbildung, Homeoffice.*

A2c Abschließend können TN das Gespräch noch ein letztes Mal hören, damit nun alle TN der KG das detaillierte Hörverstehen in Bezug auf alle Punkte (also auch die, auf die die anderen KG-TN vornehmlich geachtet haben) noch einmal trainieren. Sie können dazu auch Ü2 nutzen.

Ü2	Ggf. zur abschließenden Kontrolle bzw. zum weiteren Hörtraining.
🖉	TN korrigieren die falschen Sätze.
A2d *Interkulturelle Kompetenz*	Für diesen Teil der Aufgabe können Sie neue KG bilden oder (sofern der Kurs nicht allzu groß ist) im PL diskutieren. Zwei Themen, die im Sinne einer interkulturellen Sensibilisierung zur Sprache kommen sollten, sind das recht fordernde Auftreten von Frau Sawari und die Tatsache, dass sie schlecht über den vorherigen Arbeitgeber spricht. Besprechen Sie mit den TN, dass beides in Deutschland möglicherweise beim Gegenüber nicht gut ankommt.
Ü3	Die Übung können TN gut in PA machen, um im Gespräch zu einer gemeinsam vertretbaren Zuordnung zu kommen. Anschließend Abgleich im PL.
A3	Klären Sie erst Wortschatz: *Mietfahrrad, Überstunden abbauen ↔ ausbezahlen, Zuschuss ↔ Subventionierung*. Sagen Sie TN, dass sie kein ausführliches, sondern ein kurzes, zielorientiertes Gespräch führen sollten; der Schwerpunkt liegt hier auf dem Verhandeln.
📖	Weisen Sie auf die Redemittelsammlung im Anhang des ÜB hin. TN können bei Bedarf auch Karten mit Redemitteln aus Ü3 beschriften, die im Gespräch als Hilfestellung dienen können.
→ KV 1–2	Alternativ arbeiten die Paare mit der KV als Gerüst für die Dialoge. Je nach Bedarf können TN – die KV nur zur Inspiration benutzen und nur wenn sie ins Stocken kommen, kurz draufsehen, – sich für Dialog 1 Notizen machen, ihn dann sprechen und Dialog 2 spontan sprechen, – beide Dialoge mit Notizen oder fertigen Formulierungen vorbereiten und dann sprechen.
🖉	Gehen Sie nach den Gesprächen in eine kleine Feedback-Runde: Was hat gut geklappt? Gibt es Wortschatz, der fehlte und ergänzt/eingeführt werden sollte? Hat die angemessene Anrede (das Siezen) durchgängig gestimmt? War der Umgangston freundlich und höflich? Usw.
A4a–d Ü4–6	Hier können in einer längeren Sequenz TN in PA mehrere A/Ü bearbeiten. Kommunizieren Sie klar, dass diese Grammatiksequenz größtenteils in PA absolviert wird, Sie sich nur bei Bedarf für Rückfragen bereithalten und lediglich immer dann ein Zeichen geben, wenn TN zur nächsten A/Ü übergehen sollen. Achten Sie darauf, genug Zeit für die einzelnen Schritte zu geben. Gehen Sie folgendermaßen vor: TN arbeiten zunächst in EA und listen alle wichtigen Informationen, die sie dem Schreiben entnehmen können, schriftlich auf. Anschließend arbeiten TN in PA weiter, legen ihre beiden Listen nebeneinander und gleichen die Notizen ab bzw. klären alles im Gespräch und ergänzen Informationen. Anschließend ergänzen TN weiterhin in PA Ü4. Nach dem Abgleich im PL (2 TN lesen den ergänzten WhatsApp-Verlauf im PL laut vor, ggf. zwei Durchgänge) ergänzen TN weiterhin in PA die Regel in A4b. Anschließend stellt ein TN-Paar vor, wie es die Regel ergänzt hat. Ü5 lösen TN zunächst in EA, korrigieren dann die Ergänzungen aber wieder mit der/dem Partner/in. Ggf. kann Ü5a im Unterricht und die etwas zeitaufwendigere Ü5b als HA aufgegeben werden. Weisen Sie TN darauf hin, dass es wichtig ist, die Satzteile ordentlich und fehlerfrei ins Heft zu übertragen. Bitten Sie dann die TN, sich A4c anzusehen und zu lösen, und klären Sie im PL ggf. offene Fragen. Anschließend lösen TN Ü6 in EA und vergleichen wiederum in PA ihre Lösungen. Sie können hier eine Korrekturrunde im PL einlegen, indem TN die Sätze laut vorlesen. A4d ergänzen TN in PA, um möglichst kreative Satzfortsetzungen zu finden. Sie können dies ggf. fördern, indem Sie etwas Witziges vorgeben wie z. B.: *Sie können gern zwei Tage im Homeoffice arbeiten, außer wenn Sie dann einen dreistündigen Mittagsschlaf halten.* Lassen Sie jedes TN-Paar ein oder zwei Sätze an die Tafel schreiben. Alle TN lesen die Sätze und korrigieren ggf. im PL.
Strategie	Erklären Sie, wie TN anhand der Beispielsätze an der Tafel ihre individuell formulierten Sätze korrigieren können (indem sie die Satzstruktur abgleichen: Wo steht das Verb?).
🖱	Für die Behandlung dieses Themas steht Ihnen (für A4d) alternativ oder zusätzlich ein interaktives Tafelbild zur Verfügung.
Ü7	Zur Sicherung der vorangegangenen Sequenz in PA lösen TN diese Übung als HA. TN lesen für die Korrektur am Folgetag verschiedene Sätze zu den Bildern im PL vor.

Alles neu

A4e	TN sollen eigene Satzanfänge formulieren (nicht die aus A4d übernehmen). Diese Aufgabe nimmt die Vorübungen auf und fordert TN heraus, die die Grammatik bisher vor allem schriftlich geübt haben. Nun sollen die (zunächst schriftlich verfassten) Satzanfänge spontan mündlich ergänzt werden. Begegnen Sie TN empathisch und entsprechend fehlertolerant, denn diese Aufgabe könnte manchen TN schwerfallen. Schreiben Sie einzelne Beispielsätze, die TN bilden, an die Tafel, um die Grammatik erneut „sichtbar" zu machen.

Modul 2 Schön, dass Sie da sind!

A1	TN können zunächst in KG wichtige Punkte sammeln und diese dann im PL zusammentragen; die Stichworte werden an der Tafel aufgelistet (für einen Abgleich in A2a).
Ü1a B	Mit dem Ergänzen tun sich TN vielleicht schwer, stellen Sie ihnen deshalb frei, ob sie in EA oder PA arbeiten möchten. Sie können das Ganze auch wie ein Quiz aufbauen und fragen: „Welches Team schafft es (zuerst), alle Lücken zu füllen?" Anschließend sollte der Text im Ganzen laut vorgelesen werden.
Ü1b	Eignet sich gut als HA. Lassen Sie am Folgetag mehrere Forumsbeiträge vorlesen und im PL Feedback geben. Achten Sie besonders darauf, dass das Sprachregister angemessen ist und die Antwort auf den Forumsbeitrag entsprechend locker formuliert ist.
A2a	Ggf. klären Sie unbekannten Wortschatz (z. B. *der Puffer, einweisen, der/die Dienstälteste, etwas in- und auswendig kennen*).
A2c	Regen Sie an, dass TN die Tabelle für die formellen und informellen Ausdrücke ins Heft übernehmen und die Ausdrücke dort vollständig eintragen. Weisen Sie darauf hin, wie wichtig es ist, die Ausdrücke fehlerfrei abzuschreiben (z. B. auf Groß-/Kleinschreibung zu achten).
E	Die Ausdrücke können zusätzlich in mündlicher Form trainiert werden, indem TN einen Kursspaziergang machen und zu zweit in eine kurze formelle oder informelle Vorstellungssituation gehen, z. B.: TN A: *Guten Tag, schön, Sie kennenzulernen! Ich heiße …* – TN B: *Ah, Sie sind die neue Kollegin, freut mich. Ich bin …*
Ü2	Eignet sich gut als Vorbereitung von A2d. TN ordnen in EA zu, anschließend stellt ein/e TN die Zuordnung im PL vor, indem sie/er zunächst das Bild beschreibt und dann die Lösung nennt (z. B.: *Auf dem Bild sieht man …, deshalb passt … / duzen sich … / denke ich …* usw).
Arbeitsweltwissen	Informationen zum Thema „Duzen und Siezen in der Arbeitswelt" finden Sie in den Hinweisen zum Arbeitsweltwissen im → UHB zu Band B2 auf Seite 86/87.
A2d	Räumen Sie TN einige Minuten ein, damit sie zunächst die passenden Redemittel den Situationen zuordnen und die Rollen verteilen können. Weisen Sie darauf hin, dass jede/r TN mindestens zwei verschiedene Rollen übernehmen sollte.
A3a	Sie können hier eine kurze Wortschatzarbeit vorschalten, indem Sie folgende Verben an die Tafel schreiben und von TN erklären lassen: *arbeiten, abarbeiten, zuarbeiten, wegarbeiten, vorarbeiten, nacharbeiten, aufarbeiten, ausarbeiten, bearbeiten, einarbeiten*. Zum Verb *einarbeiten* sollte auch das Verb *einweisen* (aus A2a) nochmals als Synonym erwähnt werden, denn es wird (auch) für A3b benötigt. Lassen Sie TN anschließend im PL über Einarbeitungserfahrungen erzählen.
A3b	TN gleichen Angekreuztes zunächst in PA ab, bei Unklarheiten Klärung im PL.
A4a	TN lesen in eigenem Tempo und ordnen die Überschriften in EA zu.
Ü3a	Gleichen Sie diese Übung vorbereitend auf Ü3b im PL ab.
Ü3b	Als HA aufgeben, TN lesen am nächsten Tag im PL den Text als Ganzes laut vor.
A4b	TN, die keine Berufserfahrung haben, können einen Ablauf aus dem Haushalt (z. B. *etwas putzen/säubern, Schriftstücke ordnen, etwas reparieren* usw.) wählen.

A4c
🖉

Zur Vorbereitung auf diese in PA zu bearbeitende Aufgabe gehen Sie zunächst im PL gemeinsam die „Strategie" durch. Wenn TN gern zunächst gemeinsam im PL ein Beispiel formulieren möchten, können Sie z. B. Schritt für Schritt erklären, wie die Anwesenheit im Deutschkurs dokumentiert wird:
1. Prozess: Dokumentation/Nachweis der Anwesenheit für interne Zwecke und für andere Institutionen
2. Verschiedene Stellen brauchen diese Nachweise. Sie werden schriftlich dokumentiert, um keinen Datenverlust zu riskieren. Die Nachweise werden für verschiedene Folgetätigkeiten benötigt. Z. B. müssen fehlende TN evtl. über Unterrichtsinhalte informiert werden, evtl. muss eine Krankschreibung eingefordert werden usw.
3. Bestandteile der Liste (digital oder auf Papier) durchgehen, Art und Zeitpunkt des Ausfüllens
Oder Sie gehen gemeinsam durch, was alles (warum?, in welcher Reihenfolge?) zum *Aufräumen des Klassenraums* gehört. Anschließend weisen TN ihre/n Partner/in in die individuell gewählte Aufgabe ein. Legen Sie vorher am besten eine Zeit fest, damit TN wissen, wann sie die Rolle spätestens tauschen sollten (z. B. 5 Minuten pro Person).

A5
▶

TN können in KG recherchieren. Weisen Sie darauf hin, dass hier mit den Suchbegriffen *Einarbeitung*, *Liste*, *Onboarding* gesucht werden kann. Es gibt verschiedene Seiten, die kostenlose Vorlagen anbieten. Es genügt, wenn TN sich diese ansehen und wichtige Punkte herausfiltern, vergleichbar den Punkten, die im KB bereits aufgelistet sind. Beispiele für Internetseiten zur Recherche:
https://karrierebibel.de/einarbeitung-neuer-mitarbeiter/
https://www.clockodo.com/de/vorlagen/einarbeitungsplan-vorlage/
https://www.uni-paderborn.de/fileadmin/zv/4-5/angebote-neue-mitarbeitende/Onboarding_Checkliste_Vorgesetzte.pdf
https://www.haufe.de/personal/hr-management/digitales-onboarding/onboarding-checkliste-fuer-hr-und-fuehrungskraefte_80_570128.html

Ü4a

TN lesen den Text in individuellem Tempo. Schreiben Sie in dieser Zeit folgende Begriffe aus dem Text an die Tafel und lassen Sie TN im Anschluss Synonyme/Erklärungen nennen:

abspringen:	*aufgeben, aufhören, kündigen*
immens:	*enorm, auffällig, sehr groß*
vielversprechend:	*aussichtsreich, attraktiv, mit großem Potenzial*
sich zurechtfinden:	*sich orientieren, klarkommen*
verinnerlichen:	*aufnehmen, sich aneignen*
transparent:	*erkennbar, eindeutig, einsehbar, durchschaubar*
nachjustieren:	*nachbessern, anpassen, regulieren, (neu) einstellen*

Ü4b

Gut als HA geeignet. Bieten Sie evtl. eine Möglichkeit des (digitalen) Ablegens der Texte an (z. B. über Padlet), sodass alle TN alle Mails und damit verschiedene Varianten lesen können.

Modul 3	Das ist zu beachten

vor A1

Sie können vor dem Behandeln des Cartoons in A1 bei geschlossenen Büchern ein paar mit *Schutz* zusammengesetzte Wörter an der Tafel sammeln (z. B. *Umwelt-, Tier-, Mund-, Augen-, Brand-, Sonnenschutz; Schutzbrille, -engel, -kleidung, -patron, -schicht*). Schreiben Sie dann *der Schutz / schützen* als Überschrift an und besprechen Sie im PL die Bedeutung der Wörter. Unabhängig davon, ob das Wort *Datenschutz* bereits gefallen ist, gehen Sie nun über zu A1.

A1
Interkulturelle Kompetenz

TN können zunächst in KG ins Gespräch zum Thema „Datenschutz" (bzw. den von ihnen genannten Themen wie z. B. „Mailsicherheit", „Virenschutz", „schlampiger Umgang mit Korrespondenz" usw.) gehen. Anschließend Sammeln der in KG angesprochenen Aspekte im PL. Sprechen Sie anschließend über Erfahrungen mit Datenschutz in anderen Ländern und verschiedenen Arbeitsbereichen. Führen Sie ggf. schon ein paar Begriffe zum Thema ein, wie z. B. *die Daten (Pl.), sensible Daten, der Datenschutz, die Datenschutz-Grundverordnung (DSGVO), der/die Datenschutzbeauftragte, die Einwilligung, personenbezogen, …*

Alles neu

Arbeitsweltwissen

Mailsicherheit wird in vielen Firmen sehr ernst genommen, da die Konsequenzen zu finanziellen Einbußen führen können. Viren können schlimmstenfalls das Firmensystem lahmlegen und das Geschäft schädigen; auch können die Strafen aufgrund von nicht ausreichender Sicherheit der vertraulichen Daten hoch sein. Neben der Anfälligkeit für *Computerviren*, die häufig über infizierte Mailanhänge verbreitet werden, können *vertrauliche Informationen aus Mails* im Netz abgegriffen werden und in falsche Hände gelangen. Viele Unternehmen schützen ihre Computersysteme durch Antivirensoftware und strenge Sicherheitsregeln im Umgang mit Mails, an die sich alle Mitarbeitenden halten müssen (z. B. keine Anhänge unbekannter Absender öffnen, nur bestimmte Dateiformate verwenden). Zum Schutz vertraulicher Daten wird häufig am Ende der Mails darauf hingewiesen, dass der Inhalt nur für die/den genannte/n Empfänger/in bestimmt ist.

A2a

Sollten Sie die anschließende Prüfungsaufgabe A2b für das Prüfungstraining nutzen wollen, lassen Sie A2a weg und gehen Sie direkt zu A2b.
Lesen Sie im PL zunächst die „Strategie", die TN mit Sicherheit nicht zum ersten Mal begegnet.
TN lesen in eigenem Tempo (aber rasch!) den Text und sammeln Themen. Abgleich im PL.

A2b
P

Weisen Sie spätestens jetzt (und falls Sie A2a durchgeführt haben) TN darauf hin, dass es sich hier (→ Piktogramm) um einen Aufgabentyp aus der Prüfung handelt.
TN lesen den Text noch einmal und bearbeiten in EA die Aufgabe.

E
*Mediation
Registertraining*

Um ein anderes Sprachregister zu trainieren und Informationen gebündelt weiterzugeben, bitten Sie TN, die Informationen in Text 1 und 2 informell und mündlich an eine/-n Kollegin/Kollegen weiterzugeben. TN arbeiten in PA, jede/r übernimmt einen Text. Der/Die andere TN stellt (informell) Rückfragen. Geben Sie den Einstieg vor, damit TN die Aufgabe klar wird: „Bei uns in der Schule gibt es natürlich viele Daten von Schülerinnen und Schülern, aber auch von Lehrern und Lehrerinnen und Eltern … Wir müssen dabei die Datenschutzverordnung beachten. Das ist nicht immer einfach, weil … Du brauchst …" usw.

Arbeitsweltwissen

Die *Informationen zum Datenschutz* sind nicht nur im Bildungsbereich wichtig, sondern für alle Branchen und Arbeitskontexte von Bedeutung. Seit April 2016 regelt die *Datenschutz-Grundverordnung (DSGVO)* europaweit die Verarbeitung personenbezogener Daten. Sie soll den Schutz der Daten innerhalb der EU sicherstellen und hat weitreichende Folgen für alle europäischen Unternehmen, zum Beispiel was Werbung oder den Kontakt zu (Neu-)Kunden und -kundinnen betrifft. Streng geregelt ist neben der Kundenakquise auch die Weitergabe der Kundendaten an Dritte, die nur gegen Vorlage eines entsprechenden Nachweises erlaubt ist.
In vielen Firmen gibt es spezielle *Datenschutzbeauftragte*, die auf die Umsetzung und Einhaltung der Vorgaben der DSGVO im Unternehmen achten und Ansprechpersonen für Datenschutzthemen sind. Bei einer möglichen Verletzung des Datenschutzes müssen sie informiert werden und Maßnahmen ergreifen.
Auch der *Datenschutz im Homeoffice* muss sichergestellt werden: Nur die berechtigte Person darf Zugang zu Firmendaten haben und der Bildschirm darf nicht allgemein einsichtig sein. Wichtig ist ein sicherer und passwortgeschützter Zugang mit regelmäßiger Verifizierung.
Die *Verwendung von „kostenlosen" Online-Angeboten* (z. B. Umfragetools, Lernspiele, Kommunikationstools usw.), bei denen der Datenschutz nicht gewährleistet ist und mit den eigenen Daten „bezahlt" wird, ist problematisch. Sie sind daher in manchen Firmen oder Einrichtungen – insbesondere im Bildungsbereich – nicht zugelassen.
Informationen zum *Fotografieren anderer Personen* bzw. das Recht am eigenen Bild finden Sie im → UHB zu Band B2 auf Seite 30/31.

Ü2a

Lesen Sie die „Info" im PL und besprechen Sie mit TN das Thema „Verantwortung", sodass TN klar wird, dass sie bei Unklarheiten unbedingt im Unternehmen nachfragen sollten. Sie können auch den Spruch *Unwissenheit schützt vor Strafe nicht!* an die Tafel schreiben und erörtern. Grundsätzlich gilt: Wenn etwas nicht (ausreichend) verstanden wurde, sollte nachgefragt werden, um Missverständnisse, Probleme oder gar Strafen zu verhindern.

Ü2b	Gut als HA geeignet. Achten Sie darauf, dass eine Korrektur der Sätze erfolgt, indem z. B. TN Beispielsätze an die Tafel schreiben und diese im PL (wenn nötig) korrigiert werden.
A3a	TN können (Online-)Wörterbücher nutzen und die Verben dann in die Tabelle einordnen. Abgleich in PA. Erwähnen Sie zuletzt noch das Verb *übergehen* in der untrennbaren Form (z. B. *Ich bin nun schon zum dritten Mal bei den Beförderungen übergangen worden. Die Teamleiterin übergeht die unhöflichen Kommentare unseres neuen Kollegen kommentarlos.*)
A3b	Die Regel sollten TN in PA ergänzen. Ein/e TN liest die Regel anschließend laut vor. Ggf. sprechen Sie Verben (betonte/unbetonte Vorsilbe) im Chor laut. Sie können als Faustregel erklären, dass die „wörtliche" Bedeutung meist die Form ist, die auf der Vorsilbe betont wird. Gehen Sie mit den TN auch die unterschiedliche Perfektbildung der Verben durch.
→ **KV 1–3**	TN können mit der KV eigenständig das Grammatikthema vertiefen; idealerweise bearbeiten sie die KV aber durchgängig in PA, um sich absprechen und sich beim lauten Lesen kontrollieren und verbessern zu können. Kopieren Sie die KV; die Kärtchen im unteren Teil werden ab- und ausgeschnitten, aber mit ausgeteilt. Machen Sie den Abgleich zu Aufgabe 1 im PL, lassen Sie dabei TN die Sätze auch laut vorlesen. Weisen Sie noch einmal auf die Betonung hin. Bei Aufgabe 2 nutzen TN die Kärtchen; die grau unterlegten Kärtchen fungieren als „Überschriften", zu denen die Sätze sortiert werden. Zeigen Sie TN ggf., wie in Wörterbüchern die trennbaren Verben gekennzeichnet sind. Zum Schluss können TN zu den Verben der Kärtchen eigene Sätze im Perfekt (Aufgabe 2b) schreiben. Zwei Paare (oder 2 TN) tauschen dann ihre Sätze und lesen sie sich mit korrekter Betonung vor bzw. prüfen, ob die Betonung stimmt.
A3c	Sie können eine Anzahl vorgeben, z. B. 2 Verben pro Vorsilbe. Die anschließend von den TN in PA gebildeten Sätze können an die Tafel / auf ein Plakat oder in ein Etherpad geschrieben werden, sodass alle TN alle Sätze lesen können. Unterstützen und korrigieren Sie, falls nötig.
Ü3a	Gut als HA möglich, weisen Sie TN darauf hin, dass sie ihre Lösung (aber erst zum Schluss, wenn sie die Mail vollständig ergänzt haben) mit dem Wörterbuch selbst korrigieren können.
Ü3b	Auch diese Teilübung können TN als HA bearbeiten. Machen Sie die Korrektur am Folgetag, indem die Sätze bestenfalls nicht nur vorgelesen, sondern mitgelesen werden können (an der Tafel), um auch Fehler in der Schreibweise zu vermeiden (Getrennt-/Zusammenschreibung).
Ü4	Auch, um Bewegung in den Unterricht zu bringen: TN arbeiten in EA. Rufen Sie anschließend immer 2 TN gemeinsam an die Tafel: TN A diktiert einen Lösungssatz, TN B schreibt. Ggf. Korrektur durch TN A, dann im PL. Dann folgt das nächste Paar mit dem nächsten Satz.
Ü5	TN lösen die Übung in PA. Weisen Sie TN darauf hin, dass es hilfreich sein kann, die Varianten laut auszusprechen, um zu hören, welche Variante die richtige ist. Abgleich im PL.

Modul 4 Endlich neue Telefone

A1a	Besprechen Sie im PL, worum es sich bei *Flurfunk* handelt, und führen Sie ggf. folgenden Wortschatz ein: *das Gerücht, die Gerüchteküche (die G. anheizen, sich nicht an der G. beteiligen, die G. brodelt), tratschen (über), Klatsch und Tratsch, lästern/herziehen (über), sich über jemanden auslassen, hinter dem Rücken von jemandem über ihn/sie reden, …*
🎲	Spielen Sie mehrere Runden „Stille Post": TN A flüstert TN B einen Satz ins Ohr, TN B flüstert TN C ins Ohr, was er/sie verstanden hat usw. So wird die „Gefahr" von *Flurfunk* anschaulich: Nicht alles, was man versteht (oder verstehen will) entspricht der Ausgangsinformation. Das kann lustig enden (wie im Spiel) oder ernst, wenn es zu z. B. beleidigenden Gerüchten kommt.
Interkulturelle Kompetenz	Besprechen Sie im PL, wie generell mit Gerüchten umgegangen werden kann und dass es nicht nur im beruflichen Kontext als schlechter Stil gilt, sich an Gerüchten und Klatsch über Personen zu beteiligen, anstatt offen und direkt mit ihnen selbst ins Gespräch zu treten.

Alles neu

A1b
P
TN sollten die Zeit stoppen, um ein Gefühl für die Länge von Gesprächen zu bekommen, auch im Hinblick auf die Prüfungssituation, die hier eingeübt werden kann.

A2
B
Mediation
Ggf. können TN in KG zu dritt arbeiten und jede/r TN notiert Infos zu einem Stichwort. Anschließend berichtet jede/r TN in der KG von den Informationen zu seinem Stichwort. Machen Sie einen kurzen Abgleich im PL und klären Sie dabei ggf. auch Wortschatz (z. B. *die Telefonbuchse, die Bandansage, die Belegschaft*).

Ü1a
Als Wettbewerb: Welche 3er-KG findet die meisten Komposita (mit korrektem Artikel)?

Ü1b
E
Lassen Sie TN die Wörter auf einzelne Karten schreiben. Im PL wird kurz auf Korrektheit kontrolliert, dann folgt ein Kursspaziergang, bei dem die sich begegnenden TN jeweils mit ihrem Wort einen Satz zum anderen sagen müssen, der das Wort enthält – und das Gegenüber antwortet oder wiederholt noch mal, z. B.: TN A: *Ich möchte einen neuen Klingelton einstellen.* – TN B: *Ich weiß nicht, wie man den Klingelton einstellt. / Mir gefällt der Klingelton! / Ah, du möchtest also einen neuen Klingelton einstellen.*

A3a
B
Sollten TN sich mit dieser Aufgabe schwertun, können Sie auch im PL die Folien gemeinsam durchgehen und eine Fragensammlung an der Tafel anfertigen.

A3b
TN sollen beim Hören Notizen anfertigen, um die Frage „Wurden Ihre Fragen aus 3a beantwortet?" konkret beantworten zu können (z. B. *Ja, die Belegschaft weiß jetzt, dass …*). Klären Sie ggf. zusätzliche noch offene Fragen, soweit möglich.

A3c
TN ergänzen in KG ihre Notizen und vergleichen mit einer weiteren KG ihre Aufzeichnungen.

Ü2
E
Gut als HA denkbar. TN, die ihre Schriftkompetenz trainieren sollten/möchten, können zusätzlich die vollständigen Sätze ins Heft abschreiben. Weisen Sie TN darauf hin, dass die langen zusammengesetzten Wörter die Konzentration beim Übertragen fordern und fördern.

A4a
Nachdem TN in PA die Formulierungen erklärt haben, bitten Sie jeweils eine/n TN, einen der Begriffe im PL zu erläutern. Die anderen TN korrigieren und/oder ergänzen. Ggf. notieren Sie erweiternden Wortschatz (Synonyme) an der Tafel, z. B. *manuell: mit der Hand, per Hand, händisch; übermitteln – schicken, weitergeben …*

A4b
Gehen Sie zunächst auf die bereits angefertigte Notiz am Rand des Textes ein. TN thematisieren bestenfalls von sich aus die abgekürzte Version „… wo ändern?" Erinnern Sie daran, dass es praktisch ist, bei Notizen nur das Wesentliche aufzuschreiben, um Übersichtlichkeit zu gewährleisten und Zeit zu sparen. TN versuchen dies bei ihren Einträgen so umzusetzen.

Ü3
E
Geeignet als Nachbereitung zu A4 als HA. Erinnern Sie an das Schreibtraining, wie zu Ü2 angeregt: TN können die zusammengesetzten Sätze auch komplett ins Heft abschreiben.

A5a
In PA. Erläutern Sie ggf. das Wort *versehentlich* (und ergänzen Sie *aus Versehen*).

Ü4
B
Dient der Vorbereitung auf A5b, indem Redemittel in Erinnerung gerufen werden. Entscheiden Sie, ob Sie diese Übung für alle/manche TN vorschalten oder ob TN die Übung (z. B. erst nach den Gesprächen in A5b zur Sicherung der Redemittel) bearbeiten sollen.

A5b
Register-training
Geben Sie TN genug Zeit, evtl. noch mal die Gebrauchsanweisung in 4b zu lesen und sich so auf das Gespräch vorzubereiten. Um das passende Sprachregister auswählen zu können, ist es zudem sinnvoll, kurz Situationen anzusprechen, in denen diese Gespräche stattfinden könnten, bzw. die Beziehung der Gesprächspartner zu klären (z. B. Gespräch mit Kollege/Kollegin beim Mittagessen oder Anruf in der IT-Abteilung).

A6b+c
V
Die Texte können handschriftlich oder am PC angefertigt werden. Für möglichst authentisches Schreiben der Forumsbeiträge legen Sie ein digitales Forum (oder ein Padlet/Etherpad o. Ä.) an, wo TN ihre Beiträge posten, lesen und ggf. gegenseitig kommentieren können.

B	Falls TN sich mit Ideen schwertun, initiieren Sie zunächst ein Brainstorming im PL: „Wozu könnten Verbesserungsvorschläge geschrieben werden?" (z. B. *viel Müllproduktion – auffüllbare Stifte; Kommunikation intransparent – für alle lesbare Channels; zu wenige Feedbackmöglichkeiten – kollegiale Hospitation* usw.)
Ü5 P	Weisen Sie TN darauf hin, dass es sich um einen Aufgabentyp aus der Prüfung handelt. TN sollten die Übung in EA lösen und ggf. Lücken lassen bzw. am Ende raten, um zu trainieren, auch Unsicherheit „auszuhalten". Anschließend Abgleich der Lösung im PL.

Aussprache

Ü1	Verschmelzungen und Verschleifungen treten meist beim schnellen, vor allem beim informellen Sprechen, auf. Gehört haben TN dieses Phänomen sicher schon. Nun geht es darum, genau hinzuhören und nachzuvollziehen, welche Laute und Silben häufig verbunden oder verschluckt werden. TN schauen sich in PA die Abbildung an. Klären Sie dann im PL, wie der Dialog „übersetzt" heißt. TN lesen nun A–D, einmal ohne und einmal mit Verkürzung. Dann hören TN die Audiodatei und entscheiden, wann welche Variante zu hören war.
Ü2a	TN konzentrieren sich hier darauf, „Verhörer" zu vermeiden. Genaues Zuhören ist erforderlich: TN markieren, welche Sätze sie hören. Spielen Sie ggf. die Audiodatei ein zweites Mal vor.
Ü2b	TN hören noch einmal und sprechen mit. Fragen Sie: „Was ändert sich bei Ihnen beim schnellen Sprechen?" TN sprechen in PA die Sätze abwechselnd einmal langsam und einmal schnell. Sammeln und besprechen Sie im PL, was TN an Veränderungen beobachtet haben.
Ü3 E *Registertraining*	Schließen Sie ein kurzes Gespräch im PL an. Fragen Sie: „Ist Ihnen dies schon aufgefallen, wenn Sie mit Muttersprachlern gesprochen haben?" Verschmelzungen wie *N'Abend* (= *einen guten Abend*) können zu Miss- oder Nichtverstehen beim Hören führen. Wer für die Thematik sensibilisiert ist, kann aber Hypothesen bilden, was vielleicht gemeint sein könnte.

Kommunikation im Beruf

A1a+b E *Interkulturelle Kompetenz*	Sammeln Sie nach der Bearbeitung von A1 mit TN weitere mögliche Reaktionen auf persönliche Fragen. Thematisieren Sie im Sinne interkultureller Kompetenz auch, ob bestimmte Fragen grundsätzlich (zu) persönlich sind und wovon das jeweils abhängt. Achten Sie darauf, dass Sie die Kontextualisierung nicht über Zuschreibungen zu Nationalitäten vornehmen, sondern z. B. biografische Erfahrungen oder die Dauer der Beziehung anführen.
A2	Besprechen Sie den „Tipp" im PL. Gehen Sie darauf ein, dass zudem Intonation, Blickkontakt, Körpersprache usw. eine Rolle spielen, wenn es um Höflichkeit geht.

Grammatikrückschau

Bereiten Sie 2–3 Papierstreifen pro TN vor und teilen Sie sie aus. Schreiben Sie als Thema *der Datenschutz* an die Tafel. Fordern Sie TN auf, je einen Satzanfang zum Thema auf die Streifen zu schreiben, z. B. *Fahren Sie den Computer jeden Abend herunter, …* oder *Personenbezogene Daten müssen geschützt werden, …* Schreiben Sie derweil die Konnektoren aus der Tabelle auf der Rückschauseite an die Tafel. Alle TN gehen nun mit ihren Zetteln durch den Raum, bilden Paare und lesen sich je einen Satzanfang vor. Der/Die andere TN ergänzt den Satzanfang mit einem der Konnektoren, die an der Tafel stehen, z. B. *Fahren Sie den Computer jeden Abend herunter, außer Sie machen gerade ein Update. Personenbezogene Daten müssen geschützt werden, sonst kann es Missbrauch geben.* Anschließend können Sie weitere Runden mit anderen Themen aus dem Kapitel anregen, z. B. „Gerätefunktionen" (*Nutzen Sie den Standby-Schalter, andernfalls verbraucht das Gerät zu viel Strom.*) oder „Einarbeitung von Mitarbeitenden" (*Neue Mitarbeiter brauchen einen Firmenausweis, ansonsten können Sie die Pforte nicht passieren.*)

Wir bleiben im Gespräch

Themen Im zweiten Kapitel geht es um Formen beruflicher Besprechungen sowie um Weitergabe von berufsrelevanten Informationen im Kollegenkreis in mündlicher und schriftlicher Form.

Auftakt TN vergegenwärtigen sich verschiedene Gesprächssituationen am Arbeitsplatz.

Modul 1 Hier geht es darum, wie man sich auf ein Personalgespräch vorbereitet, wie es idealerweise geführt wird und welche sprachlichen Mittel dabei nützlich sind.

Modul 2 In diesem Modul geht es um das Annehmen und Ablehnen von Arbeitsaufträgen und darum, wie man kommuniziert, wenn man sich übernommen hat.

Modul 3 TN beschäftigen sich mit einem Fachtext zum Thema „Brandschutz" sowie den Aufgabenfeldern betrieblicher Sicherheitsbeauftragter und Ersthelfer/innen. Sie lernen sprachliche Besonderheiten von Fachtexten kennen und formen diese für die Informationsweitergabe für den mündlichen Sprachgebrauch um.

Modul 4 Welche Rahmenbedingungen und Vorbereitungen sind für Besprechungen am Arbeitsplatz nötig, wie wird ein Meeting moderiert, wie können TN nachfragen oder widersprechen, wie verfasst man ein Protokoll und wie eine Stellungnahme?

KiB Thema ist das konstruktive Streitgespräch zur Konfliktlösung am Arbeitsplatz.

Lernziele

Auftakt | Besprechungstypen unterscheiden und typische Äußerungen einordnen
Modul 1 | Tipps zu Personalgesprächen verstehen und ein Personalgespräch führen
Modul 2 | Arbeitsaufträge verstehen und Verständnis signalisieren
Modul 3 | Informationen aus einem Fachtext zum Thema „Brandschutz" weitergeben
Modul 4 | ein Protokoll und eine Stellungnahme schreiben
KiB | ein Streitgespräch konstruktiv lösen
Aussprache | komplexe Lautfolgen (im ÜB)

Grammatik
Modul 1 | Möglichkeiten zur Redewiedergabe
Modul 3 | Verbal- und Nominalstil

Auftakt

Ü1a Diese Übung können TN gut zu zweit machen und dabei besprechen, in welchen Bereich sie den jeweiligen Begriff einordnen möchten. Abgleich am besten im PL über eine entsprechende Abbildung an der Tafel.

A1a TN sollen über verschiedene Gesprächssituationen am Arbeitsplatz sprechen, dabei könnten folgende Bezeichnungen gesammelt werden: *A: Teamsitzung/-meeting / Besprechung im Team; B: Besprechung mit Kollegin / Kollegiale Besprechung oder Unterweisung; C: Personalgespräch / Jahresgespräch / Mitarbeitergespräch / Besprechung mit Vorgesetzten; D: Pausengespräch / privates Gespräch; E: Arbeitsbericht online / Arbeitsbesprechung*

A1b Binnendifferenziert können TN auch jeweils zu zweit ein Bild zugeteilt bekommen und dazu passende Äußerungen suchen. Anschließend lesen die Paare dann die Äußerungen, die sie „ihrem" Bild zugeordnet haben, im PL laut vor.

Ü1b Kann gut als HA ausgefüllt werden. Weisen Sie TN darauf hin, dass es auch eine gute Übung ist, sich die Sätze selbst einmal komplett laut vorzulesen.

A2a Fordern Sie TN auf, beim zweiten Hören auf die folgenden Ausdrücke zu achten (Tafelanschrieb) und sie anschließend im PL zu erklären: *die Absatzzahlen (Pl.), der Erfolg hält sich in Grenzen, (die Arbeitszeit) aufstocken, der Hort, etwas auf Dauer hinkriegen.*

A2b Fragen Sie TN: „Welche dieser Situationen kennen Sie?", und teilen Sie dann ggf. TN in entsprechende Gruppen ein, damit sie sich über ihre Erfahrungen austauschen können. TN ohne Berufserfahrung können ihre Unterrichtssituation als Ausgangslage nehmen.

Ü2+Ü3	Ggf. als HA. Ü3 dient der Vorbereitung für A3 und es kommen wichtige idiomatische Ausdrücke vor. TN gleichen ihre Lösung am nächsten Tag in PA ab. Fragen Sie anschließend an Ü3: „Welche Sätze zählen nicht zur sachlichen Kommunikation?" (*1 und 4*)
A3 *Register-* *training*	TN finden sich möglichst nach ähnlichen Berufsfeldern zusammen. Weisen Sie TN darauf hin, dass es bei dieser Aufgabe vor allem um das passende Sprachregister geht und um für die Situation typische Formulierungen. Zu zweit kann man zwar weniger gut ein ganzes Teammeeting, aber doch den Austausch zwischen zwei Personen darin nachspielen.
Ü4 E	TN machen die Übung in EA. Anschließend PA: Je zwei TN schreiben Sätze zu einer der Verbsammlungen, also Paar A zu den Verben von 1. (*sich streiten, sich auseinandersetzen, sich beschimpfen, sich vertragen*), Paar B zu den Verben von 2., usw.

Modul 1 Danke für das Gespräch

A1	Sammeln Sie zu Beginn – z. B. mit einer Mindmap – bereits vorhandenes Wissen der TN zu den Begriffen *das Mitarbeitergespräch, das Jahresgespräch, das Feedbackgespräch* usw. (Das Thema wurde im Vorgängerband B2 in Kapitel 9, Modul 4, behandelt, ggf. erinnern sich TN daran; siehe auch den Hinweis zum Arbeitsweltwissen.) Sprechen Sie darüber, wer normalerweise an Personalgesprächen teilnimmt (*Vorgesetzte, Abteilungsleiter/innen, Führungskräfte, Arbeitgeber/innen, Arbeitnehmer/innen, Angestellte, Mitarbeiter/innen* …) TN können dann in KG oder im PL über ihre Erfahrungen berichten.
Arbeitswelt- *wissen*	Vgl. die Informationen zum Thema *Mitarbeitergespräche/Feedbackgespräche/Jahresgespräche/ Personalgespräche* im → UHB zu Band B2 auf Seite 148.
E	Sie können die Erfahrungen der TN auch in Stichworten an der Tafel in einer 3-spaltigen Tabelle festhalten, wie im folgenden Beispiel:

Gesprächstyp	Teilnehmende	Inhalt/Zweck des Gesprächs
Jahresgespräch	Vorgesetzte/r + Mitarbeiter/in	erreichte Ziele, Wünsche, Bedarfe, …

A2a	Fragen Sie zunächst: „Wo arbeitet eine Berufsberaterin?", „Was macht sie?", „Waren Sie schon einmal bei einem/einer Berufsberater/in?" Sammeln Sie typische Tätigkeiten: *bei der Berufs-/Studien-/ Sprachkurswahl helfen, Kompetenzen ermitteln, Schulabgänger/innen (persönlich im Gespräch, auf Messen, in Schulen usw.) beraten, Möglichkeiten einer Umschulung/Weiterbildung/… besprechen/ finden, einen Berufswechsel begleiten* usw.
Ü1 B	TN arbeiten in PA und suchen die entsprechenden Ausdrücke. Sollten sie Schwierigkeiten haben, tun sie sich mit einem anderen Paar zusammen.
A2b *Mediation*	Weisen Sie TN darauf hin, dass alle TN der Gruppe sich die gefundenen Tipps aus „ihrem" Abschnitt notieren sollen, da anschließend (in 3c) Wirbelgruppen gebildet werden (die Tipps also von den einzelnen TN in neue Gruppen mitgenommen werden müssen). Nach dem Lesen klären TN innerhalb ihrer Gruppe kurz in eigenen Worten, was sie aus ihrem Abschnitt verstanden haben. Offene Fragen bzw. Unverstandenes sollte in der Gruppe geklärt werden. Unterstützen Sie als LK die 3 Gruppen lediglich bei ungelösten Schwierigkeiten.
Arbeitswelt- *wissen*	Zum Thema *Bildungsurlaub* finden Sie in Kapitel 7 in Modul 4 (Aufgabe 5) sowohl im KB als auch im ÜB Informationen bzw. einen Eintrag zum Arbeitsweltwissen.
Ü2	Lesen Sie im PL zunächst gemeinsam den „Tipp" und gehen Sie darauf ein, dass das in der Aufgabe abgedruckte Formular bereits wichtige Kerninhalte derartiger Leitfäden enthält. (Zur Vorbereitung eines Personalgesprächs kann aber vor allem die → KV 2-1 zu A4 genutzt werden. Authentische Leitfäden finden Sie im Internet, z. B. hier: https://karrierebibel.de/wp-content/uploads/2019/02/ Mltarbeitergespraech-Checkliste-Mitarbeiter.pdf.) Spielen Sie dann den Text vor. TN füllen in EA die Punkte aus, die sie verstehen, und gleichen das Notierte anschließend in ihrer KG (aus A2) ab. Gehen Sie zuletzt im PL die einzelnen Punkte durch, bevor TN in ihrer KG zu A3 und Ü3 übergehen.

Wir bleiben im Gespräch

vor A3a
Mediation

Lesen Sie im PL die Aufgabenstellung. Gehen Sie zunächst auf den Begriff „Redewiedergabe" ein und weisen Sie TN (je nach Sprachniveau und Interesse) auf die entsprechenden Fachbegriffe „Mediation" und „Sprachmittlung" hin. Thematisieren Sie auch, dass Sprachmittlung (ggf. nutzen Sie schlicht die Formulierung „Zusammenfassen/Weitergeben von Informationen") sowohl mündlich als auch schriftlich erfolgen kann. Wiederholen Sie in diesem Zusammenhang, dass es für die Wahl des angemessenen Sprachregisters wichtig ist, dass man den Adressaten und den Zweck der Sprachmittlung (Weitergabe von Informationen) berücksichtigt. Weisen Sie außerdem darauf hin, dass alle Redemittel außer „wie" eher Ausdruck einer gehobenen und somit im Berufskontext förmlicheren (oder eben der schriftlichen) Sprache sind.

A3a+b
Ü3–6
B

Je nach Sprachkompetenz können Sie nun die TN in ihren Gruppen selbstständig oder mit Ihrer Unterstützung die Teilaufgaben A3a+b und Ü3–6 bearbeiten lassen. Geben Sie ein angemessenes Zeitfenster vor und teilen Sie, bevor TN mit den Aufgaben und Übungen beginnen, mit, dass Sie zwar für Fragen zur Verfügung stehen, sich aber im Hintergrund halten werden. Ziel ist, dass TN in ihrer Gruppe die Aufgaben und Übungen innerhalb einer bestimmten Zeit und im offenen Lernarrangement selbstständig nacheinander bearbeiten.

A3c

Bilden Sie aus den drei großen Gruppen mehrere KG, in denen sich je ein/e TN aus den drei bisherigen Gruppen befindet, die/der das dort zum jeweiligen Abschnitt Erarbeitete in die neue KG „hineintragen" kann. Durch dieses Neuarrangieren nach dem Wirbelgruppenprinzip (jede neue Gruppe muss mindestens 1 TN aus den beiden anderen vorherigen „Expertengruppen" zu den übrigen beiden Abschnitten des Textes in A2b enthalten) wird der Text aus A2b nun in seiner Gesamtheit für alle TN erschlossen. Gleichzeitig wenden TN in der KG bei der Wiedergabe der Tipps noch einmal die Möglichkeiten zur Redewiedergabe an.

A4

Falls TN bei Aufgaben in PA häufig mit dem/derselben Partner/in zusammenarbeiten, können Sie die Rollenkarten kopieren, ausschneiden, mit Zahlen/Symbolen versehen und im Losverfahren ziehen lassen. So ergeben sich neue Konstellationen für die PA.
Besprechen Sie mit den TN, wie sie sich für diese Dialogübung (genau wie auf tatsächlich im Berufs-kontext anstehende „Dialoge" in Form z. B. eines Personalgesprächs) vorbereiten können: Über die Auswahl der Redemittel hinaus können diese z. B. im Vorfeld mehrfach laut gelesen und Aussprache und Betonung geübt werden. Zudem sollten unbekannte Wörter/Redewendungen geklärt werden. Zur Vorbereitung auf ihre Rolle können TN sich zunächst über das Setting verständigen und Fragen klären wie: „Was denkst du, wo dieses Gespräch stattfindet?" TN können auch das Formular aus Ü2 noch mal ansehen und sich über eine Reihenfolge des Gesprächsablaufs Gedanken machen. Regen Sie TN an, sich für alle diese Punkte Notizen zu machen. Fragen Sie TN: „Was zeigt man, indem man vorbereitet und mit Notizen in ein Personalgespräch geht?", und sprechen Sie im PL darüber (*man hat sich vorbereitet / ist gut organisiert / hat sich über die Bedeutung der notierten Themen Gedanken gemacht / signalisiert Respekt / zeigt aktives Mitdenken / möchte nichts vergessen / kann die Reihenfolge besser lenken* usw.).
Wenn genug Zeit ist, können TN in PA auch beide Situationen aus A4 spielen. So besteht dann auch die Möglichkeit, dass TN ihre Rollen tauschen.

→ **KV 2-1**
(Portfolio)

Alternativ können Sie die KV austeilen, mit der TN sich anhand von Leitfragen aus Arbeitnehmersicht auf ein Personalgespräch – entsprechend den im „Tipp" zu Ü2 erwähnten Leit-fäden – vorbereiten können. TN können sich für die Situation, in der sie die Rolle A haben, Stich-worte auf dem Bogen notieren. TN mit Rolle B nutzen den Bogen auch als Inspiration.

V

Alternativ können auch Paare aus gleichen Berufsfeldern gebildet werden, die KTN sammeln selbst wichtige Punkte/Themen aus Personalgesprächen und spielen dann das Gespräch.

A5
E

TN sammeln zunächst in EA Begriffe zu den Punkten und diskutieren dann zu zweit, wie in der Aufgabenstellung gefordert.
TN suchen sich anschließend eine/n neue/n Partern/in und gehen noch einmal in die Diskussion. Danach können Sie an der Tafel zu den vier Punkten eine tabellarische Wörterliste anfertigen, die TN in ihre Hefte übertragen:

Eigenschaften	Verhalten	Stärken	Soft Skills
Freundlichkeit	respektvoller Umgang	Durchsetzungsvermögen	Empathie

Als HA lernen TN zwei Begriffe aus jeder Spalte, die neu sind oder noch nicht auswendig beherrscht werden. Fragen Sie die Begriffe am nächsten Tag ab, indem Sie TN jeweils rundherum nacheinander die gelernten Begriffe aufsagen lassen. Erste Runde: *Eigenschaften*, zweite Runde: *Verhalten* … usw. Weisen Sie TN vorab darauf hin, dass Mehrfachnennungen im Sinne der Festigung von Wortschatz erwünscht sind. Es ist auch gut möglich, dass Begriffe sich überschneiden, was die Kategorien angeht. Weisen Sie TN darauf hin und arbeiten Sie diesbezüglich flexibel. Wichtig ist, hier den Wortschatz thematisch generell zu erweitern.

→ KV 2-2
(Portfolio)
P

Sie finden im KB immer wieder das Symbol ℙ mit dem Zusatz „Thema" am Rand von Aufgaben. Es weist darauf hin, dass hier ein Thema behandelt wird, das in der mündlichen Prüfung (Teil 1A) vorkommen kann. Dort müssen TN dazu einen kurzen Vortrag halten. Es stehen zwei von insgesamt 13 Themen zur Auswahl, am besten sollten TN also auf jedes Thema vorbereitet sein. Eine Übersicht zu den Themen der Prüfungsaufgabe finden Sie im KB auf Seite 350 (dort steht auch, wo das Thema jeweils im Buch behandelt wird). Ein angeleitetes Prüfungstraining finden Sie im Prüfungstraining E im KB auf Seite 168. Sie können das Training auch vorziehen, damit TN den ganzen Ablauf der Prüfung kennen.
Im KB wird nicht immer die Aufgabenform „Vortrag" zu den Prüfungsthemen gestellt, um auch andere Sprachhandlungen zu üben. Wenn Sie das Symbol sehen, können Sie TN aber anregen, sich jeweils (alternativ oder ergänzend) mit der KV auf das Prüfungsformat vorzubereiten. TN können sich in der KV die wichtigsten Redemittel vergegenwärtigen und zum jeweiligen Thema eine Mindmap (oder eine andere Form der Skizze) anlegen.

Modul 2 Wer kann das übernehmen?

A1 TN können zunächst Antworten in PA oder KG sammeln, die anschließend im PL zusammengetragen werden. Bündeln Sie dabei ggf. ähnliche Antworten, wobei es in jedem Fall gut ist, verschiedene Varianten von Antworten im PL zu hören. Zwei TN können jeweils die positiven/negativen Antworten diktiert bekommen und in zwei Spalten an die Tafel schreiben. Anschließend übertragen TN die Antworten in ihre Hefte.

Ü1 Gut als HA geeignet.

A2a
Mediation

Lesen Sie im PL „Sprache im Beruf". TN erklären die Ausdrücke in eigenen Worten. Ergänzen Sie ggf. weitere Ausdrücke (z. B. *Mir sitzt der Abgabetermin im Nacken, Diese Kritik musste ich erst mal verdauen., Da bin ich erst mal in die Knie gegangen.*). Anschließend hören TN die Besprechung. Bitten Sie TN, sich währenddessen Notizen zu machen, um danach Antworten auf die Fragen formulieren zu können. Schreiben Sie anschließend folgende Ausdrücke aus dem Hörtext an die Tafel und lassen Sie TN deren Bedeutung erklären (oder ggf. erraten); TN übertragen anschließend ausgewählte für sie brauchbare Formulierungen in ihr Heft:

Es ist dringend.	Ich bin total ausgelastet.
Das ist zu kurzfristig.	Ich müsste mich erst mal einarbeiten.
Wir müssen Verstärkung finden.	Das Projekt ist sehr zeitaufwendig.
Wir müssen die Ärmel hochkrempeln.	Kannst du Sonja entlasten?
Jemand muss einspringen.	Die Qualitätskontrolle ist überschaubar.
Wir stecken noch mittendrin.	Wir haben keine andere Wahl.

A2b TN arbeiten mit den Notizen aus A2a weiter und ergänzen beim zweiten Hören weitere Informationen. Anschließend Abgleich der Notizen in PA und Vervollständigung im PL.

A2c
V

TN schreiben die Mail in EA. Dies ist auch als HA möglich. Bieten Sie TN ggf. die Möglichkeit an, die Mail am PC zu schreiben und z. B. auf einem Padlet zu posten, sodass alle TN alle Mails und Formulierungsvarianten lesen können.

Wir bleiben im Gespräch

Ü2a+b *Registertraining*	Besprechen Sie zuerst im PL das hier verwendete Register, indem Sie TN die Beziehung zwischen Vorgesetztem und Angestelltem beschreiben lassen (*freundlich, höflich, offen, gegenseitiges Duzen, Formulierung „Bitte" im Betreff …*). Gehen Sie auch auf den Betreff ein, da dieser durchaus missverstanden werden könnte: Die „Bitte" ist keine Bitte, die einen Entscheidungsspielraum lässt, sondern ein Arbeits- bzw. Handlungsauftrag, der freundlich formuliert ist. Es wird also erwartet, dass alles erledigt wird (außer es geht aus gutem Grund nicht, wie beim 3. Punkt in 2b). Klären Sie auch die Abkürzung *GF (Geschäftsführung)*.
Ü2a+b Ⅴ	Gut als HA geeignet. Auch hier bietet es sich an, dass TN (wie in A2c angeregt) ihre Mails digital verfassen und in einer Form ablegen, in der alle TN sämtliche Mails lesen können.
A3a	Klären Sie ggf. die Wörter *Meilenstein* und *Prototyp*, am besten, indem TN, die die Wörter kennen oder herleiten können, Erklärungen geben. Lassen Sie TN anschließend die Besprechung (ggf. mehrfach) hören und in EA die Abfolge der Themen nummerieren.
A3b	TN tauschen sich zunächst zu dritt über das Gehörte aus. Falls größere Verständnisschwierigkeiten bestehen, die auch nicht in der KG gelöst werden können, bieten Sie an, den Hörtext ein letztes Mal vorzuspielen. Anschließend Abgleich der Lösungen im PL.
A3c *Strategie*	Lesen Sie im PL die „Strategie" und gehen Sie ins Gespräch über verschiedene Möglichkeiten und Tools zum Vokabellernen. TN tauschen sich zur Art von Vokabelarbeit (Kärtchen, Apps, Hefte, Sprachaufnahmen, Mnemotechniken usw.) und zu Zeiten und Orten für „funktionierende" Lernräume aus. Fragen Sie z. B.: „Wann und wie lange lernen Sie Wörter?", „Wann/Wo lernen Sie am besten? Warum?", „Lernen Sie regelmäßig? Warum (nicht)?" usw.
→ **KV 2–3** (Portfolio)	Um das Thema Vokabellernen intensiver zu behandeln, können Sie nach 3c die KV austeilen und in KG bearbeiten lassen. Erinnern Sie daran, dass der Aufbau von Wortschatz immer wichtiger wird und im Kontext Beruf jede/r seinen/ihren eigenen WS erarbeiten muss. Individuelles Lernen ist also gefragt, weshalb es auf den Wortschatzseiten im ÜB auch immer Raum für eigenen WS gibt. Sammeln Sie gute Hinweise aus den KVs im PL.
A3d *Registertraining*	Lassen Sie die Ergebnisse im PL zusammentragen und erläutern bzw. ergänzen Sie die Wendungen jeweils mit Beispielen, bestenfalls aus verschiedenen beruflichen Kontexten.
vor A4	Fragen Sie TN: „Sie haben bei der Arbeit eine Aufgabe bekommen und angenommen. Sie merken jetzt aber, dass Sie es doch nicht schaffen. Was tun Sie, wenn Sie merken, dass Sie sich übernommen haben?" Ggf. schreiben Sie das Verb *sich übernehmen* an die Tafel und erläutern es nochmals. Fragen Sie auch nach Beispielen aus verschiedenen Berufen. Was bedeutet *sich übernehmen* in verschiedenen Kontexten? (z. B. *ein zu großes Bauprojekt annehmen und zu wenige Mitarbeitende zur Verfügung haben, zu viele Patienten im Wartezimmer, zu viele Aufträge in einer Elektrofirma, sich erstmals eine inhaltlich sehr anspruchsvolle Arbeit zutrauen und nach Beginn merken, dass einem die nötige Erfahrung fehlt, zu schwere körperliche Arbeit in einem Supermarkt* usw.)
Ü3a+b	Gut als HA geeignet. Besprechen Sie aber zuvor im PL den „Tipp". Weisen Sie TN ggf. (da vielleicht nicht alle über ein einsprachiges Wörterbuch verfügen) auf bekannte einsprachige (Online-)Wörterbücher und die unten beschriebene Variante hin. Gehen Sie am Folgetag die Ergebnisse im PL durch und korrigieren Sie. Besprechen Sie, wie die Arbeit mit dem Wörterbuch geklappt hat bzw. ob diese zielführend war.
Ⅴ	TN, die über kein einsprachiges Wörterbuch verfügen, können die Wortschatzarbeit auch mit einem zweisprachigen Wörterbuch erledigen. Interessant ist, welche Wörter sie ermitteln (teilweise sicher mehrere bzw. unterschiedliche). Die Reflexion kann auch dahin gehen, dass die „reine" Übersetzung mithilfe eines Wörterbuchs nicht unbedingt „reicht" oder funktioniert.
A4 Ⅴ	TN können die Mail im PL kooperativ schreiben. Dazu machen TN verschiedene Vorschläge und ein/e TN schreibt an der Tafel mit. Es bietet sich an, erst gemeinsam zu überlegen, was in der Mail stehen soll, und die Punkte dann gemeinsam in eine passende Reihenfolge zu bringen. Dies führt zum

Diskutieren verschiedener Formulierungen und zum Abwägen, welche davon jeweils am besten geeignet ist. Thematisieren Sie, dass es neben der Mitteilung, etwas nicht (weiter) übernehmen zu können, wichtig ist, konstruktive Lösungsvorschläge anzubieten.
Je nach zeitlichen Kapazitäten kann auch eine zweite Mail zum Thema formuliert werden, in der eine andere Situation geschildert bzw. ein anderer Vorschlag unterbreitet wird – oder TN schreiben als HA noch einmal eine eigene Mail.

Ü4 TN hören die Gespräche zweimal und machen den Abgleich der Lösungen in PA. Bei Schwierigkeiten klären Sie diese im PL und lassen TN ggf. noch einmal hören.

Ü5 TN korrigieren in EA und tauschen sich anschließend in PA über die Korrekturen aus. Zwei TN arbeiten an der Tafel und schreiben ihre Lösung auf. Gemeinsame Kontrolle im PL.

Modul 3 Habe ich das richtig verstanden?

vor A1 Lassen Sie die Bücher geschlossen und weisen Sie auf Brandschutz-Hinweise im Kursraum bzw. der Umgebung hin. Fragen Sie TN: „Woher wissen wir, dass es irgendwo brennt?" (*Alarm, Rauchmelder, Sirene, Geruch* usw.) und „Was müssen wir tun, wenn es hier im Haus brennt?" (*Feuerwehr rufen, Fenster schließen, Haus verlassen, Fluchtwege beachten, zum Sammelpunkt gehen, Treppenhaus statt Aufzug nutzen* usw.) Machen Sie ggf. einen Rundgang und entdecken Sie gemeinsam *Fluchtwegpläne, Feuerlöscher* usw. Fertigen Sie ggf. eine Wörterliste an, z. B mit *der Rettungsweg, der Fluchtweg, die Brandschutztür, der Rauchmelder, der Zufahrtsweg, die Brandschutzübung, die Sicherheit, die Feuerwehr, der Notfall, die Evakuierung, der Alarm* usw. Gehen Sie dann über zu A1 und nehmen Sie mit den TN nun das Thema mit Fokus auf Brandschutz in Unternehmen in den Blick.

A2a
B
E
TN können die Zuordnung in EA oder PA vornehmen. Abgleich im PL. Klären Sie Fragen nach unbekanntem Wortschatz möglichst erst nach der Zuordnung.
Ein TN schreibt auf Ihr Diktat hin folgende Verben untereinander an die Tafel, die anderen TN überlegen sich derweil schon Synonyme dafür. Anschließend ergänzen TN Synonyme zu den gelisteten Verben und übertragen die gesamte Wörterliste in ihr Heft.

> anbringen – befestigen, festmachen
> sachkundig – kompetent, qualifiziert, geschult
> investieren – hineinstecken, Geld ausgeben für
> tätigen – durchführen, praktizieren, machen
> verwenden – benutzen, einsetzen
> ausbreiten – sich vergrößern, sich ausweiten
>
> erfordern – brauchen, benötigen
> unterliegen – abhängig sein von
> prüfen – kontrollieren, untersuchen
> entfallen – wegfallen, nicht mehr gelten
> warten – kontrollieren, pflegen
> instandsetzen – reparieren, wieder zum Laufen bringen, wieder flottmachen

Ü1 TN sollten die Nomen mit Artikel und Pluralform notieren.

Ü2 TN können zunächst in PA ihre Korrekturen abgleichen. Zwei TN arbeiten an der Tafel, sodass später im PL die richtige Lösung kontrolliert werden kann.

A2b+c TN können zunächst in KG über die Unterschiede, die sie wahrnehmen, sprechen. Besprechen Sie diese dann im PL, bevor Sie gemeinsam mit TN die Regel in A2c ergänzen.

A3a Diese komplexe Übersicht könnte manche TN zunächst überfordern. Füllen Sie sie deshalb gemeinsam im PL aus und führen Sie TN Schritt für Schritt an die verschiedenen Umformungsmöglichkeiten heran. Viele TN sind hier zum ersten Mal mit der Nominalisierung konfrontiert, wobei manche weiteren Regeln dazu hier noch zurückgehalten (und in Kapitel 3 eingeführt) werden. So ist hier bewusst die Umformung mit Genitiv noch ausgeklammert (auch wenn das oft eine Alternative für die genannten Umformulierungen wäre).

Ü3 Diese Übung, die der Vorbereitung von A3b dient, sollten TN in EA erledigen.

Wir bleiben im Gespräch

A3b 🅱 Diese Aufgabe können TN je nach Wunsch und Bedarf in EA oder PA bearbeiten. Zeigen Sie für einen sicheren Abgleich die richtige Lösung an der Tafel.

Ü4 Lesen Sie zunächst im PL die „Info". Fragen Sie, ob jemand im Kurs Erfahrungen als Sicherheitsbeauftragte/r hat, und lassen Sie ggf. von Erfahrungen erzählen. Formulieren Sie dann den ersten Satz oder die ersten beiden Sätze gemeinsam an der Tafel. Die weiteren Sätze schreiben TN in EA in ihr Buch oder ins Heft. Anschließend gemeinsame Korrektur.

Ü5 Gehen Sie vor wie bei Ü4: Bilden Sie zunächst ein, zwei Beispielspielsätze im PL.

Ü6a+b Eignet sich als HA. Lassen Sie am Folgetag verschiedene Sätze zu Ü6b im PL vorlesen.

Ü7 🆅
Registertraining
Bilden Sie 3er-KG. Jede/r TN nimmt eine andere Rolle ein: 1. Kollege, der seiner Kollegin / seinem Kollegen in der Du-Form die Notfall-Regeln mitteilt. 2. Brandschutzbeauftragte/r, der/die mehreren Kollegen/Kolleginnen die Notfall-Regeln in der Ihr-Form mitteilt, 3. Vorgesetzte/r, der/die einem/einer Mitarbeitenden die Notfall-Regeln in der Sie-Form mitteilt. Sie können die KG auch in mehreren Durchgängen mit wechselnden Rollen üben lassen.

A4 ▶ Besprechen Sie zunächst, was *ein/e Ersthelfer/in* ist (*kein Mediziner, sondern ein Laie oder eine Laiin, der/die einen Erste-Hilfe-Lehrgang absolviert hat und die Versorgung von Verletzten übernehmen kann*). TN recherchieren online in KG zu viert und sammeln Aufgaben. Die Aufgaben können auf einem Plakat festgehalten und anschließend im PL aufgehängt und verglichen werden. Wichtigen Wortschatz übertragen TN in Eigenregie von den Plakaten in ihre Hefte.

🇪 TN könnten verschiedene Möglichkeiten für Weiterbildungen zum/zur Sicherheitsbeauftragen oder zum/zur Ersthelfer/in recherchieren: Umfang, Inhalt, Abschluss usw.

Arbeitsweltwissen In Betrieben, egal ob im Handwerk, in der Industrie oder im Dienstleistungsgewerbe, sind *Ersthelfer/innen* gesetzlich vorgeschrieben. Sie können im Notfall helfen und versorgen Verletzte bei einem Arbeitsunfall oder einer akuten Erkrankung. Sie leisten die notwendigen Maßnahmen zur Ersten Hilfe, bis das Rettungspersonal eintrifft.
Jeder Betrieb muss ausreichend Ersthelfer/innen haben und Erste-Hilfe-Material zur Verfügung stellen, je nach Betriebsgröße und Gefährdungsbeurteilung. Bei 2 bis 20 Beschäftigten ist in der Regel 1 Ersthelfer/in vorgeschrieben, im gewerblichen Bereich gibt es weitere Regelungen. Alle Betriebsangehörigen können Ersthelfer/innen werden. Voraussetzung ist die Teilnahme an einem entsprechenden Erste-Hilfe-Kurs, der alle zwei Jahre aufgefrischt werden muss – oder man hat eine abgeschlossene Ausbildung im Sanitäts- oder Rettungsdienst oder einem anderen Gesundheitsberuf. (Im Unterschied zu Ersthelfenden verfügen *Betriebssanitäter/innen* über spezifischere Kenntnisse und leisten erweiterte Erste Hilfe.) Aus- und Fortbildungskurse bieten das Deutsche Rote Kreuz, der Arbeiter-Samariter-Bund, die Johanniter, die Malteser usw. an. Die Kosten werden vom gesetzlichen Unfallversicherungsträger übernommen.
Weitere Infos z. B. im Faltblatt der VBG unter www.vbg.de (Suchmaske: „Ich helfe gern")
Auch die Inhalte des vorgeschriebenen *Verbandskastens* sind durch DIN-Normen geregelt: https://www.drk.de/hilfe-in-deutschland/erste-hilfe/verkehrsunfall/verbandkasten-din-13157/

Ü8 Eignet sich gut als HA.

Ü9a+b 🅱
Mediation
TN arbeiten ggf. in PA. Besprechen Sie die Ergebnisse im PL. Fragen Sie TN, wie es ihnen mit dem Verständnis des Nominalstils ergeht bzw. ob ihnen die Umformung mithilfe von Verben eine Hilfe ist.

🇪 Fordern Sie TN dazu auf, den Text in ihrer Herkunftssprache oder einer Sprache, die sie sehr gut beherrschen, wiederzugeben (gern laut im PL) und darauf zu achten, was dabei mit den Nominalisierungen passiert. TN können so reflektieren, ob es dieses Phänomen in anderen Sprachen auch gibt und wodurch sich Fachtexte (evtl. im Gegensatz zu deutschsprachigen) in anderen Sprachen auszeichnen. Dabei sollte klar herausgestellt werden, dass der Nominalstil im Deutschen ein typisches Merkmal von Fachkommunikation ist.

📝	Lesen Sie den „Tipp" im PL. Bitten Sie TN, einen Fachtext zu ihrem Beruf oder Hobby zu recherchieren und fünf Sätze auszuwählen, die sie als HA in „einfaches Deutsch" übertragen. Diese Übung soll auch dann bearbeitet werden, wenn keine Nominalisierung vorkommt.

Modul 4 Weiteres im nächsten Meeting

A1
📝
Interkulturelle Kompetenz

Die Aufgabe kann gut in KG erarbeitet werden. Die Ergebnisse werden im PL präsentiert und (z. B. unter der Überschrift *Voraussetzungen für Besprechungen*) an der Tafel festgehalten. Fragen Sie TN zudem, ob Besprechungssituationen in Herkunftsländern anders aussehen bzw. ob auf andere Dinge Wert gelegt wird.

A2a Wiederholen Sie und fragen Sie im PL: „Wofür steht *TOP*? Was könnte eine *Blitzlicht-Runde* sein? Was ist *Netiquette*? Was ist ein *Wiki*?" TN erklären die Begriffe und ergänzen sich gegenseitig. Anschließend sammeln TN, was es fürs Meeting vorzubereiten gibt.

A2b Falls TN aus derselben Branche kommen, wäre eine entsprechenden Paar-Einteilung von Vorteil, damit authentische und möglichst konkrete Themen benannt werden.

A3 Nach dem ersten Hören ordnen TN zu. Fragen Sie dann, vor einem zweiten Hördurchgang: „Welcher TOP aus der Mail in A2a wird besprochen?" (*TOP 3*) Gehen Sie nach dem Hören und Zuordnen auch die anderen Gesprächsarten durch, zu denen es kein Hörbeispiel gibt: „Wo und wann findet das Gespräch statt? Wer nimmt daran teil? Was sind Inhalte und Ziele?"

Ü1 Gut als HA im Anschluss an A3 geeignet.

A4a TN diskutieren in KG zu viert und halten ihre Stichwortsammlung auf einem Plakat fest. Anschließend werden die Plakate aufgehängt und verglichen. Gehen Sie auch ins Gespräch darüber, wann Lehrkräfte die Rolle des Moderators / der Moderatorin einnehmen. Sie als LK können an dieser Stelle um Feedback bitten und erfragen, was Sie als Moderator/in ggf. beachten/ändern/verbessern können. Hierfür kann dabei oder anschließend auch die Rolle der TN thematisiert werden: „Wie meldet man sich zu Wort?", „Wie zeigt man, dass man anderer Meinung ist / etwas nicht verstanden hat?", „Welche Verhaltensweisen sind höflich/unhöflich?" usw.

A4b
✏️

Für die Behandlung dieses Themas können Sie ein interaktives Tafelbild nutzen.
TN können in EA arbeiten und dann in PA abgleichen. Gehen Sie dann die Redemittel im PL durch und besprechen Sie, welche eher für formelle, offizielle Versammlungen und welche eher für informellere, kleinere Teamsitzungen geeignet sind. Weisen Sie darauf hin, dass die Redemittel natürlich auch in der Du-Form verwendet werden können.

📝
Registertraining

Bilden Sie KG. TN simulieren Besprechungen in 2 Runden: 1. formelle Versammlung, 2. Meeting eines vertrauten Teams. In Runde 1 üben TN die Redemittel in der vorgegebenen Sie-Form, in Runde 2 wird in der Du-Form bzw. in einem informelleren Kontext gesprochen.

Ü2 Ggf. als HA.

A4c In EA. Achten Sie beim Vorlesen der Lösungen auf die richtige Intonation (Aussage-/Frage) der TN.

Ü3 Gut als HA geeignet: Bitten Sie TN, die „Info" zu lesen und die Übung zu machen. Fragen Sie am Folgetag nach Erfahrungen mit Moderation und Wortmeldungen. Hierfür eignet sich (wie beim Hinweis zu A4a) der Vergleich mit der (Präsenz- oder Online-)Unterrichtssituation der TN. Ggf. können TN hier auch über unterschiedliches Verhalten in Bezug auf Wortmeldungen/Ausredenlassen/Motivation/ Redelust usw. konstruktiv ins Gespräch kommen.

A5a
▽

Planen Sie genug Zeit für die Simulation des Meetings ein, damit Vorbereitung, Durchführung und Nachbereitung ohne zeitlichen Druck erfolgen können. Auch sollte im Anschluss genügend Zeit für eine Reflexion und Evaluierung bleiben. TN finden sich zu viert zusammen. Besprechen Sie die Schritte und notieren Sie am besten konkrete Zeitfenster (für *Vorbereitung/Durchführung/Nachbesprechung*) an der Tafel (Timer nutzen). Gehen Sie während der Vorbereitung herum und helfen Sie, wo nötig.

Wir bleiben im Gespräch

Erinnern Sie TN daran, die Redemittel aus A4b+c zu nutzen. TN können dies z. B. tun, indem Sie vorher eine bestimmte Anzahl (z. B. drei) Redemittel auf Kärtchen schreiben (ein Redemittel pro Kärtchen). Diese sollen dann während des Sprechens verwendet werden und werden abgelegt, wenn das darauf stehende Redemittel eingesetzt wurde.
In den Gesprächen soll auch klar entschieden werden, wer was bis wann konkret zu erledigen hat (diese Infos werden später für den Protokoll-Vordruck benötigt).

A5b Die ausgefüllten Protokolle sollten so präsentiert werden, dass möglichst alle TN alle Protokolle lesen und Nachfragen gestellt werden können. Auf diese Weise kann auf Missverständliches oder Unverständliches im Protokoll hingewiesen werden. Als Kriterium können Sie vorgeben, dass das Protokoll auch für eine/n Mitarbeiter/in nachvollziehbar und verständlich sein sollte, der/die z. B. aufgrund von Krankheit beim Meeting verhindert war. Fragen Sie TN, inwieweit ihre Notizen voneinander abweichen, sich subjektive Wahrnehmungen unterscheiden, andere Schwerpunkte gesehen wurden usw.

Ü4 Setzen Sie die Übung ggf. während der Bearbeitung von A6 als Muster für das Schreiben der Stellungnahme ein.

A6
P Schreiben Sie *die Stellungnahme* an die Tafel. TN können im Prüfungstraining A ab A10a (→ KB Seite 39) die speziellen Charakteristika einer Stellungnahme, wie sie in den Prüfungen erwartet wird, erarbeiten. Falls Sie diesen Teil des Prüfungstrainings hier nicht vorziehen möchten, leiten Sie eher allgemein auf die generelle Bedeutung des Begriffs hin und fragen Sie: „Was heißt *Ich nehme Stellung zu einem Thema.*?" (*Ich sage meine Meinung zu einem Thema.*) und „Wann nimmt man schriftlich im Beruf Stellung zu einem Thema?" (*bei Streitfragen, bei einer Abstimmung, wenn eine Diskussion nach einem Meeting oder im Betriebsrat festgehalten und zusammengefasst werden soll, wenn man sich ungerecht behandelt fühlt und sich offiziell beschwert …*).
Sie können als Definition der Textsorte z. B. festhalten: *Eine Stellungnahme ist ein meist schriftlicher Text, der die eigene Sichtweise („Standpunkt") bezüglich eines Themas darstellt. Es handelt sich um die überlegte und offizielle Dokumentierung einer persönlichen Meinung – also kein spontanes Statement. Eine Stellungnahme muss für Leser/innen nachvollziehbar sein. Dafür begründet man die eigene Meinung. Man kann sie auch mit Beispielen belegen.*
Anschließend lesen TN die Redemittelkästen und machen ggf. Ü4, um ein grobes Muster für das Schreiben einer Stellungnahme zu haben. TN wählen nun eines der Themen und sammeln Argumente. Dieser Schritt kann (noch) in PA erfolgen; das Verschriftlichen der Stellungnahme auch als HA. Kommunizieren Sie im Vorfeld, wie korrigiert wird. Je nach Kapazitäten sammeln Sie die Texte ein bzw. lassen sie (vor-)lesen. Geben Sie TN Feedback.

Aussprache

1a
B In dieser Übungsfolge geht es darum, komplexen Wörtern bei der Aussprache den Schrecken zu nehmen. Auf der Stufe C1 werden TN immer häufiger solchen Wörtern begegnen und sollten diese auch verwenden können.
Stärkere TN lesen die Wörter erst leise und versuchen, drei Wörter selbstständig zu sprechen. Welche Wörter wählen die TN, welche bleiben evtl. übrig? Warum? (Bei diesem Vorgehen können Sie 1c weglassen.)

1b + c
B Schließen Sie ein Gespräch im PL an, welche Wörter schwer waren und welche leicht. Notieren Sie ein für TN schweres Wort an der Tafel. Beginnen Sie mit der letzten Silbe, lesen Sie sie vor und TN sprechen sie nach (ein- bis dreimal), dann nehmen Sie die zweitletzte Silbe dazu usw. TN merken so, dass die Wörter auf diese Weise leichter zu lernen und auszusprechen sind.

2b Lassen Sie das Wort, das TN am besten gelingt, im PL aussprechen. Ziehen Sie ein Fazit, welche Lautkombinationen schwierig sind und welche einfacher. Sammeln Sie im PL, wie man die schwierigen Kombinationen lernen kann, z. B. ähnliche Wörter suchen und im gleichen Vorgehen trainieren, Wörter im Internet hören und nachsprechen.

Kommunikation im Beruf

A1 Sie können auch stichpunktartig an der Tafel sammeln, mit wem man am Arbeitsplatz Konflikte erleben kann und warum. Wer möchte, erzählt von eigenen Erfahrungen. Legen Sie insgesamt den Fokus auf die Konfliktlösungsmöglichkeiten und regen Sie TN an, dabei in verschiedene Richtungen zu denken. Je nach Branche werden andere Konfliktlöseansätze bekannt sein, z. B.: *offenes Gespräch suchen und führen, Konflikte im Unternehmen als etwas Normales und in Ruhe Lösbares behandeln, spezielle Gesprächstechniken wie z. B. Gewaltfreie Kommunikation (GFK) oder Aktives Zuhören, Supervision, Mediation, Einbeziehen Dritter (z. B. des Betriebsrats), Chef/in spricht „ein Machtwort", sich auf anderes konzentrieren, warten, bis „der Erfolg einem Recht gibt"*. Es sollten – als Gegenbild – auch häufig im Berufsalltag verbreitete „Techniken" zur Sprache kommen, die eigentlich zu keinen konstruktiven Lösungen führen: *Konflikt aussitzen/ignorieren, Kontakt mit Kontrahenten vermeiden, Konfliktstoff „hinter den Kulissen" austragen, Trennung der Arbeitsplätze/Arbeitszeiten, Ausweichen auf andere Abteilung oder sogar andere Arbeitsstelle* usw. Welche Erfahrungen haben TN mit solchen Lösungen gemacht?
TN, die bereits mit dem Band *Aspekte | Beruf B2* gearbeitet haben, können Sie noch einmal auf die → Portfolio-KV zum Thema „Konfliktgespräch" aus Kapitel 4 (Modul 2) verweisen.

A2a Damit TN das Schema klar wird, gehen Sie das Gespräch zunächst gemeinsam durch, indem 2 TN je einen Part vorlesen. Klären Sie Wortschatz (*überempfindlich, die Mimose, Schwamm drüber, etwas kommt … rüber, sich vor etwas drücken*).

A2b Sammeln Sie nach dem Markieren im PL an der Tafel Wortschatz für die Metakommunikation. Fragen Sie: „Wie kann man das Verhalten des Gesprächspartners oder der Gesprächspartnerin beschreiben?" Beispiele:

- ☺ *einlenken; auf den anderen zugehen; Zugeständnisse machen / zugestehen, dass …; Fünfe gerade sein lassen; sich etwas sagen lassen; Kritik/Feedback annehmen …*

- ☹ *stur bleiben, für Kritik/Argumente nicht zugänglich sein, sich nichts sagen lassen, Kritik ignorieren / abperlen lassen / abblocken; so tun, als hätte man nichts falsch gemacht …*

A3a Gehen Sie umher und unterstützen Sie TN bei der Klärung der Situation, wenn nötig. TN sollen die gespielten Situationen realistisch und nicht übertrieben darstellen. Lassen Sie die Konfliktklärungsgespräche möglichst in PA ohne Intervention üben, bevor TN sie im PL vorspielen. Die anderen geben den Paaren Feedback in Bezug auf Nachvollziehbarkeit.

Grammatik-Rückschau

→ KV 2–4 Erklären Sie das Wort *Gerüchteküche* im PL und fragen Sie, über welche Themen in Firmen „getratscht" wird. Stellen Sie klar, dass ein Gerücht nicht wahr sein muss und geben Sie ein Beispiel, z. B.: *Die Prüfung findet schon nächste Woche statt!* Erinnern Sie TN an die Möglichkeiten der Redewiedergabe und bitten Sie sie, die Aussage wiederzugeben (*Laut unserer Lehrerin findet die Prüfung schon nächste Woche statt! / Die Lehrerin sagt, die Prüfung finde schon nächste Woche statt!*). TN spielen jetzt jeweils zu dritt „Gerüchteküche". Jede KG erhält die Zettel der KV verdeckt in 2 Stapeln: in einem die Personen, im anderen die Aussagen. TN1 beginnt, zieht eine Person und eine Aussage und gibt die Aussage wieder. Motivieren Sie TN dazu, in einem konspirativen, flüsternden Ton in ihrer KG zu sprechen. Die „Personen" werden nach jeder Runde wieder in den Stapel gemischt, die Aussagen werden weggelegt. Schnelle KG denken sich neue Sätze aus, wenn sie durch sind.
Alternativ können TN zusätzlich aktives Zuhören und flüssiges Sprechen trainieren, indem TN1 eine Person und Aussage zieht und sagt: *Ich bin …* (laut Zettel). *Wusstest du schon: …* (Aussage laut Zettel). TN2 gibt die Aussage an TN3 weiter in einer Form der Redewiedergabe. TN3 reagiert erstaunt/empört und wiederholt die Aussage (*Wie bitte, …!?*).

Fair im Handel

Themen Das dritte Kapitel behandelt verschiedene Bereiche und Aspekte von Handel und Wirtschaft.
Auftakt Mit einem Spiel wird Vorwissen über Wirtschaft und Handel eruiert und aktiviert.
Modul 1 In diesem Modul befassen sich TN ausgehend von einer Kundenanfrage mit der Produktionskette sowie den entsprechenden Abteilungen in einem Unternehmen und lernen, wie man eine Kundenanfrage höflich ablehnt.
Modul 2 Hier geht es darum, wie man z. B. als Key-Account-Manager angemessen mit unzufriedenen Kunden umgeht und in einem Problemgespräch zu einer Einigung kommen kann.
Modul 3 TN beschäftigen sich mit dem Faktor Nachhaltigkeit in Handel und Wirtschaft.
Modul 4 Hier werden die Aufgaben eines Marktleiters thematisiert, insbesondere das argumentativ überzeugende Einbringen neuer Ideen zur Sortimentsanpassung.
KiB Hier werden Strategien für den Umgang mit schwer verständlichen Sprachnachrichten entwickelt.

Lernziele
> **Auftakt** | Begriffe zum Thema „Handel und Wirtschaft" klären
> **Modul 1** | eine Anfrage verstehen und den Auftrag ablehnen
> **Modul 2** | in einem Kundengespräch Probleme erkennen und zu einer Einigung kommen
> **Modul 3** | die Bedeutung von Nachhaltigkeit in einer Produktidee herausstellen
> **Modul 4** | Ideen für eine Sortimentsanpassung recherchieren und präsentieren
> **Modul 4** | eine schriftliche Anfrage stellen
> **KiB** | eine gut verständliche Sprachnachricht hinterlassen
> **Aussprache** | Kleine Wörter, große Wirkung – Varianten von *ah*, *so*, *ja* und *oh* (im ÜB)
>
> **Grammatik**
> **Modul 1** | weiterführende Nebensätze
> **Modul 3** | Verbal- und Nominalstil II

Auftakt

vor A1 Für das Spiel können Sie im Vorfeld die Lösungen für eine/n TN kopieren, der/die bei Unklarheiten gefragt werden kann. Lesen Sie die Spielanleitung im PL. Klären Sie vorab keine Vokabeln, sondern lassen Sie TN im Lauf des Spiels herausfinden und ggf. erfragen, was sie (nicht) wissen.

Ü1 TN versuchen Ü1 in EA zu lösen, können bei Schwierigkeiten aber auch in PA weitermachen.
TN formulieren (ggf. als HA) zu jeder Reihe (1–9) einen Beispielsatz, indem sie ein Item ihrer Wahl verwenden. Lassen Sie am Folgetag TN einige Beispielsätze exemplarisch im PL vorstellen.

Ü2 Eignet sich auch als HA. Weisen Sie TN darauf hin, nur dann mit dem Wörterbuch zu arbeiten, wenn sie übers Ausschlussverfahren nicht weiterkommen. (Es ist eine Hilfe zu wissen, dass die nicht passenden Begriffe aus jeder Zeile eine andere Zeile als Synonym vervollständigen.)

Ü3 Mit dieser Lesart könnten sich einige TN schwertun. Bieten Sie an, in KG zu dritt zu arbeiten. Falls TN mit der Lesart nicht zurechtkommen, können sie die Lösung von anderen TN abschreiben. Dies ist dann Übung genug. TN lesen den gesamten Text im Anschluss laut im PL vor. Fragen Sie anschließend: „Welche der Umweltsiegel kennen Sie? Woher?"

TN bekommen die Aufgabe, über einen gewissen Zeitraum hinweg (z. B. eine oder zwei Woche/n lang) darauf zu achten und zu dokumentieren (z. B. mit der Handy-Kamera), welche Siegel Produkte, die sie kaufen, tragen. Nach der verabredeten Zeit stellen TN je ein Siegel im Kurs vor: Auf welchem Produkt war das Siegel? Wofür steht es? Wer vergibt es? usw.

Arbeitswelt-wissen In der Arbeitswelt spielen *Siegel und Zertifikate* eine wichtige Rolle. Mit ihnen soll die Qualität von Produkten, Prozessen, Dienstleistungen, Fachkräften oder Unternehmen gekennzeichnet werden. Bekannte Beispiele sind die europäischen Sprachenzertifikate, Zertifizierungen nach der DIN-Norm und Weiterbildungssiegel, die ISO-Zertifizierung im Qualitätsmanagement,

Arbeitgebersiegel, Informationszertifikate oder Sicherheitszertifikate. (Speziell zur DIN siehe den Hinweis zum Arbeitsweltwissen im → UHB zu Band B2 auf Seite 50/51.)
Die jeweiligen Qualitätssiegel und Zertifizierungen sind je nach Branche vielfältig sowie unterschiedlich geschützt und angesehen. Meist müssen Firmen komplexe Überprüfungen sowie regelmäßige Kontrollen durchlaufen, um ein Siegel oder Zertifikat für ihre Produkte oder Dienstleistungen zu erhalten. Manchmal kreieren Unternehmen auch eigene Auszeichnungen, deren Aussagekraft unterschiedlich verlässlich ist (z. B. wenn ein „Bio"-Siegel eher zu Werbezwecken kreiert wird usw.). Generell gilt es als sinnvoll, sich bei Siegeln und Zertifikaten über deren Herkunft und Seriosität zu informieren.
Weitere Informationen speziell zu *Umweltsiegeln* finden Sie zum Beispiel beim Umweltbundesamt oder bei der Verbraucherzentrale: https://www.umweltbundesamt.de/umwelttipps-fuer-den-alltag/uebergreifende-tipps/siegel-label#unsere-tipps,
https://www.verbraucherzentrale.de/label-siegel-pruefzeichen-37010

Ü4
V
Die Bücher bleiben zu Beginn noch geschlossen. Schreiben Sie die Abteilungsbezeichnungen (1–8) an die Tafel und fragen Sie TN: „Wer von Ihnen hat in einer dieser Abteilungen bereits gearbeitet? Wer kennt jemanden, der/die in einer der Abteilungen arbeitet oder gearbeitet hat?", oder auch: „In welcher Abteilung würden Sie am liebsten (oder gern) arbeiten?" Lassen Sie dann TN zuerst einmal in eigenen Worten beschreiben, welche Aufgaben die jeweilige Abteilung hat. Lassen Sie TN anschließend die Bücher öffnen und Ü4 in EA zuordnen.

Modul 1   …, weshalb wir leider …

A1
B
TN arbeiten in PA und sprechen zunächst die einzelnen Schritte durch. Weisen Sie darauf hin, dass sich nicht alle Begriffe eindeutig einem Abschnitt zuordnen lassen bzw. zu mehr als einem Abschnitt passen (z. B. ist *Produktionskette* ein Oberbegriff).

E
Lassen Sie TN den Ablauf anschließend in PA oder in EA (evtl. als HA) verschriftlichen.

A2
TN lesen zunächst die Texte und ordnen sie, ohne dass Sie einzelne Wörter vorab klären. Schreiben Sie, während TN daran arbeiten, die folgenden Ausdrücke aus den Texten (jeweils die linke Spalte) an die Tafel, die Sie dann klären, z. B. indem Sie TN im PL Synonyme (rechte Spalte) nennen lassen. Gehen Sie danach über zur Wortschatzarbeit mit Nomen in Ü1.

A	durchgehen	kontrollieren, überprüfen	C angespannt	schwierig, unter Druck stehend
	verfügbar	vorhanden, erhältlich	betroffen sein	beeinflusst werden / unter dem Einfluss von … stehen
	bei Weitem nicht reichen	längst/überhaupt nicht/ keinesfalls genügen	angewiesen sein auf	etwas benötigen/brauchen
	hochfahren	erhöhen, steigern		
B	stetig	kontinuierlich, dauernd		
	aufstocken	erhöhen, vervollkommnen		

Ü1
Als Nachbereitung zu der vorangegangenen Aufgabe als HA.

A2b
TN lesen und notieren. Fassen Sie anschließend die Antworten im PL zusammen.

A3a+b
TN lesen die Sätze 1–4. Fragen Sie anschließend Satz für Satz: „Wofür steht in Satz 1 *damit*?" (*dass wir … aufzustocken*), „Wofür steht in Satz 2 *das*?" (*dass die … nicht reichen würde*) usw. Ziel ist, dass TN sich selbst erarbeiten, dass jeweils der gesamte Inhalt des vorangegangenen Hauptsatzes gemeint ist (in A3b als „Gesamtaussage" bezeichnet). TN machen dann A3a in PA oder EA und gleichen dann in PA ihre Unterstreichungen und Markierungen ab. Die Regel wird im PL ergänzt. Danach formen TN die Sätze 1–4 im PL um.

Ü2
TN arbeiten in EA. Beobachten Sie, wie TN zurechtkommen.

Fair im Handel

Ü3 Je nach Souveränität im Umgang mit den weiterführenden Nebensätzen können TN diese Übung in EA oder in PA machen. Lassen Sie den Text im Anschluss laut und langsam vorlesen, ggf. können Sie für die präzise Korrektur den Text auch an die Tafel projizieren.

Ü4 TN machen die Übung im Unterricht in EA schriftlich und übertragen die ganzen Sätze ins Heft. Überprüfen Sie, wie TN mit den weiterführenden Nebensätzen zurechtkommen.

A3c Wenn TN es brauchen bzw. damit arbeiten möchten, können sie für entsprechenden Wortschatz für diese Aufgabe die Lernwortschatzseite des ÜB nutzen.
Lassen Sie TN in unterschiedlichen PA-Konstellationen arbeiten, z. B. indem TN sich zunächst für zwei Sätze dem einen Sitznachbarn / der einen Sitznachbarin zuwenden und anschließend dem/der anderen. Oder Sie gestalten den Ablauf als Kettenübung oder Kursspaziergang: TN1 redet mit TN2, TN2 redet anschließend mit TN3, TN3 mit TN4 usw.

A4a Lassen Sie TN in 3er-KG besprechen, was ihnen für die Ablehnung beachtenswert erscheint, und sie dabei wichtige Aspekte sammeln. Anschließend werden die Ergebnisse im PL zusammengetragen.

Ü5a+b TN hören den Text und markieren die Lösung. Beim erneuten Hören füllen TN das Formular aus. Spielen Sie den Text ggf. mehrfach ab, sodass alle Felder ausgefüllt werden können.

Ü5c TN sprechen in PA über die Liefersituation. Ggf. machen Sie den Abgleich mit einem anderen TN-Paar.

Ü5d+e Gut als HA geeignet. Kann ggf. binnendifferenzierend als Vorentlastung von A4b dienen.

A4b Nach der gemeinsamen Vorbereitung (A4a und ggf. Ü5d+e) kann Teilaufgabe A4b als HA geschrieben werden. Verweisen Sie ggf. auf die Absage in A2a, die als Vorlage dienen kann (oder fragen Sie TN: „Was würden Sie anders machen?"). Wenn möglich, sollten TN anschließend zur Auswertung die Texte von ein, zwei anderen TN und somit verschiedene Formulierungsvarianten lesen. Gehen Sie zwei, drei Texte im PL durch, indem Sie beim Feedback folgende Aspekte überprüfen, die Sie an die Tafel schreiben:

> 1. Inhalt vollständig? (a) Absage, b) Ausblick auf weitere Zusammenarbeit)
> 2. angemessene, höfliche Sprache? (höfliche Anrede, Verwendung von Konjunktiv usw.)
> 3. Aufbau der Absage? (Nachvollziehbarkeit/Lesbarkeit)

Interkulturelle Kompetenz Sprechen Sie über Absagen in diesem und auch in anderen Kontexten: Wie geht man in Deutschland, wie in anderen Kulturen mit Absagen um? Und wie wird darauf angemessen reagiert? Sie können zunächst Beispiele von Situationen sammeln und dann konkret im PL besprechen, wie eine angemessene Absage im jeweiligen Fall aussehen könnte. Beispiele:
- *Eine Nachbarin bittet Sie um Hilfe im Umgang mit der Hausverwaltung. (Sie fühlen sich sprachlich nicht kompetent genug.)*
- *Jemand bittet Sie in der Bahn um Geld. (Sie haben kein Geld dabei.)*
- *Sie haben einen Termin in der Klinik. (Sie sollen bei der Arbeit länger bleiben.)*
- *Ihr Kollege bittet Sie, ihm etwas aus der Kantine mitzubringen. (Sie haben Termindruck und daher keine Zeit, in die Kantine zu gehen.)*
- *Ihr Vorgesetzter möchte, dass Sie ein weiteres Projekt übernehmen. (Das ist nicht zu schaffen.)*
- *Zwei Ihrer Kinder haben parallel Elternabend in der Schule. (Sie sind alleinerziehend und niemand kann für Sie einspringen.)*
- *Sie haben ein Meeting zugesagt. (Sie haben übersehen, dass Sie zu dieser Zeit bereits einen anderen Termin haben und daher nicht teilnehmen können.)*
- *Sie sollen eine Dienstreise übernehmen. (Ihre Mutter feiert an diesem Tag Geburtstag.)*
- *Sie erhalten drei kleine, aber komplizierte Aufträge von einem langjährigen Stammkunden. (Gleichzeitig trifft eine Großbestellung von einem Neukunden ein.)*

Es geht um angemessene Gründe für Absagen, aber auch um angemessene Formulierungen. Spielen Sie sprachliche Lösungsmöglichkeiten gemeinsam im PL. Probieren Sie mit den TN dabei auch die Wirkung von unterschiedlichen Tonfällen aus.

Modul 2 Das können wir doch klären

A1a TN können zuerst zur Bezeichnung *Key-Account-Manager/in* recherchieren und ihre Funde in der KG besprechen und ergänzen. Fragen Sie dann „Hat jemand in diesem Bereich Erfahrung und kann davon berichten?" und „Ist jemand von Ihnen interessiert an einer Tätigkeit als Key-Account-Manager/in bzw. im Vertrieb?", „Generell oder für bestimmte Produkte?"

TN recherchieren weiter, indem sie Stellenausschreibungen für Key-Account-Manager (und Vertriebler) lesen (z. B. unter www.stepstone.de, www.indeed.com oder www.monster.de) und ergänzen die Tätigkeiten um Soft Skills und weitere Kompetenzen.

A2a Sammeln Sie im PL möglichst viele Adjektive, mit denen TN die Stimmung der Anruferin beschreiben können: *wütend, ärgerlich, frustriert, ungehalten, unfreundlich, genervt, sauer, aggressiv, fordernd, kurz angebunden (bei der Verabschiedung) …*

A2b Für die Behandlung dieses Themas können Sie ein interaktives Tafelbild nutzen.

A3a–c Stellen Sie im Vorfeld sicher, dass TN sich während des Gesprächs Notizen zum erwarteten Verhalten/Vorgehen machen. Dann bilden TN Paare (A3b), hören das Telefonat und sprechen mit ihrem/ihrer Partner/in. In Teilaufgabe A3c sprechen TN weiter in PA.

vor A4a
Interkulturelle Kompetenz

Sprechen Sie mit TN über den Umgang mit entstandenen Fehlern (eigenen und denen anderer). Wiederholen Sie Wortschatz und wichtige Redewendungen (und welche Seite der Beteiligten sie jeweils verwenden kann). Mehr Wortschatz folgt dann in A4a.

Verben	häufige Aussagen
unterlaufen sich entschuldigen / um Entschuldigung/Verzeihung bitten leidtun etwas falsch machen jemandem etwas verzeihen/nachsehen/vergeben	Da ist uns leider ein Fehler / ein Missgeschick / ein Versehen unterlaufen/passiert. Es muss sich um ein Missverständnis handeln. Das war nicht so gemeint. Das ist ihm/ihr so rausgerutscht. Das ist aus Versehen / unabsichtlich / nicht mit Absicht / ohne (böse) Absicht passiert. Nicht (so) schlimm/tragisch! / Schwamm drüber! Es soll nicht wieder vorkommen!

Arbeitsweltwissen Das Thema „Fehlerkultur" kommt auch in Kapitel 4 (Modul 1, A1–3) und in Kapitel 8 (Modul 1, A1a–d) zur Sprache. In Kapitel 4 findet sich in den didaktischen Hinweisen zum Kapitel ein Eintrag zum Arbeitsweltwissen zu diesem Thema.

Ü1a
Registertraining

Nachdem TN die ihrem Ermessen nach passendere Variante angekreuzt haben, gehen Sie im PL die Punkte 1–10 gemeinsam durch. TN sollten so genau wie möglich beschreiben, was an der jeweils nicht geeigneten Formulierung nicht angemessen/unfreundlich/unpassend ist.

A4b TN sollten etwas Zeit bekommen, um die Ausdrücke, die sie ausgewählt haben und in der jeweiligen Situation nutzen möchten, einzuüben. Manche Formulierungen müssen auch spezifisch ergänzt werden. Je nach zeitlicher Kapazität kann auch zunächst nur eine der beiden Situationen gespielt werden und zu einem späteren Zeitpunkt dann die andere.

→ KV 3–1 Jedes Paar bekommt eine KV. Sie können alle Überschriften und Redemittel ausgeschnitten austeilen und zuerst ordnen lassen, oder TN schneiden nach Aufteilung der Rollen (nur) diejenigen Redemittel aus, die sie im Folgenden benutzen wollen. Geben Sie genug Zeit, damit sich TN auf ihre Rolle vorbereiten können. TN überlegen, was sie formulieren möchten und welche Redemittel gut zu ihrer Situation passen. Schwächere TN können sich auch Sätze notieren. Für das Gespräch wählen sie dann je mindestens eine Karte aus jeder Kategorie, die sie benutzen wollen. Wenn sie im Gespräch dann das Redemittel benutzt haben, dürfen sie die Karte weglegen. Für die zweite Situation werden Rolle und Redemittel getauscht.

Fair im Handel

Wenn sich TN sicherer fühlen, können auch je zwei Paare zusammenarbeiten: Ein Paar spielt ein Gespräch und versucht, die Redemittel unterzubringen. Das andere Paar hat die Kärtchen und legt immer, wenn ein Redemittel zu hören ist, das passende Kärtchen in die Mitte. Machen Sie darauf aufmerksam, dass es nicht darum geht, möglichst viele Redemittel zu nutzen. Das beobachtende Pärchen achtet vielmehr darauf, dass die Redemittel richtig benutzt werden.

Ü2a Weisen Sie TN darauf hin, dass es sich um einen Aufgabentyp aus der Prüfung handelt. Lesen Sie gemeinsam den „Tipp", stellen Sie sicher, dass TN das Vorgehen verstehen, und gehen Sie dann gemeinsam Schritt für Schritt wie beschrieben vor.

Ü2b
Mediation
Lesen Sie die „Info" im PL. Dann versuchen TN in 3er-KG den Text in eigenen Worten und einfacherer Sprache schriftlich auf einem Zettel wiederzugeben. Die Zettel werden im Raum aufgehängt und von allen TN gelesen. Fragen Sie: „Welche Erklärung gefällt Ihnen am besten? Warum?" Sprechen Sie über Möglichkeiten, komplexe Fachsprache zu vereinfachen.

TN schreiben die E-Mail als HA. Sammeln Sie die Mails ein und geben Sie TN Feedback – oder zwei, drei TN lesen exemplarisch ihre Mails im PL vor und erhalten Feedback aus dem PL. Hauptpunkt sollte (wie in der Aufgabenstellung gefordert) die angemessene Sprache sein.

Modul 3 Nachhaltigkeit hat ihren Preis

A1 TN halten zu Beginn die Bücher noch geschlossen. Schreiben Sie die beiden Fragen aus A1 an die Tafel und diskutieren Sie im PL. Wiederholen bzw. ergänzen Sie passenden Wortschatz, z. B.: *die Qualität, hochwertig, die Quantität, die Langlebigkeit, langlebig, die Novität, das Preis-Leistungs-verhältnis, die gute Verarbeitung, preisgünstig, hochwertig, die gute Bewertung.* Führen Sie dabei auch Wortschatz zum Thema „Nachhaltigkeit" ein: *die Nachhaltigkeit, nachhaltig, die Umwelt-verträglichkeit, recyclebar, das Recycling, die Emission, vegan, das Pestizid.*
TN schlagen dann die Bücher auf.

A2b
Strategie
Fördern Sie die Lesefähigkeit der TN, indem Sie für das Lesen des Textes (und das Markieren der Schlüsselwörter) mithilfe eines Timers eine Zeit (z. B. 7 Minuten) vorgeben, damit TN sich daran gewöhnen, nicht Wort-für-Wort, sondern zügig und zielorientiert zu lesen und auch mit Unverstandenem zurechtzukommen.

Für die Behandlung dieses Themas können Sie ein interaktives Tafelbild nutzen.

Ü1 Auch als HA geeignet.

A2c
Register-training
TN sammeln in PA Maßnahmen. Sie tauschen sich erst mit einem anderen Paar, dann kurz im PL aus.
Einzelne freiwillige TN, die Spaß am Schauspielern haben, können versuchen, die Maßnahmen wie in einem Werbeclip für das Start-up-Unternehmen Wayks zu präsentieren, indem sie auf entsprechende Mimik, Gestik und Intonation achten.

TN erhalten im Rahmen eines Projekts über einen Zeitraum von z. B. einer Woche in KG zu dritt den Auftrag, das Nachhaltigkeitskonzept eines Unternehmens zu recherchieren und im PL vorzustellen. Hilfreiche Grundlagen finden sich z. B. unter https://gruenderplattform.de/green-economy/nachhaltigkeit-in-unternehmen.

→ **KV 3–2**
(Portfolio)
Zur Orientierung bekommen TN die KV mit Kategorien für Nachhaltigkeit in Unternehmen. Besprechen Sie, was die Punkte bedeuten und warum Nachhaltigkeit nicht nur ökologisch, sondern auch sozial und ökonomisch gedacht wird. Beim Recherchieren können die TN markieren, ob sie die Punkte bei den Unternehmen umgesetzt sehen oder nicht.

Schlüssel-kompetenzen
Weisen Sie TN darauf hin, dass das Üben einer Präsentation zugleich Training für Teil 1 der mündlichen Prüfung darstellt. Idealerweise trainieren TN hier neben der Recherchekompetenz auch Präsentations-techniken. Sie können eindeutige Vorgaben festlegen (z. B. PowerPoint-Präsentation mit 5 Folien) oder es den TN freistellen, wie sie ihre Ergebnisse darstellen.
Für die Präsentationen können Sie entweder einen Unterrichtstag zum Thema „Nachhaltigkeits-konzepte" planen oder aber über einen bestimmten Zeitraum (z. B. eine Woche lang) jeweils ein

oder zwei Präsentationen pro Unterrichtstag einplanen. Ergänzend – z. B. an einem Unterrichtstag, der ganz dem Thema „Nachhaltigkeit" gewidmet wird – kann dann in KG und anschließend im PL erarbeitet werden, welche Maßnahmen zur Nachhaltigkeit in Kursräumen denk- und realisierbar sind. Diese könnten schriftlich fixiert auch „nach außen" gegeben werden. Das Lernprodukt wäre dann z. B. ein Flyer mit Anregungen zu nachhaltigem Handeln in der (Sprach-)Schule / dem Unternehmen. Beispiele für Anregungen könnten sein: *Brotboxen statt Plastiktüten, Trinkflaschen statt Einwegflaschen, Stoßlüften, Wasser beim Hände-Einseifen nicht laufen lassen, regionale Produkte kaufen, Licht ausschalten, Schmierpapier aufheben, auffüllbare Stifte nutzen ...*

A3a Weisen Sie TN darauf hin, dass die Regel (letzte Spalte) erst im Anschluss (in A3b) ausgefüllt wird. TN können A3a in EA machen und dann kurz in PA abgleichen. TN sollten den Nominalstil wiedererkennen und benennen können. Wiederholen (oder besprechen) Sie mit TN, welche Funktionen der Nominalstil erfüllt und wann er vorwiegend eingesetzt wird (Regel in Kapitel 2, Modul 3, 2c). Eventuell bietet es sich auch an, die in Kapitel 2 und 3 (Modul 3, 3b) behandelten übrigen Regeln zur Nominalisierung (nochmals) zu thematisieren.

A3b
B
Sollten TN sich von der farblichen Übersicht zunächst überfordert fühlen, können sie in PA vorgehen und gemeinsam zunächst besprechen, was wie markiert werden muss, um erst danach mit Farben zu markieren und sich auf eine Regel festzulegen. Weisen Sie bei 2. (Anschluss mit Präposition *von/durch*) darauf hin, dass mit „Person" nicht unbedingt immer eine tatsächliche Person, sondern die „handelnde Instanz" gemeint sein kann (z. B. die Partnerfirma). Machen Sie den Abgleich im PL, am besten farbig an der Tafel.

Ü2
→ KV 3–3
TN lösen die Übung in EA und ergänzen ggf. Lücken in PA. Anschließend Korrektur im PL.
Als Flüssigkeitstraining können Sie hier oder zu Beginn der nächsten Stunde zur Wiederholung die KV (Lernfalter) einsetzen. Mit einem Lernfalter können TN in PA eigenständig üben. Bei diesem Lernfalter übt zunächst A und B kontrolliert mit der Lösung, die auf der B-Seite grau hinterlegt ist. Nach vier Sätzen übt B und A kontrolliert.
Wenn TN das erste Mal mit einem Lernfalter üben, erklären Sie das Prinzip und anhand des Beispiels, das oben in der Tabelle auf der KV steht. Sie sind Partner A, ein/e TN ist B:
– Zeigen Sie den Lernfalter und dass er in der Mitte geteilt wird. A sieht nur eine Seite, B die andere. Sie sehen auf die A-Seite, TN B auf die B-Seite.
– Sprechen Sie den kursiven Satz aus dem Beispiel. Denken Sie kurz nach, sprechen Sie dann den Satz mit der Nominalform und fragen Sie Partner/in B, ob der Satz stimmt. B bestätigt, er/sie hat die Lösung.
– A muss die Sätze 1–4 umwandeln, B die Sätze 5–8. Die grauen Sätze sind jeweils die Lösung.
– Weisen Sie darauf hin, dass bei den jeweils ersten Sätzen schon das Gerüst der Sätze vorgegeben ist und sich die Schwierigkeit steigert. Es muss die nominalisierte Form des Verbs (wie im Beispiel) und meist auch ein Genitivattribut eingesetzt werden. Geben Sie TN den Tipp, dass in all diesen Übungssätzen die nominale Form des Verbs immer am Anfang der Sätze steht.
– Teilen Sie jetzt jedem Paar eine KV aus. Schnelle Paare können nach einem Durchgang den Falter umdrehen und noch einmal durchgehen.

A3c
B
Geben Sie eine Zeit von z. B. 5 Minuten vor, in der TN in PA so viele Sätze (1–6) wie möglich bilden. Weisen Sie jedoch darauf hin, dass es nicht darum geht, möglichst schnell zu sein, sondern korrekte Sätze zu formulieren.

Ü3+4 Gut als HA geeignet, um den im Unterricht neu erlernten Stoff zu festigen.

A4
P
Schlüsselkompetenzen
Hier könnten sich TN, die beruflich aus einer anderen Richtung kommen und wenig Kenntnisse im Bereich Produktion haben, schwertun. TN können dann die Produktionskette eines Produkts wie in Modul 1 (bei A1) recherchieren und vorstellen. (Oder, falls Sie bei A2c das Projekt zur Nachhaltigkeit nicht gemacht haben, bieten Sie dies hier alternativ an: TN recherchieren in KG anhand der KV ein Unternehmen und berichten über dessen Nachhaltigkeitskonzept.)

Fair im Handel

Fördern Sie den kritischen Umgang mit Informationen. Weisen Sie darauf hin, dass dies zu Recherchekompetenz dazugehört. Thematisieren Sie in diesem Zusammenhang ggf. *Fake News, Glaubwürdigkeit, lückenhafte Dokumentation, Quellenmerkmale, Kohärenz* usw.

M *Mediation*
TN recherchieren in ihrer Herkunftssprache und fassen dann die gesammelten Informationen auf Deutsch für ihre KG zusammen. Informationen werden in der KG zusammengeführt und verschiedene Ideen im PL vorgestellt.

Ü5
TN arbeiten in PA; ein Paar arbeitet gemeinsam an der Tafel, sodass im Anschluss die Ergebnisse abgeglichen werden können.

E
TN können – vergleichbar mit der Agenda 2030 – Notizen (in Nominalform) zu den Zielen ihres Berufssprachkurses anfertigen. Beispiele: *Integration der Teilnehmenden in den Arbeitsmarkt, Erwerb der Sprachkompetenz, Förderung der Arbeitsfähigkeit, Vorbereitung von Teilnehmenden auf das Berufsleben*. Dies kann auch als HA erfolgen und am Folgetag in einer Liste an der Tafel zusammengetragen werden.

Modul 4 Was will der Markt?

vor A1
Schreiben Sie *der Markt* an die Tafel. Sprechen Sie über die verschiedenen Bedeutungen des Wortes (*1. Wochenmarkt auf dem örtlichen Marktplatz, 2. großes Ladengeschäft, z. B. Supermarkt, Elektromarkt, Gartenmarkt 3. abstrakter Begriff für das Handelsgeschehen, also das Verhältnis zwischen Angebot und Nachfrage, z. B. an der Börse*). Weisen Sie TN auf den unterschiedlichen Gebrauch der Präpositionen je nach Bedeutung hin: 1. *etwas auf dem Markt anbieten*, 2. *etwas im …markt anbieten*, 3. *etwas am Markt anbieten*. Notieren Sie die Definitionen samt Wortschatz zum Thema. Sammeln Sie dabei nur den Wortschatz an der Tafel, den TN nennen bzw. aktiv erfragen. Sie können den gesammelten Wortschatz dann clustern und TN können ihn in ihre Hefte übertragen. Beispiele:

die Ware / das Produkt / das Erzeugnis / die Güter (Pl.) die Produktion die Dienstleistung / der Service das Angebot ↔ die Nachfrage der Kauf ↔ der Verkauf der Warenverkehr das Bedürfnis der Bedarf (den Bedarf decken) der Wettbewerb der Wettbewerber / die Konkurrenz die Preisabsprache das Monopol die größte Marktmacht haben	produzieren/erzeugen anbieten ↔ nachfragen kaufen ↔ verkaufen sich (am Markt) behaupten (neue Märkte) erschließen sinken ↔ steigen (z. B. Börsenkurse, Aktien, Verkaufszahlen, Nachfrage) konkurrieren (mit) sich abstimmen. (den Markt) sättigen / befriedigen / bedienen	niedrige/hohe/ schwankende Preise/ Aktienkurse/ Verkaufszahlen/ Nachfrage verfügbar/lieferbar viel/wenig nachgefragt begehrt (Waren) konkurrenzlos konkurrenzfähig ausverkauft (leicht/schwer/gut/nicht) absetzbar/verkäuflich

Sammeln Sie auch Bezeichnungen verschiedener Märkte, z. B. *der Warenmarkt, der Aktien-/Wertpapiermarkt, der Dienstleistungsmarkt, der Lebensmittelmarkt, der Arbeitsmarkt, der Kapitalmarkt, der Rohölmarkt, der Kraftfahrzeugmarkt* usw.
Sprechen Sie darüber, dass am abstrakten Markt auch abstrakte Produkte gehandelt werden. Sie können ein Gespräch über Partizipation der TN an verschiedenen Märkten anschließen.

A1
B
TN können ggf. in PA recherchieren (z. B. Stellenanzeigen/-beschreibungen auf den Internetseiten im Hinweis zu Modul 2, A1a oder allgemein mit den Suchbegriffen *Aufgabenbeschreibung* oder *Anforderungsprofil + Filialleiter*). Regen Sie TN an, sich beim gemeinsamen Sprechen Notizen zu machen. Sie können hier, passend zum Grammatikthema, auch die Vorgabe ergänzen, dass die Tätigkeiten im Nominalstil aufgeschrieben werden sollen, z. B. *Vertretung des Filialleiters / der Filialleiterin, Kontrolle des Wareneingangs, Begrüßen der neuen Praktikanten/Praktikantinnen, Sortieren der Bewerbungsunterlagen …* Alternativ können Sie TN den Auftrag erteilen, zunächst Verben zu sammeln und diese anschließend in die Nominalform zu bringen.

3

Arbeits-weltwissen	*Filialleiter/in* ist kein geschützter Beruf, i. d. R. geht dieser Funktion eine kaufmännische Ausbildung oder ein BWL-Studium voraus. Zudem benötigt man für die Tätigkeit Erfahrung im Einzelhandel und Führungskompetenz. Oft haben Filialleiter/innen zuvor in der Position „stellvertretende/r Filialleiter/in" Erfahrung gesammelt. Kenntnisse in Controlling, Finanzwesen und Logistik sind wichtig. Relevante weitere Soft Skills sind z. B. Organisations- und Problemlösekompetenz, Kommunikationsfähigkeit, Belastbarkeit und Motivationsfähigkeit.
✎	TN beschreiben schriftlich den fiktiven Tagesablauf von Daniele Russo.
✎ *Mediation*	Unter dem folgenden Link finden Sie einen Artikel mit exemplarischen Interviewfragen an einen Filialleiter samt Antworten: https://de.indeed.com/recruiting/interviewfragen/filialleiter Bilden Sie zwei Gruppen. Gruppe A widmet sich den ersten 5 Interviewfragen und -antworten, Gruppe B den anderen 5 Interviewfragen und -antworten. TN arbeiten innerhalb ihrer Gruppe in PA, lesen und besprechen die 5 Fragen und Antworten. Anschließend tun sich TN in neuen Paarkonstellationen zusammen: jeweils 1 TN aus Gruppe A und 1 TN aus Gruppe B. TN fassen die Informationen aus der ersten Lese- und Gesprächsphase für den/die andere/n TN in eigenen Worten zusammen. Werten Sie anschließend im PL gemeinsam aus: Welche Fragen haben sich ergeben? Was hat gut geklappt? Wo gab es Schwierigkeiten? Warum?
Ü1 🅑	Sie können TN alle Spalten oder TN in drei Gruppen eingeteilt jeweils eine Spalte bearbeiten lassen. Sammeln Sie die Ergebnisse an der Tafel. Thematisieren Sie Überschneidungen. Klären Sie Unsicherheiten bei der Zuordnung gemeinsam im PL anhand konkreter Beispiele.
A2a 🅟 *Strategie*	Weisen Sie TN darauf hin, dass es sich um einen Aufgabentyp aus der Prüfung handelt. Lesen Sie gemeinsam die Aufgabenstellung und klären Sie im PL, dass „Aufgabe" („Zu jeder Mitteilung gibt es eine Aufgabe.") hier keine Tätigkeiten von Daniel Rosso, sondern die Sätze 1–5 meint, bei denen es darum geht, den Satz zum jeweiligen Namen so passend wie möglich zu ergänzen, indem eine Möglichkeit (a, b oder c) angekreuzt wird. Fragen Sie TN dann: „Wie gehen Sie am besten vor, wenn Sie diesen Aufgabentyp vor sich haben?" TN sammeln Strategien (*Aufgaben konzentriert lesen, Schlüsselwörter markieren, beim Hören mit dem Finger/Stift Reihenfolge mitverfolgen*). Sollten Sie A2a nicht als Prüfungstraining durchführen, könnten TN den Text auch zunächst global hören und mit ihren Ergebnissen aus der Recherche zu A1 abgleichen.
A2b ✎	TN gleichen ihre To-do-Listen in PA ab. TN erstellen in PA eine To-do-Liste, auf der sie die zu erledigenden Punkte nach Wichtigkeit sortieren und somit Prioritäten festlegen. Vorstellung exemplarischer Listen im PL.
A2c	Fragen Sie nach dem Hören: „Was braucht die Supermarktkette laut Herrn Langmeier?" *(einen neuen Hingucker, der uns von der Konkurrenz abhebt).* Klären Sie, was ein *Hingucker* ist und dass *gucken* ein umgangssprachlicher Ausdruck für *sehen, schauen* ist und vor allem im mündlichen Sprachgebrauch vorkommt. Fragen Sie TN dann, ob sie aus der Nachricht heraushören konnten, welche Priorität das Gewünschte für Herrn Langmeier tatsächlich hat *(keine hohe, macht sich lustig, signalisiert, dass ihn das nicht interessiert, muss nur „ein Hingucker" sein).* Weitere mögliche Fragen: „Wie schätzen Sie Herrn Langmeiers Haltung zum Thema ‚Nachhaltigkeit' ein?" und „Wieso nennt er sich ‚alter Kauz'"? Sammeln Sie im PL. Achten Sie darauf, dass die Äußerungen von Herrn Langmeier kritisch reflektiert werden: – Äußerungen wie „neumodischer Schnickschnack", „Eindruck schinden" und „irgendwas wird schon dabei sein" lassen Rückschlüsse auf die Ernsthaftigkeit des Engagements zu; – andererseits ist es durch den ungeschützt offenen, (evtl. über die Maßen?) vertraulichen Kommunikationsstil dem untergebenen Mitarbeiter gut möglich, die Lage genauer einzuschätzen und abzusehen, wie relevant Bemühungen in diese Richtung sein werden. „Nicht zu groß denken" zu wollen kann sowohl auf schwierige Finanzierbarkeit als auch Desillusionierung des Chefs bezüglich des tatsächlichen Engagements der Regionalleitung hinweisen – und somit eine erfahrene, realistische Sicht des Chefs abbilden.

Fair im Handel

Diskutieren Sie im PL: Wie würden sich TN in der Rolle von Herrn Russo fühlen? Wie würden sie die Aussage „Sie und die Kollegen machen das schon" verstehen? Ein weiterer wichtiger Aspekt beim Behandeln des Hörtextes könnte sein, wie passend es im beruflichen Alltag ist, eine so lange Nachricht als Textansage zu hinterlassen – da im geschäftlichen Bereich eigentlich prägnante, kurzgefasste, sachliche Textnachrichten als angemessen gelten.

Generell eignet sich der Hörtext gut als Basis für einen Austausch über den Themenkomplex persönliche Nähe/Kollegialität <-> Distanz im Beruf, ehrlicher Umgang/Authentizität <-> Manipulation/Übergriffigkeit.

Lassen Sie dann TN den Text lesen und ergänzen. Gehen Sie kurz darauf ein, was Daniele Russo von Herrn Langmeiers Textnachricht an die Belegschaft übermittelt (*nur sachlich Relevantes*) und was nicht (*die Haltung und Einschätzung des Chefs dazu*).

→ KV 3–4 Zur genaueren Analyse von Herrn Langmeiers Nachricht kann von TN die KV zunächst selbstständig
B   in EA (Aufgabe 1) und dann zu viert (Aufgabe 2) durchgearbeitet werden. Gehen Sie danach im PL ins Gespräch über die Art von Herrn Langmeiers Kommunikation. Stellen Sie dabei klar, dass der Ton von Herrn Langmeier in der Nachricht zwar vertraut kollegial und vertraulich, aber teils auch zu offen und einem Mitarbeitenden gegenüber evtl. unangebracht ist.

A3a Gehen Sie die einzelnen Punkte nach dem Gespräch in PA nochmals im PL durch und tragen Sie die Ideen zusammen.

A3b Bei Fragen zum Wortschatz bitten Sie TN diese so weit wie möglich untereinander zu klären (allerdings bestenfalls ohne Wörterbuch), was hier aus dem Kontext gut möglich sein müsste.

A3c+d Lassen Sie A3c in EA, A3d in PA bearbeiten. Danach können je 2 Paare ins Gespräch gehen bzw. die
E   gesammelten Informationen mündlich zusammenfassen (Paar A: Punkte 1+2, Paar B: Punkte 3+4).
Mediation

A4a Lesen Sie im PL gemeinsam die „Strategie" und klären Sie ggf. den Begriff *Gerüst* (z. B. durch den Vergleich mit dem Bau eines Hauses). TN arbeiten wie in A3 weiter in PA zusammen und strukturieren die in A3 gesammelten Informationen.

A4b Achten Sie darauf, dass sich – falls Sie bei A3d die Erweiterung gemacht haben – für die Präsentationen nun andere Paare als dort zusammentun.
TN halten ihre Präsentationen und vergleichen die Reihenfolge der Argumente. Sammeln Sie hinterher Feedback im PL: „Was hat gut funktioniert?", „An welchen Stellen waren Sie unterschiedlicher Meinung, was die passende Reihenfolge angeht?"

A5b Achten Sie bei der Korrektur darauf, ob die Bezeichnungen *Anfrage*, *Angebot* und *Auftrag* korrekt verwendet wurden, und verdeutlichen Sie die Unterschiede (→ Hinweis zum Arbeitsweltwissen in Band B1/B2, Kapitel 4, Modul 1):
Anfrage = Schreiben an Firmen / Lieferanten zum Einholen von möglichen Angeboten; Angebot = Reaktion/Antwort der Firma / des Lieferanten auf die Anfrage mit konkreten Lieferdetails und Preisangaben; Auftrag = gültige Bestellung bei einer Firma / einem Lieferanten

Ü2 Diese Übung sollten TN als HA lösen, möglichst ohne Wörterbücher zu verwenden, da sich Wort-
Strategie schatz aus dem Kontext erklären lässt. Alternativ dazu können Sie folgende Strategie einführen: Bitten Sie TN bei der HA diejenigen Wörter zu markieren, die im Wörterbuch nachgeschlagen wurden. Tags darauf sammeln Sie diese Wörter an der Tafel und gehen sie gemeinsam im PL durch. Wörter, die für die einen TN neu sind, sind ggf. für andere eine Wiederholung und umgekehrt. Achten Sie bei diesem Vorgehen dann darauf, dass Sie diese Strategie wiederholt einsetzen (immer wenn es sich bei der HA um längere Texte mit vermeintlich neuem oder selten vorkommendem Wortschatz handelt).

A6a Geben Sie für die Recherche eine Zeit vor, ggf. auch an mehreren (z. B. drei) Unterrichtstagen jeweils z. B. 20 min. TN bereiten eine Präsentation zu „ihrer" Idee vor.

A6b   Zur „Sprache im Beruf": Klären Sie im PL die Abkürzung *USP* (*Unique Selling Point* bzw. *Unique Selling Proposition*): Im Deutschen ist auch das gleichbedeutende Wort *Alleinstellungsmerkmal* gängig, die Bezeichnung für dasjenige Angebot oder diejenige Eigenschaft eines Anbieters, mit dem/der dieser sich von anderen Anbietern positiv abhebt und das/die so hervorgehoben wird, dass es Konsumenten zum Kauf anregt.

Ü3   Gut als HA geeignet. Alternativ kann auch der erste Teil der Aufgabe als HA gemacht werden (Wörter einsetzen) und das Zuordnen der Sätze (1–10) zu A–E in PA am Folgetag.

Aussprache

Ü1   TN ordnen in PA zu. Austausch im PL, v. a. zu den Dialogen, bei denen TN nicht einig waren.

Ü2a   Lesen Sie den „Tipp" im PL und besprechen Sie, dass Interjektionen Empfindungen oder Wertungen ausdrücken. Die Bedeutung ist abhängig vom Kontext und von der Intonation. TN hören und markieren dann. Kontrolle im PL.

Ü2b   TN hören die Dialoge nochmals mit Pausen. In den Pausen sollen sie nachsprechen

E   TN schreiben in PA Mini-Dialoge und variieren sie mit den angegebenen Wörtern. Sie üben sie und spielen sie in KG vor. Die anderen geben Feedback: Passen die Wörter?

Kommunikation im Beruf

A1   TN tauschen sich in KG aus.

A2c
Strategie
   Sammeln Sie im PL mit TN Aspekte, die das Hörverstehen erschwert haben. TN überlegen darüber hinaus, was das Verstehen beim Hören generell beeinträchtigen kann. TN besprechen im PL, was sie in dieser Situation am Arbeitsplatz tun würden, und auch, was sie in privaten Situationen (eher) tun würden (z. B. *direkt nachfragen* oder *um Hilfe bitten* vs. *zuerst versuchen, selbst klarzukommen* und *nur im Notfall um Hilfe bitten*). Sprechen Sie hierfür im PL über hilfreiche Strategien (*mehrmaliges Hören, Notieren des Verstandenen, „zusammenreimen", Kollegen/Kollegin bitten, sich den Text ebenfalls anzuhören, Rückruf und Nachfragen/Klären der Situation, Mail schreiben …*). Entlasten Sie TN, indem Sie thematisieren, dass das Abhören einer Nachricht auch in der Muttersprache Probleme bereiten kann (z. B. durch Dialekt, Hintergrundgeräusche, Nuscheln, schlechte Verbindung).

E
Registertraining
   Lassen Sie TN mithilfe verschiedener Formulierungen verschiedene Sprachregister testen, um herauszufinden, welche Äußerungen in der jeweiligen Situation angemessen sind (z. B. lachend: *O je! Ich verstehe kein Wort! Es ist tierisch laut!*, unhöflich-unbedacht: *„Hä?! Was?!"* bzw. förmlich: *Entschuldigen Sie bitte, aber ich kann Sie leider nicht verstehen.*).

A4b   In PA wird je ein/e Sprecher/in bestimmt. Oder die TN eines Paares nehmen die Nachricht jede/r einzeln auf, anschließend gehen 2 Paare zusammen und hören die Nachrichten ab.

A4c
E
   Ggf. können die Nachrichten auch auf einem Padlet gesammelt und dann von allen TN angehört und kommentiert werden.

Grammatik-Rückschau

TN arbeiten zu dritt in KG. Zunächst suchen TN aus KB und ÜB 5 Sätze mit weiterführenden Nebensätzen. Anschließend schreiben sie die Sätze als Lückensätze (ohne Konnektor) auf Zettelstreifen. Beispiel: *Die Knappheit der Rohstoffe nimmt zu, _____ alle Branchen spüren.* In starken Kursen können die KG 3 berufsbezogene Sätze als Lückensätze (ohne Konnektoren) zusätzlich selbst formulieren. Anschließend werden die Zettelsätze mit einer anderen KG ausgetauscht. Die KG verständigt sich untereinander mündlich, wie die Lückensätze richtig ergänzt werden müssen. Ggf. schreiben TN korrekt ergänzte Sätze in ihr Heft. Anschließend werden die Zettelsätze reihum an die anderen KG weitergegeben.
Die Zettelsätze können aufbewahrt und später erneut (gemischt und) eingesetzt werden. Oder es wird später bei einem anderen Kapitel dasselbe Verfahren mit neuen Sätzen angewandt.

Geht das noch besser?

Themen Das vierte Kapitel behandelt, wie im Beruf mit Fehlern, Irrtümern und Problemmeldungen umgegangen wird und wie Lösungswege gefunden und kommuniziert werden.

Auftakt TN denken sich anhand dreier exemplarischer Branchen in Situationen hinein, in denen Qualitätssicherung nötig ist, ordnen häufig angewandte Methoden zu und überlegen, welche weiteren Maßnahmen zur Qualitätssicherung sie kennen.

Modul 1 In diesem Modul geht es um positive Fehlerkultur: das Erkennen, Beschreiben und Eingestehen von Fehlern und den weiteren Umgang damit aufseiten der Firma.

Modul 2 Hier geht es darum, wie intern ein in der Firma aufgetretenes Problem im Einzelnen nachvollzogen wird, sowie um die Diskussion von Lösungswegen.

Modul 3 Exemplarisch wird die Meldung eines technischen Problems an eine Firma und die Reaktion des Kundendienstes darauf durchgespielt. Außerdem geht es darum, wie Vermutungen über die Ursache eines Problems ausgedrückt werden können.

Modul 4 TN befassen sich mit dem Begriff und der Organisation von „Beschwerdemanagement". Außerdem wird mit entsprechenden Redemitteln über das Thema „Gleitzeit" bzw. „Kernarbeitszeit" diskutiert.

KiB TN üben, sich für Fehler zu entschuldigen und das Zustandekommen zu erklären – und wie man als Gegenüber Verständnis ausdrückt und jemanden beruhigen kann.

Lernziele

Auftakt | passende Maßnahmen zur Qualitätssicherung wählen
Modul 1 | einen Vortrag zum Thema „Fehlerkultur" verstehen
Modul 2 | Lösungswege diskutieren
Modul 3 | ein Problem melden und die Ursachen nachvollziehen
Modul 4 | das Protokoll einer Teambesprechung verstehen
Modul 4 | eine Diskussion zum Thema „Kernarbeitszeit" führen
KiB | Verständnis für Fehler äußern
Aussprache | Bedeutungsveränderung durch Tonhöhenunterschiede, Lautstärke und Tempo (im ÜB)

Grammatik
Modul 1 | Nominalisierung und Verbalisierung von Temporalsätzen
Modul 3 | Futur I und Futur II: Vermutungen ausdrücken

Auftakt

Ü1a
B
Das Kreuzworträtsel kann zur Aktivierung von Vorwissen als Einstieg dienen. Der gesuchte Wortschatz müsste TN bekannt sein. Ggf. können TN das Rätsel zu zweit lösen.
Andernfalls kann das Rätsel nach A1 (auch als HA) gelöst werden, denn die gesuchten Begriffe kommen in den Texten in A1 vor.

Ü1b TN ordnen die Aussagen in EA zu. Für einen Abgleich und zur Übung der Aussprache und Betonung lesen einzelne TN je eine Aussage und die passende Reaktion laut im PL vor.

A1a
E
TN arbeiten in KG zu dritt. Sie sprechen über die Situationen und aktivieren dabei Wortschatz zum Thema. Als Erweiterung können TN sich auch darüber austauschen, worüber die Personen möglicherweise sprechen. Sammeln Sie Hypothesen im PL. Sollten TN noch nicht von sich aus darauf geachtet haben, weisen Sie darauf hin, dass die Firmenschilder an den Gebäuden Aufschluss über mögliche Situationen und Gesprächsinhalte geben (sie sind auch für die Zuordnung der Gespräche in A1b gleich eine Hilfe). Dann weiter mit A1b.

A1b TN gleichen ihre Hypothesen mit den Hörtexten ab. Spielen Sie die Hörtexte, bevor Sie zu A1c weitergehen, evtl. erneut ab, damit TN Unklarheiten auflösen können.

A1c Nach dem Sammeln in PA können die TN-Paare ihre Vorschläge im PL zusammentragen, ggf. können Sie an der Tafel Notizen machen und Wortschatz sammeln.

4

Ü2a+b
E
B

Ü2 eignet sich auch gut als HA. Eine Erweiterung ist möglich, indem TN zu jedem Punkt (1–8) oder zu einem Teil der Punkte (z. B. der Hälfte) einen Satz ausformulieren, wahlweise mit dem zunächst notierten Verb oder dem zugeordneten Synonym oder beiden Ausdrücken. Sie können TN überlassen zu entscheiden, was und wie viel sie zusätzlich schreiben.

Ü3
E

Eignet sich auch gut als HA. Lassen Sie für den Abgleich und zur Übung der Aussprache und Betonung einzelne TN je einen Punkt (1–5) laut im PL vorlesen.
TN schreiben anschließend ausgewählte Ausdrücke (und Synonyme) in ihre Hefte ab, z. B:
etwas unternehmen – etwas tun, Maßnahmen ergreifen
zustimmen – einwilligen, seine Einwilligung geben
etwas in Erwägung ziehen – über etwas nachdenken, etwas als Möglichkeit (an)sehen
etwas erörtern – etwas besprechen

A2

Fragen Sie TN einleitend: „Was verstehen Sie unter Qualitätssicherung?", „Woher kennen Sie Qualitätssicherung?", „Warum ist Qualitätssicherung wichtig für einen Betrieb?" usw. (*Qualitätssicherung als Teil des Qualitätsmanagements umfasst diverse Maßnahmen in einem Betrieb, die der Sicherung der Qualität eines Produkts / einer Dienstleistung dienen, z. B. Definition von Standards, Kontrollen, Audits*).
Nach Abgleich der richtigen Lösung können Sie als LK die Texte nacheinander einmal im PL laut vorlesen. Nach jedem einzelnen Text (1–6) liest ein/e TN den Text erneut und versucht die korrekte Aussprache und Betonung zu wiederholen.

Arbeitswelt-wissen

Ein *Audit* ist eine Maßnahme, die häufig im Rahmen des Qualitätsmanagements durchgeführt wird. Bei einem Audit wird überprüft, ob ein Unternehmen bestimmte Standards oder gesetzliche Vorschriften erfüllt und ob die Abläufe innerhalb eines Unternehmens optimiert werden können. Dazu werden Prozesse, Aktivitäten oder Managementsysteme untersucht und dokumentiert.
Bei einem internen Audit findet der Vorgang unternehmensintern statt, während bei einem externen Audit eine unabhängige Person oder Organisation das Unternehmen prüft. Anhand festgelegter Prüfpunkte und standardisierter Checklisten soll die Einhaltung der Vorschriften und Richtlinien überprüft werden. Das Audit dient letztendlich dazu, Probleme im Unternehmen aufzufinden, damit sie beseitigt werden können und das Qualitätsniveau verbessert wird.

A2b

Sammeln Sie in Stichworten die von den TN während ihrer Berichte genannten Aspekte in einem Wortigel um den Begriff *Qualitätssicherung* herum an der Tafel. Es werden so Begriffe aus A1, aber auch neue Begriffe notiert.

Modul 1   Irren ist menschlich

A1
V

Planen Sie bei 4 TN und 3 Ausdrücken pro TN genug Zeit ein. Alternativ können Sie je TN nur 1 oder 2 Ausdrücke auswählen lassen. Lassen Sie anschließend im PL stichprobenartig Beispiele nennen, um die korrekte Semantisierung zu prüfen. Sie können auch überlegen, TN für die Aufgabe die Nutzung eines Wörterbuchs zu empfehlen.

Ü1

Erwähnen Sie ggf. als Hilfestellung für diese Knobelaufgabe, dass die Buchstabenauswahl spaltenweise gelesen werden muss – z. B. muss bei der 3. „Spalte" von links entschieden werden, wo „M", „E" und „R" in dieser Spalte genau stehen. Da für die 1. Spalte nur der Buchstabe „W" zur Verfügung steht, beginnt das erste Wort also mit „W". Bereits verwendete Buchstaben sind durchgestrichen; eine weitere Worterschließungshilfe ist die Tatsache, dass im Deutschen „C" meist in Kombination mit „H" erscheint (CH). Sprechen Sie nach Auflösung des Rätsels darüber, wie der Spruch „Wer nichts tut, macht auch keine Fehler!" zu verstehen ist. Sie können auch das Sprichwort „Wo gehobelt wird, fallen Späne" einführen.

2b
Arbeitswelt-wissen

Unter *Fehlerkultur* versteht man, wie z. B. in einem Unternehmen damit umgegangen wird, wenn Fehler passieren oder Misserfolge zu verbuchen sind. In Deutschland wurde lange Zeit nicht offen über Irrtümer und Fehler im beruflichen Bereich gesprochen – es sei denn, es ging

Geht das noch besser?

um Sanktionierungen und Bestrafungen. Eine positive Fehlerkultur hat erst in letzter Zeit mehr und mehr Einzug in den Berufsalltag gefunden. Es ist üblich geworden, offener mit Fehlern umzugehen und zum Beispiel in Firmen-Meetings Fehler zu thematisieren, um aus diesen zu lernen. Dazu wird in den meisten Branchen häufig gezielt Feedback eingeholt. Zum einen soll einem *Fehlermanagement* (also Methoden, die man anwenden kann, um begangene Fehler wieder „auszubessern") Raum eingeräumt werden; zum anderen wird versucht, die Erfahrungen aus den Fehlern oder Misserfolgen konstruktiv für die Zukunft zu nutzen sowie Methoden zur künftigen Fehlervermeidung zu entwickeln. Insofern führt eine positive Fehlerkultur ggf. auch zu innovativen Entwicklungen. Wichtig ist bei der erstrebten offenen Fehlerkultur, dass auch Führungskräfte von ihren Fehlern berichten und sich den Mitarbeitenden gegenüber verständnisvoll zeigen, um ein Klima der angstfreien Kommunikation über Fehler zu fördern – mit dem Ziel, dass das Unternehmen oder der Betrieb insgesamt davon profitiert.

A2c
Ⓑ
Mediation

Je zwei TN erläutern im Anschluss in eigenen Worten die im Vortrag genannten Aspekte einer positiven Fehlerkultur bzw. die 5-W-Methode, indem sie sich gegenseitig anhand ihrer Notizen ergänzen (siehe auch Hinweis zu A3a). Stellen Sie – auch als Grundlage für die folgende Diskussion in Aufgabe 3 – sicher, dass die wichtigsten Aspekte des Vortrags klar sind:
- *Fehler sind unvermeidbar.*
- *Aus Fehlern kann man lernen (und sie sollten daher positiv, nämlich als Impuls für Verbesserungen, betrachtet werden).*
- *Wer Angst vor negativen Konsequenzen hat, wird einen Fehler eher vertuschen.*
- *Letztlich muss nicht der Einzelne, sondern das gesamte Team Erfolg haben.*
- *Statt Schuldzuweisungen an Einzelne sollte der Gesamtprozess (z.B. mittels der 5-W-Methode) kritisch betrachtet und optimiert werden.*

TN können anschließend den Text erneut anhören und mithilfe des Transkripts mitlesen, die Antworten kontrollieren und im Transkript die entsprechenden Stellen markieren.

A3a

Je nach Rückmeldung der TN bietet sich bereits hier (und nicht erst bei A3b) eine Diskussion im PL an. (Kritische) Punkte, die dabei zur Sprache kommen könnten, sind z.B.:
- *Welche Definition von „Fehler" legt man zugrunde? (Hier im Vortrag wird z.B. eher von Versehen aus Unwissenheit ausgegangen.)*
- *Der Vortrag geht nur von unpersönlichen innerbetrieblichen Prozessen als Fehlerursache aus und nicht von Situationen, in denen einzelne Verantwortliche zu ihrem individuellen Fehlverhalten (evtl. mit weiterreichenden Konsequenzen) stehen, es offenlegen und Verantwortung dafür übernehmen müssen (z.B. sexuelle Übergriffigkeit, Verschlampen von Akten, bewusste Täuschung von Kunden usw.)*
- *Ein Vortrag über positive Fehlerkultur braucht auch Hinweise, wie damit umgegangen werden kann, wenn Mitarbeiter/innen wiederholt nicht aus ihren Fehlern lernen, sondern sie immer wieder machen bzw. sich immer wieder darauf verlassen, dass das Team (hier: die Ehefrau) es schon ausbügeln oder die Fehler geduldig mittragen wird.*

Ⓑ

Falls das Gespräch nur zögerlich in Gang kommt, können Sie eingangs fragen: „Stellen Sie sich vor, Sie haben im Job einen Fehler gemacht, wie zum Beispiel über eine noch nicht spruchreife Kündigung, die einem gemeinsamen Kollegen ausgesprochen werden soll, mit einer Kollegin gesprochen. Sie erzählen Ihrer/m Vorgesetzten davon, dass Sie mit der Kollegin gesprochen haben. Welche Reaktion würden Sie sich wünschen?" Sammeln Sie so diverse Reaktionsmöglichkeiten und gleichen Sie sie, wo es sich anbietet, mit dem ab, was im Vortrag genannt wurde. Stellen Sie es dabei besonders heraus, falls weitere konstruktive Lösungen für gemachte Fehler genannt werden.

Arbeitswelt-wissen

Sie können, wenn in der Diskussion das Thema „Ethikkodex" zur Sprache kommt, auch noch einmal auf die im Vorgängerband erläuterten Begriffe *Unternehmenskultur* bzw. *Unternehmens-philosophie* eingehen (→ Hinweis zum Arbeitsweltwissen im UHB B2 zu Kapitel 5, Modul 1).

A3b
Interkulturelle Kompetenz

Achten Sie darauf und sprechen Sie wenn möglich im PL darüber, dass Fehlerkultur sich – bei allen Unterschieden, die vielleicht genannt werden – nicht an Ländergrenzen festmachen lässt, sondern sich sehr individuell durch erlerntes Verhalten in der Familie, biografische Erfahrungen, ethische Wertvorstellungen, verinnerlichte Firmenkulturen usw. entwickelt.

→ KV 4–1 (Portfolio)	Sprechen Sie auch über den Kasten „Sprache im Beruf" und machen Sie deutlich, dass die dort aufgelisteten Reaktionen natürlich nur infrage kommen, wenn es sich um Fehler ohne größere Tragweite handelt und man nach sprachlichen Mitteln sucht, mit denen man eine zerknirschte Person trösten kann. Sie können an dieser Stelle auch die Seite „Kommunikation im Beruf" behandeln. Um TN mehr Redemittel an die Hand zu geben, insbesondere auch für den Fall, dass persönlich Verantwortung für einen Fehler übernommen werden soll bzw. wie auf ein solches Eingeständnis von Mitarbeitenden sprachlich differenziert reagiert werden kann, können Sie die KV nutzen. TN bearbeiten A1+2 in EA. Sammeln Sie Beispiele für A2 anhand eines Berufes im Kurs. A3 kann auch zu dritt bearbeitet werden (2 TN reagieren).
Ü2 E	Gut als HA geeignet. Klären Sie am Folgetag, welche Ergebnisse korrekt sind. Lassen Sie TN dann in Paaren den Dialog mit passender Intonation üben und anschließend im PL vortragen.
A4a E	Nach Bearbeitung der gesamten A4 im Unterricht schreiben TN die Sätze 1–6 als HA in ihre Hefte ab.
A4b	Schreiben oder zeigen Sie die korrekten Sätze am besten an der Tafel, damit TN diese fehlerfrei in ihren Unterlagen stehen haben.
A4c B	Für die Behandlung dieses Themas können Sie ein interaktives Tafelbild nutzen. Erinnern Sie TN daran, dass sie *als*-Sätze nur in der Vergangenheit bilden sollten. Diese Teilaufgabe und die sich anschließenden Ü3 und Ü4 können TN ggf. in PA bearbeiten oder im Anschluss an ihre EA in PA vergleichen und evtl. korrigieren. Achten Sie darauf, dass Sie genug Zeit zur Verfügung stellen, wenn TN diese Aufgabenabfolge gebündelt bearbeiten.
Ü3a E	Als HA formulieren TN je einen Satz entweder mit dem Verb oder dem Nomen aus den Punkten 1–9.
Ü3b	Klären Sie die Abkürzung DBSH (Deutscher Berufsverband für Soziale Arbeit e. V.) und gehen Sie ggf. kurz darauf ein, was ein *Berufsverband* ist (siehe unten).
Arbeitswelt-wissen	Für die Sammlung, Vertretung und Förderung der Belange und Interessen der einzelnen Berufsstände in Deutschland haben sich *Berufsverbände* gebildet. Es handelt sich um Interessenverbände, die meist in regionalen oder thematischen Sektionen und Arbeitsgruppen organisiert sind und sich als Ansprechstellen für die Beschäftigten in den entsprechenden Berufen verstehen. Die Mitglieder bezahlen einen Mitgliedsbeitrag. Nach außen hin leisten die Berufsverbände politische Lobbyarbeit oder kümmern sich um die Wahrnehmung wichtiger Themen des Berufsstandes in der Öffentlichkeit, intern wirken sie als Austauschforum und bieten z. B. Hilfe bei juristischen Fragen und einen guten Zugang zu branchen- oder berufsrelevanten Neuigkeiten und Informationen.
Ü4b	Sollten TN die diese Übung in PA (und in Kombination mit anderen Aufgaben wie im Hinweis zu A4c) bearbeiten, gehen Sie von Paar zu Paar und korrigieren Sie die Sätze, während die anderen TN beschäftigt sind. Sie können sich die Sätze auch z. B. per Mail zuschicken lassen und den TN korrigiert zurückschicken.
Ü4c	Gehen Sie im PL auf den „Tipp" ein, bevor TN die Sätze umformulieren. TN korrigieren ihre Sätze selbst anhand des Lösungsschlüssels. Bei Rückfragen Klärung im PL.
A4d V	Wenn TN die Sätze auf Zettelchen schreiben, können diese auch noch mit anderen TN-Paaren ausgetauscht werden. Gehen Sie während der Bearbeitung von Paar zu Paar und unterstützen und korrigieren Sie, wenn nötig.
A5	Nachdem TN sich in KG zu dritt auf eine mögliche Situation geeinigt haben, spielen sie die 5-W-Methode davon ausgehend durch. Sollten ihnen Berufsbezeichnungen fehlen, können sie ein Wörterbuch benutzen. Danach können sich je zwei KG zusammentun und sich über ihre Spekulationen austauschen bzw. sich andere Ideen anhören.

Geht das noch besser?

Sollten TN Schwierigkeiten haben, die Situation grundsätzlich zu erfassen, regen Sie an, dass TN ihre Fantasie spielen lassen. Es gibt hier kein Richtig/Falsch, sondern es geht darum, dass TN gedanklich eine Kettenreaktion entwerfen und die W-Methode anwenden. Alternativ sollen TN selbst eine absurde Situation entwerfen und schildern, wie es dazu gekommen ist.

E TN mit ähnlichen beruflichen Interessen können noch weitere Beispiele aus ihren Berufsfeldern nennen oder zeichnen und darauf die 5-W-Methode anwenden.

Modul 2   Wir haben da ein Problem

A1
E
Ergänzend können Sie TN auch je ein weiteres Probe-Angebot recherchieren und im Kurs (ggf. in KG) vorstellen lassen.

A2a–c
TN arbeiten in EA. Anschließend werden die Ergebnisse im PL kurz abgeglichen. A2c sollte so besprochen sein, dass TN A2d in EA und inhaltlich eindeutig bearbeiten können.

A2d
E
Sie können sich die Mails der TN zuschicken lassen und korrigiert zurücksenden. Erweiternd können TN sich anschließend in PA die fertigen korrigierten Texte diktieren.

A3a
B
Sammeln Sie zunächst im PL oder in KG Gründe, warum sich möglicherweise zu wenige Interessierte auf die Ausschreibung melden (*zu wenige Informationen, Anzeige ist/klingt an irgendeiner Stelle unattraktiv, die passende Zielgruppe wird nicht angesprochen/erreicht, Layout ist nicht ansprechend, Vorzüge des Arbeitgebers sind nicht hervorgehoben, Fachkräftemangel, …*)
A3a+b können anschließend dann in EA oder PA bearbeitet werden.

A3b

V
Grundsätzlich können die Sätze mündlich oder schriftlich formuliert werden. Lesen Sie im PL vor der Bearbeitung der Aufgabe die „Strategie" und wiederholen Sie an dieser Stelle ggf. den Ausdruck *abwägen* (*sich fragen, nachdenken, sich über das Für und Wider Gedanken machen*).
TN formulieren aus ihren Notizen zunächst schriftlich die drei Sätze. Anschließend sollten diese Sätze im PL laut vorgetragen werden, sodass alle TN möglichst viele Variationen der Abfolge Idee – Vorschlag – Alternative hören. Vgl. auch die „Strategie".

Ü1a–b
E
Registertraining
Gut als HA geeignet. Im Unterricht bietet sich an, die Bewertungstexte zudem auf sprachliche Besonderheiten hin zu untersuchen. Fragen Sie TN: „Welche Formulierungen/Ausdrücke sind spezifisch für Bewertungstexte?" und „Welche Textsorte ist ähnlich?" (Spezifika: *Umgangssprache*, z. B. „die" statt „sie", „der Typ", „supernett" usw., *Nähe statt Distanz und subjektive Äußerungen*, z. B. „Freundliches Team, aber wenig Ahnung", abgekürzter Satzbau, z. B. „Ganz schön teuer geworden …". Ähnliche Textsorte: *Forumsbeiträge und andere Kommentartexte*)

Ü1c
Lässt sich gut als HA vorbereiten. Im PL lesen TN dann zu zweit die Minidialoge im PL vor.
Fragen Sie ggf. nach, was TN unter einem *Subunternehmen* verstehen (*ein Unternehmen, das vom Hauptunternehmen für z. B. Nebenleistungen beauftragt wird*). Erklären Sie auch, dass die Redewendung *etwas an Bord nehmen (oder holen): einbeziehen, einstellen* bedeutet (ursprünglich von *anheuern*) und dass man auch *(mit) ins Boot holen* sagen könnte.

A4
P
V
Die Aufgabe dient (auch) dem Prüfungstraining. Widmen Sie ihr deshalb ruhig etwas mehr Zeit, indem TN z. B. zunächst in PA diskutieren, anschließend aber auch (freiwillige) TN-Paare im PL sprechen und andere TN anschließend konstruktives Feedback geben. TN sollen sich bei der Bearbeitung der Aufgabe perspektivisch in eine verantwortliche Rolle (z. B. der Programmleitung) hineindenken.

→ KV 4-2
TN, die sich schwertun, Ideen für diese Prüfungsaufgabe zu finden, können in PA mit den ausgeschnittenen Karten der KV arbeiten: Zuerst ordnen sie die Kärtchen nach Vorschlag (auf KV die linke Reihe) und Umsetzung (rechte Reihe) sowie danach, ob es Sofortmaßnahmen (die oberen zwei Ideen auf KV) oder langfristige Maßnahmen sind. Weisen Sie darauf hin, dass es am einfachsten ist, zuerst die Sofortmaßnahmen zu diskutieren. TN teilen nun die Ideen unter sich auf und notieren sich Formulierungen zu den einzelnen Vorschlägen direkt auf die Karten (ggf. mit Hilfe der Redemittel in A3b). Die Diskussion können sie dann einmal mit und einmal ohne die Kärtchen als Stütze führen.

4

Modul 3 Es ist dringend …

vor A1 Die Bücher bleiben noch geschlossen. Fragen Sie TN: „Wann haben Sie sich das letzte Mal beschwert? Bei wem? Worüber?", und sammeln und sprechen Sie im PL.

A1
E
Mediation

Als zusätzliche Übung können Sie TN in eigenen Worten zusammenfassen lassen, welche der Informationen aus den Mails von Kunde und Kundendienst sich auf die Vergangenheit beziehen (z. B. *Kunde ist schon seit Langem Stammkunde, hat eine Maschine mit X Leistung gekauft, Kunde hat bereits Technik-Check durchgeführt* usw.), und welche auf die Gegenwart (z. B. *Die Maschine bringt nicht mehr die herkömmliche Leistung, ist kaputt, die Maschine wird dringend benötigt* usw.) und die Zukunft (z. B. *Geplante Lieferungen werden nicht ausgeführt werden können, Technikdienst wird sich kümmern bzw. telefonisch melden* usw.).

Ü1a
B

TN tauschen nach der Bearbeitung in EA mit einem/einer anderen TN ihr Buch und korrigieren die Sätze mit dem Lösungsschlüssel gegenseitig.

Ü1b TN erhalten in KG jeweils ein anderes Kernverb und schreiben nach dem Muster von Ü1a einen Text oder einen Dialog mit möglichst vielen Ableitungen des Verbs.

A3a Zur Verdeutlichung gehen Sie im PL die Sätze einzeln durch. Spielen Sie damit, dass Sie z. B. die Modaladverbien weglassen. TN prüfen, was sich ändert (z. B. zu 1: Aus der Vermutung wird eine Zusage).

Ü2 Je nach Sicherheit bei der Verwendung der neuen Grammatik bearbeiten TN Ü2 in EA oder PA. Besprechen Sie die Sätze im PL und lassen Sie TN die Modaladverbien nennen und markieren.

Ü3
E

TN übertragen wichtigen Wortschatz und Synonyme zusätzlich in ihre Hefte: *die Ursache – der Grund*
überarbeiten – ändern, verbessern, korrigieren
in Betrieb nehmen – nutzen, einschalten, zum Laufen bringen, damit zu arbeiten beginnen
das Versehen – der Irrtum, der Fehler
einen Schaden beheben – einen Schaden beseitigen, (z. B. die Maschine) reparieren

A3b
B

TN sollten wieder zunächst die Modaladverbien in den Sätzen hervorheben. Abgleich im PL. Anschließend formulieren TN die Sätze in EA um.

Ü4 Da die Art des Rätsels evtl. nicht allen TN bekannt ist, bieten Sie an, dass TN die Übung in PA oder KG lösen und gemeinsam überlegen, wie die Lücken korrekt ausgefüllt werden. Gehen Sie anschließend ggf. auf den Ausdruck *jemanden an die Strippe kriegen* bzw. *an der Strippe haben* ein, der zwar noch genutzt wird, sich aber bildlich heute kaum noch erschließt.

Ü5
P

Weisen Sie TN darauf hin, dass es sich um eine Übung im Prüfungsformat handelt. Ggf. hören TN die Mitteilungen mehrfach und Sie klären Unverstandenes/Missverstandenes im PL.

Ü6a
E

Weisen Sie TN, die schriftsprachlich Übungsbedarf haben, darauf hin, dass es für Textsortenverständnis und Textproduktion eine gute Übung ist, Mails „einfach" abzuschreiben und dabei das Format entsprechend richtig „abzubilden", damit es sich einprägt und z. B. Absätze und Zeichensetzung irgendwann automatisiert ablaufen.

A4
V
B

Sie können diese Aufgabe auch im sog. Lerntempoduett durchführen, um dem Arbeitstempo der TN binnendifferenziert gerecht zu werden. Dazu schreiben TN zunächst in EA eine Mail an den Kundendienst (wahlweise Situation A oder B). Sobald ein/e TN mit dem Schreiben fertig ist, steht er/sie auf. So sehen TN, die ebenfalls fertig sind oder in Kürze fertig werden, mit wem er/sie sich zusammentun kann. Auf diese Weise entstehen TN-Paare und alle TN erleben wenig „Wartezeit". Die Paare tauschen die Mails und antworten darauf aus der Rolle des Kundendienstes. Grundsätzlich stellt es kein Problem dar, wenn beide TN dieselbe Situation ausgewählt hatten. Sollte die Arbeitsgeschwindigkeit unter den TN-Paaren stark auseinandergehen, können Paare, die sehr schnell fertig sind, sich auch noch eine/n weiteren TN mit der jeweils zweiten Situation (A oder B) suchen und eine zweite kurze Antwortmail verfassen. Oder diese „zweite Runde" wird zur HA: TN tauschen Mails und schreiben zu Hause die Antwort darauf. –

Geht das noch besser?

Register-training Zumindest einige exemplarische Mails und Antworten sollten im PL gelesen, ggf. korrigiert und auf das Sprachregister hin geprüft werden: Ist der Ton höflich, angemessen und kundenorientiert?

Modul 4 Was wollen wir?

Ü1
E

TN übertragen die zusammenpassenden Wörter (als kleine Synonym-Sammlung) in ihre Hefte. Zusätzlich (auch gut als HA) können Sätze unter Verwendung je eines Wortes aus den Reihen 1.–6. formuliert werden.

A1
V

Schreiben Sie die Begriffe aus A1 einzeln auf Kärtchen und verteilen Sie diese an TN in KG zu dritt oder viert (je nach Gruppengröße). Schreiben Sie dann „Wie sollten Firmen mit Beschwerden umgehen?" an die Tafel. Die KG gehen nun die erhaltenen Begriffe durch und besprechen, wie diese jeweils zur Leitfrage passen. Anschließend verfassen TN kollaborativ einen Text zum Thema „Beschwerdemanagement", in dem alle ihre Begriffe vorkommen. Die Texte werden dann im PL gemeinsam gelesen und ggf. korrigiert.

E

Ergänzend und ggf. als Vorentlastung für A2 können TN z. B. zu Beschwerdemanagement recherchieren (ggf. als HA). Anschließend tragen sie im PL zusammen, was für sie neu/interessant/überraschend war. Infos z. B. unter: https://www.verbraucherzentrale.de/beschwerde, https://www.bundesnetzagentur.de/DE/Vportal/TK/Aerger/Faelle/UEW/beschwerde/start.html sowie im Video des europäischen Verbraucherzentrums: https://www.evz.de/fragen-beschwerden.html.

A2a
Mediation

Schreiben Sie die Punkte auf Zuruf an die Tafel:

| E – Entschuldigung | V – Verständnis zeigen | A – Analyse/Auflösung/Abschluss |

Gehen Sie die einzelnen Punkte durch und TN führen in eigenen Worten aus, was damit jeweils gemeint ist. Anschließend Übergang zu Ü2.

Ü2 TN vergleichen anschließend in PA ihre Korrekturen.

Ü3

TN sollten zunächst ohne Wörterbuch arbeiten und bei Ausdrücken, die nicht zugeordnet werden können, nachfragen.

E

Um die Ausdrücke zu trainieren, können Sie für KG (zu dritt oder viert) je einen Zettelsatz vorbereiten, auf dem diese Verben stehen. Der Zettelstapel liegt in der Mitte der jeweiligen KG. Jede KG erhält einen Würfel. Im Uhrzeigersinn zieht ein/e TN der KG nach dem/der anderen einen Zettel mit Verb, würfelt anschließend ein Personalpronomen (1 = *ich*, 2 = *du*, 3 = *er, sie* oder *es*, 4 = *wir*, 5 = *ihr*, 6 = *sie/Sie*) und bildet dann einen entsprechenden Satz, z. B.: *Ich unterstütze diesen Vorschlag. / Er hat dem Arbeitsauftrag zugestimmt.* Usw. Sie können für die Übung eine bestimmte Zeit vorgeben oder eine bestimmte Anzahl an Runden in der KG. Alternativ findet diese Übung in Stillarbeit statt: TN ziehen nacheinander je einen Zettel und würfeln und alle TN der KG schreiben individuell einen entsprechenden Satz auf. Nach drei Runden tauschen TN untereinander ihre Sätze aus und korrigieren sich gegenseitig.

A3
P

Da es sich um eine Aufgabe im Prüfungsformat handelt, sollten TN versuchen, diese in EA zu lösen, um mögliche Schwierigkeiten selbst identifizieren zu können. Erst wenn die Lösung abgeglichen wurde, sollten TN in 3er-KG versuchen (ggf. mit Recherche), den unbekannten Wortschatz durch Kontextualisierung und gegenseitige Unterstützung zu klären. Als LK greifen Sie lediglich ein, wenn Verständnisschwierigkeiten in der KG nicht aufgelöst werden können. Zum Begriff *Gleitzeit* siehe die „Info" zum Arbeitsweltwissen in Ü4c sowie KV 4–3.

Ü4a+b
B

TN, die Schreibtraining benötigen, schreiben als HA die Sätze im Ganzen noch einmal ins Heft ab.

Ü4c
Mediation

Ergänzend zum Lösungsschlüssel stellen ein oder zwei TN ihre Ergebnisprotokolle im PL vor. Lassen Sie anschließend im PL die „Info" vorlesen. TN erklären daraufhin (mit geschlossenen Büchern) in eigenen Worten die Begriffe *einfache Gleitzeit*, *qualifizierte Gleitzeit* und *Funktionszeit* sowie (aus TOP 2 im KB) *Kernarbeitszeit*. Dies dient der Vorbereitung auf A5.

4

A4 E	Gut als HA geeignet. Als Erweiterung können die Ausdrücke (oder ein Teil der Ausdrücke) in ganze Sätze gebracht und aufgeschrieben werden.
A5a+b ▶ → KV 4–3 *Mediation*	Alternativ zur Recherche können Sie TN mit den Karten der KV arbeiten lassen, auf denen die wichtigsten Informationen zu den Modellen bereits verzeichnet sind. TN füllen mit Hilfe der Karten die Tabelle aus. (Manche Argumente ergeben sich jeweils aus den anderen Modellen.) Oder TN arbeiten in KG. Jede/r TN erhält eine Karte und berichtet davon ausgehend über „sein"/„ihr" Modell.
A5c V	Statt eines Plakats präsentieren TN ihre Ergebnisse mithilfe eines Präsentationsprogramms wie z. B. PowerPoint, Prezi oder Canva.
A6 V	Verweisen Sie TN für die Moderation auf die Redemittel im Anhang auf Seite 324. Sie können KG statt gleichzeitig auch nacheinander (unter Vorgabe einer bestimmten Zeit, indem Sie einen Timer stellen) diskutieren lassen. So können die jeweils anderen KG als Beobachtende die Diskussion als Ganzes konzentriert verfolgen und anschließend Feedback geben.
A7a	Sammeln Sie die zusätzlichen Ausdrücke an der Tafel, damit TN sie sich notieren können.
Ü5	Als Nachbereitung der Diskussion(en) (A6) im Kurs gut als HA geeignet.
A7b	Ggf. senden TN Ihnen die Mails zu und Sie schicken Sie korrigiert an die TN zurück. Oder Sie lesen zwei oder drei Mails exemplarisch im PL gemeinsam und besprechen, ob die Mail insgesamt angemessen und der Alternativvorschlag konstruktiv formuliert ist.

Aussprache

Ü1a	Lassen Sie TN zunächst die Varianten lesen und klären Sie bei Bedarf die Bedeutung. TN hören die Beispiele und beraten in PA, welche Bedeutung jeweils zutrifft. Vergleich im PL.
Ü1b	TN hören erneut und können halblaut wiederholen. Fordern Sie sie auf, auf Tonhöhe, Tempo und Lautstärke zu achten. Gespräch im PL über den Zusammenhang mit der Bedeutung.
Ü1c	TN arbeiten in PA. Sagen Sie ihnen, sie sollen übertreiben, damit die Bedeutung klarer wird.

Kommunikation im Beruf

A1 *Interkulturelle Kompetenz*	Fragen Sie TN nach dem Hörtext, wie sie die Reaktionen von Nina, der Kollegenschaft und der Projektleitung bewerten und wie es stattdessen auch hätte ablaufen können. Haben TN bisher ähnliche oder andere Erfahrungen gemacht? Hier können Episoden/Erfahrungen sowohl aus dem beruflichen als auch privaten Bereich beigesteuert werden. Ermuntern Sie TN zu erzählen, was für bzw. gegen die jeweiligen Reaktionen spricht. Knüpfen Sie dabei noch einmal an das an, was bereits in Modul 1 zur Fehlerkultur erarbeitet wurde.
A2 E	Schreiben Sie nach Abschluss der Rollenspiele „So nicht!" an die Tafel und lassen Sie TN nun spaßeshalber auch eine Runde spielen, in der sie Reaktionen äußern, die sie sich nicht wünschen würden, z. B. *„Bist du verrückt! Das kriegen wir nie wieder geregelt!", „Wenn das die Chefin hört! Ich bin ja schon stinksauer, aber was wird sie erst sagen! Du solltest dich warm anziehen!"* usw.

Grammatik-Rückschau

→ KV 4–4	Fragen Sie, was für Arbeitsplätze auf der KV abgebildet sind (*Labor, Pausen-/Schulungsraum eines Einkaufsmarktes, Großraumbüro eines hippen Start-Ups*) und sammeln Sie Wortschatz dazu. TN stellen nun in KG nach dem Muster der Beispielsätze zu Thema 2 auf der Rückschauseite Vermutungen an, wie es zu den dargestellten Situationen gekommen ist und was noch passieren könnte. Sie können TN vorgeben, dass sie jede Art von Beispielsatz mindestens einmal pro Bild verwenden sollen.

Weil Sie es wert sind

Themen Im fünften Kapitel geht es um Kundenkontakte, Kundenbindung und die Vorstellung von Geschäftsideen.

Auftakt TN befassen sich mit Möglichkeiten der Kundengewinnung und -bindung und bewerten diese.

Modul 1 Dieses Modul handelt von effektiven Wegen der Kundenansprache, sowohl in Bezug auf Bestandskunden als auch hinsichtlich der Neukunden-Akquise.

Modul 2 TN befassen sich mit der Präsentation innovativer Angebote.

Modul 3 Hier geht es darum, wie man im Kundengespräch auf detaillierte Fragen zu Angeboten oder Produkten reagiert und sie zur Funktionsweise und zum Nutzen eines Produkts berät. Dabei wird auch das Verfassen einer Telefonnotiz geübt.

Modul 4 In diesem Modul sind die ersten Schritte von der Geschäftsidee zur Firmengründung Thema, auch was bei einem Businessplan zu beachten ist und wie man ihn präsentiert.

KiB Welche Funktion hat Small Talk, wie wird er geführt und welche Themen eignen sich?

Lernziele
- **Auftakt** | über das Thema „Kundengewinnung und -bindung" sprechen
- **Modul 1** | einen Artikel zum Thema „Kundenkommunikation" verstehen
- **Modul 2** | Vorteile eines Angebots in einer Präsentation herausstellen
- **Modul 3** | Kunden/Kundinnen zu Produktdetails beraten
- **Modul 4** | Geschäftskonzepte vorstellen
- **Modul 4** | eine Geschäftsidee komprimiert präsentieren
- **KiB** | Small Talk mit Kunden/Kundinnen führen
- **Aussprache** | Knacklaut vor Vokalen, Umlauten und Diphthongen (im ÜB)

Grammatik
- **Modul 1** | negative Konsekutivsätze mit *zu …, um zu / als dass*
- **Modul 3** | Nominalisierung und Verbalisierung von Konzessiv- und Finalsätzen

Auftakt

Ü1a+b TN finden mit Ü1a+b ins Thema und aktivieren ihr Vorwissen, sie können 1b in PA bearbeiten. Gleichen Sie die Ergebnisse im PL ab, um nicht passende Kollokationen auszuschließen.

Ü1c Gut als HA geeignet.

A1a TN arbeiten in KG und erklären sich gegenseitig Begriffe und Aktionen wie z. B. *Gewinnspiele zur Kundengewinnung*. Bitten Sie TN, Wörter, zu denen Fragen aufkommen, zu notieren, während sie an den Texten arbeiten. Listen Sie anschließend zu klärenden Wortschatz an der Tafel auf. Regen Sie TN an, so viel wie möglich selbstständig zu erarbeiten bzw. sich gegenseitig zu erklären, damit sie trainieren, ihr Potenzial zur Erschließung mit Strategien wie Wortableitung, Analogiebildung, Nutzen des Kontextes usw. auszuschöpfen bzw. zu fragen und sprachmittlerisch tätig zu werden, bevor ein Wörterbuch konsultiert wird.

A1b Sammeln Sie weitere Ideen im PL.

A1c
→ **KV 5-1**
Mediation

Als Erweiterung können Sie die KV einsetzen: TN bilden 4er-KG. Jede/r in der KG bekommt eine der Fragekarten 1–4. Geben Sie TN z. B. 10 Minuten Zeit, um sich in der KG gegenseitig zu befragen. Jede/r macht seine/ihre eigene Umfrage mit den drei anderen und macht sich dabei seine/ihre Notizen bzw. Strichlisten. Wenn die Zeit vorbei ist, bilden sich vier neue Gruppen, indem sich alle mit den gleichen Fragekarten zusammensetzen und ihre Ergebnisse zusammentragen. Sie besprechen, was am wichtigsten und interessantesten ist und wie sie es präsentieren können (z. B. mit Zitaten, Grafiken oder in einer Zusammenfassung). Die vier Gruppen präsentieren nacheinander, die anderen stellen Fragen.

A2 TN arbeiten, wenn sie möchten, in PA. Geben Sie TN idealerweise 2–3 Tage Zeit, als HA zu recherchieren und eine kleine Präsentation vorzubereiten.

E *Interkulturelle Kompetenz*	TN können zudem eine zweite Werbeaktion aus ihrem Herkunftsland vorstellen. So könnten TN interkulturelle Unterschiede in der Kundenkommunikation bewusst werden und ggf. im PL besprochen werden. Welche Aktionen würden wo auch (oder nicht) gut ankommen? Was wäre (z. B. rechtlich) möglich / nicht möglich (z. B. Thema vergleichende Werbung).
Ü2a+b	Als HA geeignet und gut in PA am Folgetag zu kontrollieren.
Ü3a	TN lesen und ergänzen in EA und kontrollieren in PA.
Ü3b	Die Forumsbeiträge, die TN in EA verfassen sollten, können z. B. auf einem Padlet erstellt und gepostet werden, sodass andere TN diese wiederum kommentieren können. Weisen Sie TN darauf hin, dass dieser Forumsbeitrag eine Form von Mediation derjenigen Inhalte ist, die in diesem Kapitel bisher zum Thema erarbeitet wurden.
Arbeitsweltwissen	Grundlage für die *Verwendung genderneutraler Sprache* ist das *Allgemeine Gleichbehandlungsgesetz (AGG;* → Kapitel 6, Modul 1, Hinweis zu A2a). Arbeitgeber/innen müssen laut AGG sicherstellen, dass Stellenanzeigen genderneutral und nicht-diskriminierend formuliert sind. Seit 2019 müssen Ausschreibungen genderneutral bzw. divers formuliert sein, zum Beispiel durch den Zusatz *(m/w/d)* oder *(m, w, x)*, da sonst der Tatbestand der Benachteiligung vorliegt. Zudem werden Arbeitgeber/innen aufgerufen, ein diskriminierungsfreies Arbeitsumfeld zu schaffen. Dies beinhaltet mehr Auswahlmöglichkeiten im Bewerbungsprozess, in der Verwaltung die Anpassung der Jobtitel und Formulierungen in Beschäftigungsverträgen sowie in der Kommunikation mit Kundinnen und Kunden und die Schaffung von Unisex-Toiletten. Immer mehr Unternehmen, Bildungseinrichtungen, Behörden und Kommunen nutzen eigene Leitfäden zur gendergerechten Sprache. Der Rat für deutsche Rechtschreibung hat 2021 empfohlen, alle Menschen sensibel anzusprechen und geschlechtergerechte Sprache zu verwenden. Seine jeweils aktuellen Empfehlungen sind unter https://www.rechtschreibrat.com abrufbar.
Ü4a+b	Schauen Sie sich gemeinsam im PL den „Tipp" zum Gendern an. Gendergerechte Sprache ist darüber hinaus in diesem Band auch in Kapitel 6 Thema der Übungen zur Aussprache; auch wurde im UHB zu Band B2 kurz auf das Thema „Geschlechterdiversität" eingegangen (→ Hinweis zum Arbeitsweltwissen in UHB B2 auf Seite 72). Steigen Sie an dieser Stelle nicht zu tief in die Diskussion ein, sondern legen Sie den Fokus hier auf das Beispiel *Kunden/Kundinnen*, einen Fall, bei dem das Gendern mit einem Zeichen wie dem Sternchen aus grammatischen Gründen nicht funktioniert. Der Schwerpunkt sollte hier sein, TN dafür zu sensibilisieren, einen möglichst großen Wortschatz zu haben, um in solchen Situationen ein Synonym (wie z. B. *die Kundschaft* oder *unsere Klientel*) nutzen zu können. Weisen Sie auch auf die Möglichkeit hin, statt Komposita Nomen mit Genitivattribut zu verwenden (und dabei evtl. ein grammatisches Problem beim gendergerechten Ausdruck zu umgehen), z. B. *die Zufriedenheit der Kundinnen und Kunden / die Zufriedenheit unserer Kundschaft*. Ggf. können Sie auch vorgreifen und auf die Fußnote im Text zu A2a im KB hinweisen (oder von dort aus später hierher zurückverweisen): Hier ist ein Beispiel zu finden, wie auf den Verzicht von gegenderten Formen hingewiesen werden kann.
V	4a und 4b können Sie KG auch zusammengefasst auf Plakaten mit Wettbewerbscharakter durchführen lassen, indem Sie eine bestimmte Zeit (z. B. fünf Minuten) vorgeben: Welche KG findet die meisten Komposita? Sind alle Artikel korrekt? (Nur für Komposita mit passendem Artikel gibt es einen Punkt.) TN übertragen hierfür den Wortigel aus Ü4a auf ein Plakat und fangen direkt an, Komposita zu notieren, zunächst mithilfe der Wörter aus Ü4a, dann frei.

Modul 1 Sie sind uns wichtig

A1	Sprechen Sie im PL über das Zitat und fragen Sie TN dann: „Kennen Sie andere Zitate zum Thema Kundenbeziehung – auch in anderen Sprachen?" Falls TN Zitate in anderen Sprachen kennen, lassen Sie diese übersetzen und schreiben Sie sie an die Tafel. Sie können ein, zwei weitere deutsche Zitate ergänzen, z. B.: *Der Kunde ist König.* (Sprichwort) und/oder *Ihre unzufriedensten Kunden sind Ihre beste Lernquelle.*

Weil Sie es wert sind

(Bill Gates). Diskutieren Sie im PL. Fragen Sie ggf. auch noch einmal nach, ob TN im Kundenservice bzw. mit Kundenkontakt gearbeitet haben und welche Erfahrungen diesbezüglich vorhanden sind.

A2a TN können nach dem Markieren die ausgewählten Aussagen kurz in PA abgleichen.

A2b Sammeln Sie zu jedem Absatz zwei mögliche Frage-Formulierungen im PL an der Tafel.

Ü1 Nachdem TN die Texte gelesen und sich für jeweils ein Wort entschieden haben, liest jeweils ein/e TN einen Text im PL vor. Fragen Sie anschließend und lassen Sie TN erklären:
- „Was ist ein Bestandskunde?"
- „Kennen Sie ein anderes Wort für *Akquise*?"
- „Kennen Sie ein anderes Wort für *Anspruch*?"
- „Was ist in diesem Kontext ein *Gebot*?"
- „Was bedeutet die Formulierung *etwas hat Priorität*?"

Ü2
Mediation

TN fassen abschließend in eigenen Worten noch einmal die Hauptaussagen des Hörtextes zusammen.

A3a+b Besprechen Sie im PL zunächst den Fachbegriff „Konsekutivsatz": Es handelt sich um einen Nebensatz, der die Folge der Handlung im übergeordneten Satz beinhaltet, kurz „Folgesatz". Meist werden diese mit der Subjunktion *so ..., dass ...* oder *sodass* eingeleitet. Erklären Sie, dass es hier um die speziellen Fälle von Konsekutivsätzen geht, in denen eine <u>negative</u> Folge ausgedrückt wird.
TN können die Sätze in PA heraussuchen und eintragen. Dann versuchen sie gemeinsam die Regel in A3b zu ergänzen. Besprechung und ggf. Ergänzung im PL.

Eventuell ist es für TN hilfreich, anhand zweier Beispielsätze (wie z. B. *Social-Media-Plattformen sind wichtig, um neue Kunden zu akquirieren.* ↔ *Social-Media-Plattformen sind **zu** wichtig, um sie bei der Neukundenakquise zu vernachlässigen.*) die Unterscheidung zwischen einfachen Infinitivkonstruktionen mit *um zu* (die im Gegensatz zu Konsekutivsätzen – grammatisch „positiv" – einen Zweck oder eine Absicht ausdrücken und kein *zu* im Hauptsatz enthalten) und den hier behandelten negativen Konsekutivsätzen herzustellen.

Ü3
Registertraining

Weisen Sie TN darauf hin, dass die Sätze inhaltlich aufeinander aufbauen. Wenn alle Sätze ergänzt sind, sollten diese wie ein Fließtext am Stück im PL vorgelesen werden. Achten Sie auf eine korrekte Aussprache der TN und entsprechende Betonung. Sie können anschließend auch noch ein, zwei weitere Runden des Vorlesens durchführen mit einer Vorgabe wie z. B: „In welchem Ton würde ein Coaching-Guru / eine besorgte Firmenchefin / ... das sagen?"

Ü4a TN bearbeiten die Aufgabe in EA, korrigieren dann anschließend in PA.

Ü4b Gut als HA geeignet. Bitten Sie am Folgetag z. B. 5 TN, je einen selbst formulierten Satz an die Tafel zu schreiben, und korrigieren Sie diesen exemplarisch im PL.

Ü5 TN ordnen die Sätze zu. Gehen Sie dann im PL durch, welche Sätze zusammenpassen, bevor TN die Konsekutivsätze bilden und komplett in ihr Heft schreiben. Korrektur im PL.

A3c 4 TN bilden je einen Satz mündlich. Die anderen hören zu. Anschließend schreiben alle TN die Sätze komplett in ihr Heft. Lassen Sie die Sätze zur Kontrolle noch einmal im PL vorlesen.
Hinweis: Das Thema lässt sich mithilfe des interaktiven Tafelbilds noch vertiefen.

Ü6 TN zählen durch (1–6), sodass mindestens jeder Satz einmal (oder auch mehrmals) vergeben wird. Jede/r TN schreibt seinen/ihren Satz auf einen Zettelstreifen. Nun gehen TN im Raum umher und tauschen, wenn sie jemandem begegnen, ihre Zettelstreifen. Sie ergänzen den Satz, der auf dem erhaltenen Zettel steht, und gehen weiter zum/zur nächsten TN und tauschen die Zettel. Auf Ihr Signal hin (und nachdem die TN einige Sätze gebildet haben) stoppen Sie die Aktivität. Jeweils ein/e TN geht mit dem Satz, den er/sie zuletzt bekommen hat, an die Tafel und schreibt einen Beispielsatz an. Korrigieren Sie, wenn nötig. Alle TN übertragen alle 6 korrekten Beispielsätze, die an der Tafel stehen, in ihr Heft.

Ü7
B

Je nachdem, wie sicher sich TN bei der Formulierung von negativen Konsekutivsätzen fühlen, entscheiden sie sich für die Arbeit in EA oder in KG zu dritt. Lassen Sie anschließend die Lösung von einer KG präsentieren und bitten Sie die anderen KG und TN, die in EA formuliert haben, sich zu melden, wenn sie eine andere Lösung vorstellen möchten.

A4
P
Mediation
Strategie
→ KV 2-2
(Portfolio)
B

Weisen Sie TN darauf hin, dass es sich um eine Prüfungsaufgabe handelt. Losen Sie Dreier-Teams. Tragen Sie, bevor die KG an die Aufgabe gehen, im PL zusammen, worauf beim Vorbereiten des Vortrags und der Mediationsaufgabe besonders zu achten ist bzw. lassen Sie TN erzählen, ob sie Strategien bei der Vorbereitung von Kurzvorträgen einsetzen (*Wortschatz sammeln, Struktur, Argumente priorisieren, konkretes Beispiel überlegen, Einstiegssatz …*).
Sie können TN für die Vorbereitung auch die entsprechende KV-Seite aus Kapitel 2 austeilen.
TN, die noch keine Berufserfahrung haben, denken sich bei Situation A in die Rolle des Kunden / der Kundin (z. B. einer Handyfirma, eines Handwerkerbetriebs) hinein.

Modul 2 **Das Produkt garantiert Ihnen …**

vor A1a

Schreiben Sie in die Mitte eines Wortigels *Innovation in der Arbeitswelt* an die Tafel. Bitten Sie eine/n TN, an der Tafel die Punkte einzutragen, die die anderen TN zurufen. Fragen Sie TN, welche Aspekte ihnen zum Thema einfallen (z. B. *neue/noch nicht da gewesene Produkte, Maschinen, Technik, Berufe, Programme, Arbeitsplätze, Dienstleistungen* usw.)

A1a–c

TN arbeiten in PA und überlegen gemeinsam. Anschließend werden die Produktpräsentationen angehört. Fragen Sie danach: „Wer hatte die richtigen Vermutungen? Wer lag danebe?", und sprechen Sie im PL darüber, was (fälschlich) angenommen wurde. Gehen Sie dann zu A1c über und diskutieren Sie die Produkte. Achten Sie darauf, dass TN, wenn sie Meinungen äußern, diese auch begründen. Helfen Sie ggf. mit Formulierungen.

E

Schreiben Sie für erweiternde Wortschatzarbeit, bevor Sie zu A1c übergehen, die folgenden Ausdrücke an die Tafel, für die die TN Erklärungen (im Tafelbild rechts) finden sollen:

sich hinter … verbergen	– *sich hinter … verstecken*
vereinfachen	– *einfacher (verständlich) machen*
durch viele Hände gehen	– *viele Menschen benutzen es / geben es weiter*
klar auf der Hand liegen	– *etwas erscheint logisch/schlüssig/leicht erkennbar*
die Gefahr bergen, dass …	– *die Gefahr / das Risiko beinhalten, dass …,*
etw. konfigurieren	– *etwas gestalten/anpassen/umbilden*

Am besten kontextualisieren TN anschließend die Ausdrücke und bilden eigene Sätze damit. Schreiben Sie ggf. 1–2 Beispielsätze zu jedem Ausdruck an die Tafel.

vor A2

Fragen Sie TN zunächst: „Wissen Sie, was ein Blister ist?", und sammeln Sie Informationen bzw. ergänzen Sie ggf. (*fachsprachlicher Begriff aus der Verpackungstechnik; Verpackung mit oft durchsichtiger Kunststofffolie für kleine Dinge oder Portionen, die man herausdrücken kann*; auf Beispiele kommen TN sicherlich selbst: *Tabletten, Batterien, Schrauben* …).

A2a+b

TN hören den Text einmal und versuchen, sich auf eine Reihenfolge festzulegen. Anschließend hören sie noch einmal und korrigieren ihre Reihenfolge, wenn nötig. Abgleich im PL. Danach gehen Sie über zu A2b: TN formulieren die Antwortsätze in PA. Im PL werden verschiedene Antwortsätze vorgelesen. Sagen Sie den TN, sie sollen sich im PL auf einen Antwortsatz pro Frage einigen, den ein/e TN dann an die Tafel schreibt.

→ KV 5-2
B

Zur Vorentlastung von Wortschatz für das zweite Hören können Sie Aufgabe 1 der KV nutzen.
Aufgabe 2 können Sie anstelle von A2b machen. Wenn das Thema für den Kurs fremd ist, wird auch das freie Notieren schwierig. Die KV bietet die Notizen daher als Lückentext an.
Alternativ machen stärkere TN 2b frei, schwächere nutzen die KV. Am Ende Vergleich im PL.

Weil Sie es wert sind

🔲	Gehen Sie auf den Begriff *Verblisterung* ein, der auch für A2b brauchbar ist: „Wir haben besprochen, was ein *Blister* ist – was ist hier mit *Verblisterung* gemeint?" Machen Sie TN ggf. bewusst, dass Wörter, die nach diesem Wortbildungsmuster gebildet werden, einen Transformationsprozess bzw. das Ergebnis dieses Prozesses ausdrücken. Schreiben Sie weitere Beispiele aus dem Kapitel an die Tafel (evtl. können TN weitere nennen), z. B. *einfach – vereinfachen – die Vereinfachung, unsicher – verunsichern – die Verunsicherung, nachlässig – vernachlässigen – die Vernachlässigung*. Weisen Sie TN darauf hin, dass sie nach diesem Schema gebildete Wörter, auch ausgehend von Nomen, in beruflichen Fachsprachen häufig antreffen werden, z. B. *die Blende – die Verblendung, die Schale – die Verschalung, das Eis – die Vereisung* usw.
🖱	TN erhalten die Aufgabe, über einen Zeitraum von einer Woche (als HA) in PA oder KG über Innovationen aus Deutschland zu recherchieren und Informationen zu Deutschland als Innovationsland anhand einer Präsentation im Kurs vorzustellen. Für die Recherche können Sie z. B. folgende Internetseiten vorschlagen: https://www.deutschland.de/de/so-innovativ-ist-deutschland https://www.handelsblatt.com/unternehmen/innovationweek/jubilaeumsausgabe-das-sind-die-innovationen-die-deutschland-voranbringen-und-die-koepfe-hinter-ihnen/27108978.html https://www.tatsachen-ueber-deutschland.de/de/forschung-und-innovation Infografiken zum Thema „Patentanmeldung": z. B. bei https://de.statista.com
A3a	Nachdem TN die Überschriften zugeordnet haben, formulieren sie in KG ein paar der Sätze aus, indem sie Informationen zu BlisterMix ergänzen.
Ü1a 🔲	TN arbeiten in 2 Gruppen: Gruppe A formuliert in PA je einen Satz mit dem jeweils ausgewählten Verb (Sätze 1–4), Gruppe B zu den Sätzen 5–8. Schreiben Sie je einen Beispielsatz (1–8) an die Tafel. TN übertragen die Sätze ins Heft.
A3b	Achten Sie darauf, dass TN sich hälftig für „klaro" und hälftig für „James" entscheiden bzw. teilen Sie die zwei Gruppen ein (damit für A3c eine Paarbildung möglich wird). TN nutzen die Fragen aus A2a und Ausdrücke aus A3a zur Vorbereitung.
A3c	Nach der Präsentation geben sich die Partner/innen gegenseitig Feedback und Tipps zur Verbesserung der Präsentation. Sie können sich hierfür zunächst im PL auf Kriterien verständigen wie z. B.: *gelungener Einstieg ins Thema, Struktur/Gliederung/Reihenfolge, Übergänge/Verbindung der Sätze, Tempo, flüssiges Sprechen, Blickkontakt/Körpersprache …*
A4c 📹	Bieten Sie TN eine Online-Plattform an, auf der sie ihre Produktinformationen posten und kommentieren und ggf. auch über die besten drei Produkte abstimmen können.
Ü2a+b	Lesen Sie im PL den „Tipp". TN prüfen, wie dieser im Text umgesetzt wird. Lassen Sie TN auch die Auftakt-Texte des Kapitels auf die Umsetzung des Tipps hin prüfen. Der Lesetext und die Zuordnung der fehlenden Sätze können dann gut als HA bearbeitet werden, da TN dafür evtl. unterschiedlich viel Zeit benötigen.

Modul 3 Was kann ich für Sie tun?

A1 *Strategie* 📄	Weisen Sie TN darauf hin, dass das Ausfüllen eines Telefonnotiz-Formulars eine Prüfungsaufgabe ist. Fragen Sie: „Sie hören die Informationen nur einmal. Was ist wichtig zu beachten?" (Bei den Feldern „Weitere Informationen" und „Zu erledigen" zunächst mit Abkürzungen arbeiten.)
A2a	TN können hier auch gut nach Branchen zusammenarbeiten, je nach Vorwissen und Erfahrung. Tragen Sie anschließend möglichst viele verschiedene Möglichkeiten im PL zusammen und notieren Sie sie an der Tafel.
A2b *Mediation*	TN arbeiten in PA. Partner/in A gibt die Punkte 1–2, Partner/in B die Punkte 3–4 wieder. Der Kasten „Sprache im Beruf" kann anschließend im PL besprochen werden, am besten indem anhand verschiedener Beispielsituationen die Bedeutung und der Gebrauch der Ausdrücke verdeutlicht wird.

Ü1a+b ⓑ	TN bearbeiten die Übungen entweder binnendifferenziert in EA oder PA im Unterricht oder in EA als HA. Setzen und kommunizieren Sie bei der anschließenden Korrektur Schwerpunkte wie z. B. Eindeutigkeit in der Formulierung und sprachliche Höflichkeit.
A3a	Die Markierungen und das Ausfüllen sollten TN in EA erledigen. Korrektur dann in PA, bei Unsicherheiten gehen Sie den Regel-Kasten im PL durch (und verweisen ggf. zur Wiederholung auf die Module 3 der Kapitel 2 und 3). Erklären Sie ggf., was mit *Inversion* gemeint ist: Das Subjekt des Satzes steht hinter dem Verb (also nicht auf Position 1).
Ü2 ⓔ	Nach dem Lesen und Ergänzen finden TN Synonyme/Erklärungen zu folgenden Wörtern/Formulierungen im PL: *die Anschaffungskosten, über die Zeit, aufkommen von etwas, etwas übernehmen, in der Verantwortung von jemandem liegen.*
Ü3 ⓑ	TN arbeiten in EA oder PA, je nach Wunsch.
A3b	TN bilden Sätze in EA, anschließend liest und korrigiert der/die Sitznachbar/in. Ein Paar notiert die Sätze an der Tafel. Kontrolle im PL.
A4a	TN lesen die verschiedenen Formulierungen. Machen Sie TN dabei auf die Verwendung des Kommas bei 1. und 2. im Gegensatz zu den Hauptsätzen 3. und 4. aufmerksam – TN sollen die korrekte Verwendung der Satzzeichen bei den folgenden Übungen selbst auch beachten. Wiederholen Sie ggf. kurz den Unterschied zwischen der Infinitiv-Konstruktion *um … zu + [Infinitiv]* (gedachtes Subjekt der Konstruktion ist mit dem Subjekt des Hauptsatzes identisch) und dem klassischen Nebensatz mit *damit* (konjugiertes Verb am Ende, Subjekt muss nicht identisch mit dem des Hauptsatzes sein). Und erwähnen Sie, dass der finale Nebensatz bzw. die *um … zu*-Konstruktion im Satz bekanntlich auch ans Ende wandern kann (z. B. *Man sollte das Gerät nachts ausschalten, um den Stromverbrauch zu senken.*). Fragen Sie anschließend nach, welche der Formulierungen (1–4) TN am ehesten selbst nutzen (also aktiv bilden) würden, indem Sie 1–4 durchgehen (Zustimmung über Handheben). TN kann so bewusst werden, dass Sprachverwendung/-auswahl von verschiedenen Faktoren bestimmt wird wie z. B. Kompetenz oder Vorliebe, Klang …
Ü4 ⓑ	Falls es TN gibt, die sich noch schwertun und mehr Zeit für die Umformulierung brauchen, können Sie auch anbieten, zunächst die Sätze 1–3 (und als HA die Sätze 4–5) zu bearbeiten.
A4b ⓥ ⓑ	TN sollten nach der mündlichen Bearbeitung alle Sätze auch komplett aufschreiben. Lassen Sie TN die Sätze im Unterricht mündlich verbinden und die Verschriftlichung erfolgt als HA. Kontrollieren Sie die Ergebnisse am Folgetag. Machen Sie TN ggf. klar, dass im Gegensatz zur Präposition *zu* in Satz 1 und 5 das Wort *zu* im eben in A4a oder Ü4 noch gebrauchten Konnektor *um … zu [Infinitiv]* keine Präposition darstellt, sondern Teil des Infinitivs ist. Besprechen Sie außerdem den Sonderfall in Satz 3, in dem man aus inhaltlichen Gründen auf die Nominalisierung von „erreichen" verzichten würde: *Für unvergessliche Erlebnisse sollten Sie auf dieses Gerät setzen.* Dasselbe passiert oft bei Sätzen mit *Es gibt …* oder mit *haben* als Vollverb und ähnlichen Fällen, z. B.: – *Es gibt Lieferschwierigkeiten. Wir können den Termin halten.* → *Trotz Lieferschwierigkeiten können wir den Termin halten.* – *Das Gerät hat eine edle Optik. Es ist äußerst strapazierfähig.* → *Trotz der edlen Optik des Geräts ist es äußerst strapazierfähig.*
Ü5	Weisen Sie vor dem Bearbeiten auf den „Tipp" hin.
Ü6 ⓥ	TN schreiben je einen Satz auf einen Zettelstreifen (TN hierfür durchzählen lassen: 1–6) und machen anschließend einen Klassenspaziergang. Bei Begegnungen ergänzt jede/r TN den Satz auf dem Zettel, den er/sie in der Hand hält. Anschließend werden die Zettel getauscht und es geht weiter zum/zur nächsten TN usw.

Weil Sie es wert sind

A5a–c
Strategie

Planen Sie für diese Aufgabe genügend Zeit ein. TN sollten sich gut vorbereiten können. Auch der Austausch und das Informationssammeln zu einem Produkt usw. in A5a in PA ist bereits eine gute kommunikative Übung, für die ausreichend Zeit zur Verfügung stehen sollte.

Sollten Paare nicht über gemeinsame berufliche Tätigkeiten zusammenpassen, können die übrigen TN auch zu zweit Produkte, Verfahren oder Dienstleistungen usw. aus dem privaten bzw. Freizeitbereich wählen (z. B. Haushaltswaren, spezielle Garten- oder Sportgeräte). Es sollte nur möglichst ein Produkt, ein Verfahren oder eine Dienstleistung gewählt werden, das/die den anderen TN weniger bekannt ist.

Für Teilaufgabe A5b können Sie vorgeben, dass TN mindestens 4 Fragen zu den eingetauschten Produkten/Verfahren/Dienstleistungen des anderen Paares notieren sollen.

Für Teilaufgabe A5c sollten TN sich in der neuen Paarkonstellation (die ehemaligen Paare AA + BB bilden nun die Paare AB + AB) zunächst in EA vorbereiten. Ggf. notieren sie sich bei Schwierigkeiten mit der spontanen Sprachverwendung der vorgegebenen Formulierungen zuvor ein, zwei Sätze schriftlich, damit der Einstieg ins Gespräch leichter erfolgen kann. Weisen Sie ruhig darauf hin, dass dies auch in einer vergleichbaren authentischen Situation denkbar ist: Bevor man sich zu einem Produkt erkundigt, formuliert man im Vorfeld nicht selten ein paar Fragen schriftlich oder im Geiste vor – oder als Verkäufer/in, Berater/in … hat man ein paar Sätze für Beratungsgespräche schriftlich parat.

Modul 4 Investieren Sie in uns

A1a

Sie können die Fragestellung auch zunächst an die Tafel schreiben und TN in KG oder im PL sprechen lassen. Bücher dann geschlossen lassen, um Ablenkung und ein Vorgreifen zu verhindern.

Arbeitsweltwissen

Bei der *Unternehmensgründung* spielt neben der Idee und dem Businessplan die *Rechtsform* eine wichtige Rolle. Häufige Rechtsformen sind: Einzelunternehmer/in, Freiberufler/in, Kaufmann/Kauffrau, Gewerbetreibende/r, GmbH (Gesellschaft mit beschränkter Haftung) und GbR (Gesellschaft bürgerlichen Rechts). Je nach Rechtsform muss man das neue Unternehmen bei den relevanten Stellen anmelden, etwa beim Gewerbeamt, der Handwerkskammer, dem Handelsregister, dem Finanzamt, der Handelskammer oder dem Finanzamt des Unternehmensstandorts.

Weitere wichtige Schritte bei der Unternehmensgründung betreffen Zulassungen und Genehmigungen, Versicherungen, Corporate Identity, Webauftritt, Geschäftskonto und Buchhaltung. Zu Finanzierungsmöglichkeiten finden Sie drei Texte in Kapitel 7 (Modul 1).

A1b

Hier sollten vor allem TN, die Erfahrung mit Unternehmensgründung haben, zu Wort kommen und ihre Expertise einbringen.

Interkulturelle Kompetenz

Sie können an dieser Stelle noch einmal explizit nach Unterschieden bei Unternehmensgründungen (und hierfür vorhandenen Informations- und Unterstützungsangeboten) in anderen Ländern fragen und in den Austausch darüber gehen.

A2b

Diese Projektarbeit kann über einen längeren Zeitraum laufen und in eine mündliche Präsentation im PL oder eine schriftliche z. B. in einem Padlet münden. In jedem Fall sollte sich ein Gespräch anschließen über die Relevanz der verschiedenen Veranstaltungen für TN. Fragen Sie dazu konkret nach, ob jemand an Firmengründung interessiert ist, ob eine passende Veranstaltung dabei ist oder auch, ob durch die Recherche für andere interessante Angebote Interesse geweckt wurde oder auf sie aufmerksam gemacht werden konnte.

A2e

TN sehen sich ein Erklärvideo zum Thema „Businessplan" an, z. B.: https://www.ihk.de/hamburg/produktmarken/beratung-service/gruendung/gruender-abc/businessplan-konzept-selbststaendigkeit-1162546 Anschließend Gespräch im PL darüber, wer für künftige Berufspläne evtl. einen solchen Plan schreiben muss, wo man Unterstützung dabei bekommen könnte usw.

Besuchen Sie mit dem Kurs eine Gründermesse oder andere Veranstaltung zur Existenzgründung oder laden Sie eine/n Expertin/Experten zum Thema in den Kurs ein. Wichtig wäre dann eine Vor- und Nachbereitung der Exkursion, z. B. in Form von Recherche, Interviewfragen, Dokumentation des Ausflugs, Zusammenfassung der Veranstaltung.

Ü1b	Achten Sie darauf, dass TN in ganzen Sätzen erklären.
Ü1c	Diese Aufgabe können Sie TN als Wahl-HA freistellen. Lernende, die sich mit der Entzifferung schwertun, können alternativ eine Anschluss-HA machen, die zugleich für alle TN eine gute Übung ist und am Folgetag aufgegeben werden kann: den Text im Ganzen fehlerfrei abschreiben.
Ü2	Lesen Sie (auch wenn Sie Einzelnes daraus vielleicht bereits thematisiert haben) im PL mit den TN die „Info", ggf. auch mehrmals: Ein/e TN liest laut vor, denn die Aussprache mancher der verwendeten Wörter ist nicht ganz einfach).
A3a	Sprechen Sie zunächst über die Darstellungsformen und notieren Sie dazu die folgenden Begriffe an der Tafel, sodass Sie anschließend fragen können: „Welche Grafik zeigt was?" (*A: Säulendiagramm, B: Pyramide, C: Tortendiagramm, D: Liniendiagramm*). Im Brückenband B1/B2 war das Sprechen über verschiedene Grafiken bereits Thema (Kapitel 2, „Kommunikation im Beruf"), siehe dazu auch → KV 2–3 (B1/B2) im UHB zu Band B1/B2 sowie im vorliegenden Band C1 die Redemittel im Anhang auf Seite 325 unten. Wiederholen Sie ggf. auch die Abkürzung USP (→ Hinweis zu A6b in Modul 4 von Kapitel 3).
Arbeitsweltwissen	In *Diagrammen und Grafiken* dargestellte Informationen sind nur vollständig, wenn auch in einer *Quellenangabe* darüber informiert wird, woher die Daten stammen und wann und wie (z. B. mit wie vielen Befragten) die Erhebung durchgeführt wurde (→ beispielsweise in Kapitel 10 auf Seite 158). Typische Quellen sind z. B. eurostat (https://ec.europa.eu/eurostat/de/data), Behörden oder Marktforschungsunternehmen.
vor A3b	Sammeln Sie im PL Redemittel zur Beschreibung von Grafiken an der Tafel. Ergänzend zu den in A3b genannten könnten dies z. B. auch die im Band B2 bereits erwähnten sein: *Im Schaubild geht es um … / Das Thema der Grafik / des Schaubilds ist …, Die Statistik liefert Informationen über …,* *Die Daten stammen von … aus dem Jahr …,* *Die Werte sind angegeben in …,* *Die Zahlen/Informationen geben Auskunft über … / Aus dem Schaubild geht hervor, dass …,* *… ist gestiegen/gesunken von … auf … / … hat um … zugenommen/abgenommen / … hat sich vergrößert/verkleinert um …*
A3b	TN sollten etwas Zeit zur Vorbereitung der Präsentation bekommen. Ggf. möchten TN sich ein paar Notizen vorab machen. Über Grafiken zu sprechen, ist herausfordernd. Auch wenn die Inhalte der hier abgebildeten Grafiken nicht sehr komplex sind, könnte die Lesart der jeweiligen Darstellung für manche TN ungewohnt sein. Unterstützen Sie ungeübte TN beim Einsatz der Redemittel (z. B. *kristallisiert sich als … heraus*).
Ü3	Gut als Nachbereitung zu A3 als HA geeignet.
A4a *Strategie*	Wiederholen Sie das Stellen von W-Fragen als Strategie, mit der TN sich die Hauptaussagen längerer bzw. komplexerer Texte erschließen können (entsprechend der Aufgabenstellung: *Wer, was, wie, warum?*). Erinnern Sie daran, dass sich diese Strategie auch für Hörtexte eignet und immer als ein erster brauchbarer Schritt zur Erschließung eingesetzt werden kann.
A4b E *Mediation*	Die Fragen können in PA zunächst mündlich beantwortet werden. Eine Ergänzung wäre die Zusammenfassung und Verschriftlichung als HA. Hierfür können Sie den Zweck vorgeben, innerhalb eines Unternehmens einen kurzen Blog-Artikel zu verfassen, der über die Gestaltung einer Unternehmens-/Produktpräsentation mit Pitch-Ziel informiert.
A5a	Bei einem Gespräch über Erfolgs- bzw. Marktchancen sollten auch kritische Punkte angesprochen werden wie z. B. bei A: *Stichwort Nachhaltigkeit, aber reiner Online-Versandhandel*, oder bei B: *Stichwort Nachhaltigkeit, aber Fernreisen per se als Umweltbelastung* usw.
Ü4	Dies ist eine Übung zur Nominalisierung, die auch gut als HA geeignet ist.

Weil Sie es wert sind

Ü5 Als Vorbereitung für A5b: Die Folie wird hier handschriftlich angefertigt, für A5b kann/sollte sie dann digital umgesetzt werden. Weisen Sie auf den „Tipp" hin; Sie können erwähnen, dass auch Muttersprachler dies oft so handhaben, da nicht jede/r gleich firm in Rechtschreibung ist.

A5b–c
Schlüsselkompetenzen TN sollten Paare so bilden, dass gegenseitige Unterstützung beim Umgang mit Präsentationsprogrammen möglich wird. Gut wäre auch, wenn die Folien für alle sichtbar abgelegt werden könnten, z. B. in einem Padlet. Dort könnten zu den einzelnen Folien auch Feedback und Tipps gegeben werden.

A6a
ℙ TN bereiten jede/r einen Pitch vor, können sich aber zunächst in PA zusammentun und Ideen sammeln und sich gegenseitig unterstützen. TN können auch die Idee des Unternehmens, bei dem sie tätig waren oder sind, vorstellen, oder auf das Produkt aus A4 in Modul 2 zurückgreifen.

A6b Nehmen Sie als LK beim Speeddating die Zeit und stellen Sie einen Timer für jeweils 1 Minute. Im Anschluss an die Speeddatingrunden sollten Sie im PL über die Erfahrung in den Austausch gehen: „Wie war das Präsentieren?", „Hat die Wiederholung mehr Sicherheit gebracht?", „Was ist schwierig?", „Was hat gut geklappt?"
Sie können dann die „Strategie" im PL lesen und ganz konkret umsetzen lassen, indem TN sich überlegen, wem sie wann diesen (oder den im folgenden Kasten zur Erweiterung vorgestellten) Pitch einer anderen Person (erneut) vorstellen, z. B. *dem/der Partner/in zu Hause, einem Freund / einer Freundin … am selben Abend, beim nächsten Treffen …* Sie können auch einen Zeitpunkt im PL vereinbaren, zu dem Sie erneut in den Austausch gehen und über das Feedback der anderen (außenstehenden) Personen berichten.

𝔼 TN bereiten einen kurzen Pitch zur eigenen Person vor, z. B. um sich in einem Unternehmen, bei einem Vorstellungsgespräch, auf einer Messe … vorzustellen – siehe dazu auch Aufgabe 3 in der KV 5–3. Anschließend Speeddating wie in A6b.

𝕍
→ KV 5–3
(Portfolio) Die Pitches in dieser Aufgabe sollen kürzer sein als vorher und ohne Folien auskommen. Fragen Sie TN, ob sie wissen, was mit einem *Elevator Pitch* gemeint ist. Teilen Sie dann die KV (mit der Erklärung) aus. TN bearbeiten Aufgabe 1 zu zweit, vergleichen Sie dann im PL. Für Aufgabe 2 brauchen TN (jetzt in EA) wieder Geschäftsideen. Es geht hier weniger um die Originalität der Idee als um die Form. Schlagen Sie ggf. etwas vor oder verteilen Sie Zettel mit Geschäftsideen (z. B. *ein Café mit Spezialitäten aus einer bestimmten Kultur, ein Leih-Service für Werkzeug, eine Schule für Sprachen, Sport, Kunst …*); es können auch mehrere TN die gleichen Ideen verwenden. TN präsentieren sich wie in A6b beschrieben Ihre Pitches. Dabei achten sie bei der Präsentation des Gegenübers auf die Schritte AIDA. Geben Sie nach jeder Präsentation eine Minute Zeit, um ein kurzes Feedback zu geben.

A6c
𝕍 TN machen eine Umfrage mit Auswertung an der Tafel (mit Strichen), auf einem Plakat (mit Klebepunkten) oder in digitaler Form (mit Tools wie www.mentimeter.com, www.surveymonkey.de, …)

Aussprache

1c TN besprechen im PL, was sie vor dem ersten Vokal gehört haben. Wenn es schwierig für die TN ist, lesen Sie die Wörter noch einmal im Flüsterton vor und übertreiben Sie den Knacklaut.

1d Im PL wird die Regel leise gelesen. Lassen Sie TN dann hören, flüsternd nachsprechen und dann laut nachsprechen. Achten Sie hier darauf, dass Sie den Knacklaut hören.

2b Notieren Sie die Wörter aus Ü2a an der Tafel. Während TN beim nochmaligen Hören Wortakzent und Silbengrenzen im Buch markieren, macht ein/e TN dies an der Tafel. Vergleich im PL. Lassen Sie Wörter, bei denen TN uneinig sind, noch einmal hören. Anschließend sprechen TN die Wörter laut in PA. Gehen Sie herum und korrigieren Sie.

2c TN markieren in EA die Wortakzente und Silbengrenzen zur besseren Übersicht, wobei sie die Wörter flüstern. Dann üben sie in PA. Gehen Sie herum und lassen Sie sich die Wörter vorsprechen, erst leise, dann laut.

Kommunikation im Beruf

A1a TN sollten Vor- und Nachteile von Small Talk benennen, z. B.

Vorteile	Nachteile
freundlicher, unverbindlicher, unverfänglicher Umgang sorgt für gutes Klima, leichter Gesprächseinstieg, Annäherung ans Gegenüber durch mögliche Gemeinsamkeiten und Einfühlung in die Situation der/des anderen, bietet leichteren Ausstieg aus einem Gespräch, Oberflächlichkeit verhindert, dass man Persönliches preisgeben muss, wenn man das nicht möchte, Überbrückung von Wartezeiten/Pausen, …;	Kommunikation kann gezwungen wirken, oberflächliche Kommunikation, Phrasendreschen ohne Substanz, „heiße Luft" und „nichts dahinter" raubt evtl. kostbare Zeit bei einem Termin, Fettnäpfchen-Gefahr, langweilige Kommunikation, Möglichkeit für geübte Plauderer, sich gegenüber qualifizierteren Kollegen und Kolleginnen in den Vordergrund zu spielen …

A1c Sollten TN von keiner beruflichen Situation berichten können, können auch andere Situationen genommen werden, z. B. *im Fahrstuhl, auf dem Flur, im Wartezimmer, vor Beginn des Elternabends, auf dem Bahnsteig, …*

A1d
Interkulturelle Kompetenz
Hier können kontroverse Einschätzungen erfolgen. Auch in Deutschland gibt es hierzu natürlich unterschiedliche Auffassungen. Sprechen Sie über die genannten Themen und fragen Sie nach, welche in anderen Ländern und Regionen (un-)angebracht sind oder ob andere Themen als die genannten geläufig sind.

A2a
V
TN arbeiten in KG und sprechen die Situationen A–D durch. Jede KG schreibt auf Moderationskarten zwei Beispielsätze für Gesprächsanfänge und pinnt diese an die Tafel (geclustert nach A–D). Dies dient der Vorbereitung und Hilfestellung für A2b.

A2b Sehen Sie sich zunächst gemeinsam im PL den „Tipp" an. Sprechen Sie (falls nicht von TN selbst genannt) an, dass Small Talk auch eine gute Übung fürs Deutschsprechen sein kann.
Sie können für die Gespräche einen Timer nutzen, sodass tatsächlich nicht länger als zwei Minuten gesprochen werden „muss".

E Eine (Wahl-)HA könnte sein, eine Gelegenheit zum Small Talk zu ergreifen und am Folgetag im Kurs zu berichten, wer wie den Small Talk begonnen hat und wie es damit geklappt hat.

Grammatik-Rückschau

TN bereiten sich auf einen Small Talk vor, der mit einem Satz eingeleitet werden soll, der einen der Konnektoren für Konsekutiv- und Konzessivsätze der Grammatik-Rückschau-Seite beinhaltet. Anschließend machen sie einen Kursspaziergang mit Small Talk von jeweils einer Minute (Timer nutzen). Bei Begegnung zweier TN leitet zunächst TN A mit seinem/ihrem Satz den ersten Minuten-Small-Talk ein, danach folgt ein Minuten-Small-Talk, den TN B mit seinem/ihrem Satz beginnt. TN sollten mit mindestens 3 TN sprechen. Sie können zuvor auch 2–3 Beispielsätze an der Tafel notieren, z. B.:
Eigentlich ist das Wetter zu schön, als dass man im Büro sitzen sollte.
Heute ist ja schon fast Wochenende, trotzdem ist immer noch so einiges zu tun.
Das Mittagessen ist zwar noch nicht lange her, aber ich brauche noch einen Snack.

Alles nach Paragraf

Themen Im sechsten Kapitel geht es um verschiedene Bereiche, in denen rechtliche Regelungen am Arbeitsplatz eine Rolle spielen.

Auftakt Beim Sprechen über rechtliche Regelungen zur Probezeit, Nutzung persönlicher Daten, Elternzeit, Steuererklärung und Gleichbehandlung finden TN ins Kapitelthema.

Modul 1 In diesem Modul geht es um rechtliche Regelungen, die verschiedene Formen von Diskriminierung betreffen, sowie um das Anwenden inklusiver Sprache.

Modul 2 Hier geht es um das Verständnis üblicher Regelungen in einem Arbeitsvertrag, wie man sie wiedergibt und Fragen dazu stellt. Dabei werden auch der befristete Arbeitsvertrag sowie Tarifverträge thematisiert.

Modul 3 Anhand von Texten zu den Themen „Rentenansprüche", „betriebliche Altersversorgung", „Steuerbescheid" und „Terminvergabe im Jobcenter" befassen TN sich mit der Sprache amtlicher Schreiben und Regelungen.

Modul 4 TN beschäftigen sich mit konkreten Fragen aus einem Forum zum Umgang mit verschiedenen arbeitsrechtlichen Themen im Bereich Datenschutz. Anschließend wird speziell auf den Umgang mit Fotos von Personen eingegangen.

KiB TN trainieren dem Umgang mit Situationen, in denen (wegen Dialekt, Fachsprache oder eines Missverständnisses) ein Verständnisproblem gelöst werden muss.

Lernziele

> **Auftakt** | über rechtliche Regelungen sprechen
> **Modul 1** | ein Interview zum Thema „Diskriminierung am Arbeitsplatz" verstehen
> **Modul 2** | einen Arbeitsvertrag verstehen und darin enthaltene Regelungen wiedergeben
> **Modul 3** | amtliche Schreiben und rechtliche Regelungen verstehen
> **Modul 4** | sich an einem Forum zum Thema „Arbeitsrecht" beteiligen
> **Modul 4** | über Datenschutz und Persönlichkeitsrechte diskutieren
> **KiB** | Verständnisprobleme lösen
> **Aussprache** | gendergerechte Sprache (im ÜB)
>
> **Grammatik**
> **Modul 1** | Infinitivsätze in Gegenwart und Vergangenheit
> **Modul 3** | Nominalisierung und Verbalisierung von Kausal- und Modalsätzen

Auftakt

A1a Lassen Sie TN die Fotos im PL beschreiben und anschließend in PA den Texten zuordnen.

A1b+c
Strategie Mediation
Die Sammlung von ergänzenden Wörtern, Wendungen und Begriffen kann gut in einem Begriffsnetz erfolgen. Hierfür strukturieren TN z. B. auf einem Plakat die Begriffe aus dem Text und zusätzlich gesammelte Begriffe in einem losen „Netz", indem sie sie über Linien miteinander verbinden und bei Bedarf auch zusätzlich kommentieren. TN können ggf. auch mit Wörterbüchern arbeiten/ergänzen. Anschließend präsentierten und erklären die KG ihr jeweiliges Begriffsnetz für die anderen TN. Machen Sie danach auch bewusst, dass sich diese Strategie ebenfalls als Hilfestellung für (die Vorbereitung von) Präsentationen eignet.

A2
Interkulturelle Kompetenz
Die Fragestellung lässt sich erweitern mit der Frage: „Was wissen Sie über diese Themen?" Die Aufgabenstellung fordert zum Vergleich mit anderen Ländern in KG auf. Dieser kann anschließend an die Gespräche in KG ggf. auch stichwortartig an der Tafel in einer Tabelle festgehalten werden und zu einer weiterführenden Diskussion im PL führen.

Ü1 Die Übung kann im PL in einer Tabelle an der Tafel bearbeitet werden: 3 TN positionieren sich an der Tafel und schreiben auf Zuruf die Begriffe in die jeweilige Spalte, für die sie zuständig sind. Achten Sie darauf, dass TN die Begriffe ggf. erklären und die Zuordnung diskutiert wird, bevor sie (korrekt geschrieben) in die passende Spalte eingetragen werden.

Ü2 V	TN arbeiten in PA: TN A bearbeitet 1–6, TN B bearbeitet 7–12. Dann tauschen, korrigieren und übernehmen sie die Lösungen der/des anderen TN. Abschließende Korrektur im PL.
Ü3 E	Lassen Sie TN nicht passende Verben zunächst in EA durchstreichen. Der Abgleich findet im PL statt. Als HA können Sie TN Sätze schreiben lassen, zu jedem Punkt (1–6) einen Satz mit einem passenden und einen Satz zu dem jeweils nicht passenden Verb. Beispiel für 1.: *Beim Datenschutz muss man die entsprechenden Richtlinien einhalten. / Es gibt Richtlinien, die nur innerhalb eines bestimmten Unternehmens gelten.*
Ü4a+b	Nach dem Bearbeiten von Ü4a sollte sich ein Gespräch im PL anschließen, um das Verständnis des Textinhalts zu sichern und zu diskutieren. Auf diese Weise wird mündlich Material gesammelt für Ü4b, wo TN einen Forumsbeitrag verfassen. Weisen Sie zur Sicherheit darauf hin, dass der Beitrag im „Forum einfache Sprache.de" verortet sein soll, was das Thema etwas eingrenzt bzw. einen Fokus vorgibt. Sie können zunächst im PL Beispiele sammeln, falls TN zum Begriff *Behördendeutsch* nicht viel einfällt: *Schreiben der Schule, Meldeformulare, Kursanmeldung* usw.
Arbeitswelt-wissen	Zu den Themen „Leichte Sprache" und „Einfache Sprache" sowie zu „Amts-/Behördendeutsch" finden Sie Hinweise zum Arbeitsweltwissen im → UHB B2 auf Seite 59/60.

Modul 1   Diskriminierung am Arbeitsplatz

Ü1a+b	TN arbeiten in PA. Lassen Sie ggf. anschließend zwei Paare zusammen noch weiter sprechen, damit diverse Erfahrungen, Haltungen und Meinungen ausgetauscht werden.
A1a+b	Schließen Sie nach Ü1 nun A1a für die weiterführende Diskussion im PL an.
A2	Spielen Sie die einzelnen Teile der Radiosendung ggf. mehrfach ab. Je nachdem, wie sich die Diskussion in A2c entwickelt, leiten Sie an passender Stelle über zu Ü2.
Arbeitswelt-wissen	Die *Antidiskriminierungsstelle des Bundes* hat die Aufgabe, Menschen zu unterstützen, die von Diskriminierung betroffen sind. Sie bietet Beratungen an, informiert über Rechte und Ansprüche und vermittelt an weitere Beratungsstellen. Die Stelle veröffentlicht zudem Studienergebnisse, Flyer und Videos, um das Bewusstsein für Rassismus und Diskriminierung in der Bevölkerung zu erhöhen. Die Kontaktaufnahme ist telefonisch oder über ein Kontaktformular möglich, Infos unter https://www.antidiskriminierungsstelle.de. Die rechtliche Grundlage stellt das im Jahr 2006 in Kraft getretene *Allgemeine Gleichbehandlungsgesetz (AGG, oft auch „Antidiskriminierungsgesetz" genannt)* dar. Es soll Menschen in Deutschland im Bereich des Arbeitslebens und in Teilen des Zivilrechts vor Diskriminierung aus rassistischen Gründen, aufgrund der ethnischen Herkunft, des Geschlechts, der Religion oder Weltanschauung, einer Behinderung, des Alters oder der sexuellen Identität schützen. Die aktuelle Version des AGG ist auf der Website der Antidiskriminierungsstelle (siehe oben) als PDF downloadbar. Zum AGG siehe ergänzend auch die Hinweise zu „Diversität" im Arbeitsweltwissen zu Übung 3b im Auftakt zu Kapitel 5.
Ü2a+b B *Mediation*	Die Grafiken könnten für TN herausfordernd sein, sowohl Lesart als auch Inhalt betreffend. Bearbeiten Sie die Übung deshalb im PL und ordnen Sie erst gemeinsam die Beschreibungstexte zu. Ü2b können TN dann in EA oder PA lösen. Starke TN, die dies gern trainieren möchten, können im Anschluss (oder als HA, mit Präsentation am Folgetag) Informationen und Zusammenhänge, die sich den Grafiken entnehmen lassen, in eigenen Sätzen formulieren. Je nach Kapazität können Sie als LK auch anbieten, dass TN, die sich für diese anspruchsvolle Zusatzaufgabe entscheiden, ihre Sätze einreichen und Sie diese individuell korrigieren/besprechen.

Alles nach Paragraf

Hinweis: Das Sprechen über Grafiken war bereits im → Brückenband B1/B2 in Kapitel 2 auf der „Kommunikation im Beruf"-Seite Thema; siehe auch → KV 2–3 (B1/B2) im UHB zu Band B1/B2. Auch im Band C1 wird das Thema in Kapitel 5 in Modul 4 in Aufgabe A3a+b behandelt. Im Anhang des UHB finden Sie auf S. 325 Redemittel („Daten präsentieren", „sich auf Quellen beziehen"), die TN beim Sprechen über die Grafiken nutzen können.

A3 Lassen Sie TN zunächst Zeit, den Kasten „Sprache im Beruf" zu lesen und sich in PA zu erklären, was mit *inklusiver Sprache* gemeint ist. Sichern Sie im PL das Verständnis und gehen Sie dann in die Kursdiskussion über die Aussage „Wie achtsam sollte Sprache sein?"

B Wiederholen Sie vor der Diskussion ggf. wichtigen Wortschatz und Redemittel (z. B. aus → Band B2 die Redemittel auf Seite 320 ff. zu „die eigene Meinung ausdrücken", „Argumente austauschen", „Gefallen/Missfallen ausdrücken", „Aussage anderer erläutern", „sich an Besprechungen beteiligen" sowie „Lösungswege diskutieren"). Die in Band C1 in Kapitel 9 behandelten Redemittel („auf Argumente anderer eingehen und abwägen") finden TN hier im UHB im Anhang auf Seite 321.

→ KV 6–1 (Portfolio) Für das Sammeln von Argumenten bzw. von Reaktionen auf mögliche andere Standpunkte können TN hier (und auch wenn andere Diskussionen anstehen) KV 6–1 nutzen. Sie können TN dabei darauf hinweisen, dass ein derartiges strukturiertes Sammeln und Ordnen von Argumenten generell eine nützliche Strategie bei der Vorbereitung auf (Konflikt-)Gespräche sein kann, ebenso wie das Eingehen auf andere Standpunkte.
Strategie
TN sammeln, formulieren und ordnen in Aufgabe 1 in EA ihre Argumente. Für Aufgabe 2 arbeiten TN in KG. Alle TN der KG tragen die eigenen Argumente vor, anschließend hat jede/r TN Zeit, auf (evtl. ausgewählte) Argumente der anderen eine Reaktion zu formulieren. Nach dieser Vorbereitungsphase wird die Kursdiskussion geführt.

V
→ KV 6–2 Sie können dem Kurs statt der offenen Einstiegsfrage in die Kursdiskussion auch eine eindeutig polarisierende These vorgeben, wie z. B. „Inklusive Sprache ist in allen Firmen ein Muss!", und dann eine klassische Pro-Kontra-Debatte mit Moderation führen lassen. Sie können mithilfe der KV 6–2 mit TN den exemplarischen Ablauf einer solchen Pro-Kontra-Debatte oder -Diskussion erarbeiten (und solche moderierten Diskussionen im Unterricht auch sonst immer wieder einmal durchführen). Für die anschließende Kursdiskussion nach diesem Muster teilen Sie den Kurs in die Gruppen A und B (die jeweils die Pro- bzw. die Kontra-Seite vorbereiten und vertreten) sowie eine „Publikumsgruppe" ein, zudem wird ein/e Moderator/in für die Diskussionsleitung benannt. Ausführlichere Informationen finden sich z. B. unter https://www.bpb.de/lernen/methoden/46892/5-pro-contra-debatte/

Ü3 Gut als HA zur Nachbereitung geeignet.

A4a Da es sich bei der Ergänzung des Grammatikkastens um das Nachbilden von Beispielsätzen handelt, können Sie TN anbieten, die Sätze in EA (oder bei nötiger Unterstützung in PA) zu formulieren. Die Korrektur findet am besten über das Präsentieren der Lösung an der Tafel statt. TN lesen dann im PL den Satz am Ende des Grammatikkastens. Stellen Sie sicher, dass TN ihn verstehen, indem Sie selbst einen Satz vorgeben, bei dem die Umformung in einen Infinitivsatz <u>nicht</u> möglich ist (Beispiel: *Die Juristin erklärt, dass viele Unternehmen sich um Aufmerksamkeit für das Thema bemühen.* Subjekt 1: *die Juristin*, Subjekt 2: *viele Unternehmen*), oder indem Sie TN bitten, entsprechende Beispielsätze zu nennen.

Ü4a TN formen die Sätze in EA um. Lassen Sie anschließend die Sätze im PL laut vorlesen und korrigieren Sie, wenn nötig. Sie können bei Bedarf Sätze an die Tafel schreiben und noch einmal mit farblicher Hervorhebung die Positionen der Satzglieder verdeutlichen.

V Sie können auch die Sätze 1+2 im PL bilden bzw. besprechen, Sätze 3+4 bilden TN in EA und Sätze 5+6 dann als HA.

Ü4b TN können sich zur Unterstützung ergänzend zum „Tipp" noch einmal den Grammatik-Kasten im KB
B ansehen (A4a). Sollten sie die Übung dennoch schwer finden, bieten Sie ihnen an, die Sätze in PA (oder aber gemeinsam im PL) zu bilden.

Ü4c	Gut als HA geeignet.
A4b 🅑	Bilden Sie zunächst auf jeden Fall Beispiele an der Tafel, damit TN genau wissen, was hier von ihnen gefordert ist. Ggf. können TN auch in Teams arbeiten und gemeinsam Sätze bilden und umformen, wenn diese Aufgabe in EA noch zu anspruchsvoll ist.
🅔	Bereiten Sie eine Liste mit einer Reihe von Infinitivsätzen in Gegenwart und Vergangenheit vor, die zum Teil bezüglich der behandelten Grammatik Fehler enthalten (und daneben auch ein Blatt mit der korrekten Version der fehlerhaften Sätze). TN machen sich in PA auf Fehlersuche. Sie können eine bestimmte Zeit vorgeben, in der die Paare die Sätze lesen und besprechen, ob sie korrekt sind. Wenn ein Satz von beiden TN als fehlerhaft erkannt wurde, wird er korrigiert und richtig auf ein Extrablatt geschrieben. Anschließend findet über Ansicht der Lösung an der Tafel ein Abgleich statt: Pro erkanntem Fehlersatz gibt es 1 Punkt, pro richtig korrigiertem Satz gibt es 1 weiteren Punkt. Am Ende addieren TN ihre Punkte und applaudieren anschließend dem Siegerpaar.
Ü5	Im Unterricht oder als HA zu lösen. TN sollten in jedem Fall in EA arbeiten und versuchen, die Lösung ohne Zuhilfenahme eines Wörterbuchs zu finden. Bitten Sie TN, erst bei der Auflösung der Antworten 1–4 Fragen zum Wortschatz und Inhalt des Textes zu stellen. Sollten keine Fragen kommen, stellen Sie TN folgende Fragen: – *Kennen Sie Beispiele für öffentliche Arbeitgeber? (Bund, Länder, Gemeinden, Stiftungen)* – *Was bedeutet „Privatwirtschaft"? (keine staatlichen oder öffentlichen Unternehmen)* – *Was meint der Ausdruck „einer Sache nicht nachkommen"? (etwas nicht erfüllen, etwas nicht tun)* – *Was meint der Ausdruck „Erlass" im Text? (man muss etwas nicht tun/zahlen)*
A5 🅟	Erklären Sie TN, dass diese Aufgabe für die Prüfungsvorbereitung relevant ist. Beachten Sie auch Aufgabe 10 in Training A, wo das Schreiben der Stellungnahme geübt wird. Für die schriftliche Stellungnahme kann es als Vorübung sinnvoll sein, in KG oder im PL Pro-und Kontra-Argumente (und Beispiele) zu sammeln. Dies kann auch in zwei Gruppen zu je einem der beiden Themen (A oder B) geschehen. Kontrollieren Sie in jedem Fall, ob beide Themen inhaltlich richtig verstanden wurden. Verdeutlichen Sie ggf. nochmals die Bedeutung von *der Standpunkt* und *den eigenen Standpunkt darlegen* sowie *das Fazit* und *ein Fazit ziehen*.

Modul 2 Das regelt der Arbeitsvertrag

A1a 🅥	Für größere Gruppen: Die Bücher sind geschlossen. Schreiben Sie die Frage „Was kann man im Arbeitsvertrag regeln?" an die Tafel. Alle TN stehen auf. TN, denen etwas einfällt, melden sich und tragen etwas bei. Die Inhalte von Arbeitsverträgen werden an der Tafel gesammelt. Wer etwas beigesteuert hat, darf sich setzen. Wenn einem/einer TN nichts (mehr) einfällt, kann dieser eine/n schon sitzende/n TN als „Joker" nutzen. Dazu muss er/sie die schon sitzenden TN um Hilfe bitten. Wenn ein/e sitzende TN einen weiteren Einfall hat, kann diese/r nun die Hand heben. Der/die TN, dem/der nichts eingefallen ist, muss sich die Antwort „abholen": zum/zur sitzenden TN gehen, sich den Begriff zuflüstern lassen, zurück zum eigenen Platz gehen und die Antwort dann im PL laut aussprechen. Die Aufgabe ist erst zu Ende, wenn alle TN sitzen.
A2a	Gehen Sie den Schüttelkasten im PL durch und lassen Sie TN mündlich die richtigen Artikel zu den Begriffen ergänzen (TN können diese ggf. ins KB schreiben). Achten Sie darauf, dass TN die Pluralformen erkennen (*Ausschlussfristen, Nebenabreden, Nebentätigkeiten*). Weisen Sie TN darauf hin, dass nicht alle Überschriften aus dem Schüttelkasten passen, aber alle Themen bezeichnen, die üblicherweise in Arbeitsverträgen geregelt werden.
Arbeitswelt-wissen	Arbeitnehmenden, die durch (unverschuldete) Krankheit arbeitsunfähig sind, muss in der Regel das Arbeitsentgelt nach dem *Entgeltfortzahlungsgesetz* (EntgFG) vom Arbeitgebenden bis zur Dauer von sechs Wochen weiterbezahlt werden. Dauert die Krankheit noch länger an, erhält der/die Erkrankte bis längstens zur 39. Woche eine Kombination von Krankengeld (von der Krankenkasse) und Krankengeldzuschuss (vom Arbeitgebenden) in Höhe des Nettogehalts.

Alles nach Paragraf

A2b Nach der Wortschatzarbeit in KG sollten die folgende Begriffe allen TN klar sein. Lassen Sie einzelne Begriffe stichprobenartig von TN erklären:

> § 4: das Entgelt, die Bestimmung, die Verhinderung, unverzüglich, die Arbeitsunfähigkeit, die Nachweispflicht
>
> § 8: das Geschäftsgeheimnis, vertraulich, das Stillschweigen, die Genehmigung, zugänglich, die Anweisung, die Maßnahme, die Geheimhaltung, die Weisung, der Zweifelsfall, die Tatsache, die Zuwiderhandlung, die Verpflichtung, die Vertragsstrafe, die Vergütung, die Geltendmachung
>
> § 12: die Nebenbeschäftigung, die Zustimmung, die Einwilligung, die Berücksichtigung
>
> § 15: der Anspruch, die Gewährung, die Jahreshälfte, die Kürzung, der Mindesturlaub, die Beendigung, das Ausscheiden, die Kündigungsfrist, die Bestimmung
>
> § 19: die Nebenabrede, die Textform, die Klausel, die Vertragsänderung, die Individualabrede, formlos, unwirksam, unverzüglich

→ KV 6-3 Anschließend können Sie mit TN Wortschatz-Bingo spielen: TN übertragen Wörter von der Tafel in einer von ihnen gewählten Reihenfolge in eine Vorlage. Lesen Sie Wörter in beliebiger Reihenfolge vor. Sobald ein/e TN eine Reihe komplett hat (vorgelesene Wörter werden durchgestrichen), ruft er/sie „Bingo!" und hat die Runde gewonnen.

Ü1
Mediation

Als HA zur Wiederholung der Begrifflichkeiten geeignet.

Bitten Sie nach dem Lesen der „Info" im PL eine/n freiwillige/n TN, den Inhalt in eigenen Worten und – Buch schließen! – aus dem Gedächtnis wiederzugeben. Dies stellt zugleich eine Vorübung dar für die Mediationsaufgabe A2c (vgl. auch Strategiekasten bei A2c).

A2c
Strategie

Fragen Sie TN: „Wann nutzen Sie diese Strategie?" Sammeln Sie im PL Beispielsituationen.

Ü2a Jede/r TN sucht sich (ggf. als HA) aus 1–8 drei Ausdrücke aus und formuliert dazu ganze Sätze.

Ü2b
Registertraining

Lassen Sie anschließend an die PA einige Beispiele im PL nennen und prüfen Sie sie auf Richtigkeit. Erwähnen Sie, dass die „gewählte"/gehobene Ausdrucksweise nicht automatisch unangemessen/falsch ist, sondern durchaus (z. B. ironisch) eingesetzt werden kann.

Ü3 Zwei TN arbeiten gemeinsam an der Tafel, die anderen TN in ihrem Heft. Danach Abgleich und ggf. Korrektur im PL.

A3 Verzichten Sie an dieser Stelle auf das evtl. bekannte „Galgenmännchen" und zeichnen Sie stattdessen eine Blume oder nutzen Sie, wie im KB rechts vorgegeben, die Tabellenform.

A4 Schicken Sie voraus, dass „vertragliche Regelungen" natürlich individuell unterschiedlich ausgehandelt werden (können) und es hier eher um branchenübliche Konditionen geht. TN können z. B. Tarifverträge (siehe Ü4) zu bestimmten Berufen recherchieren, aber auch auf z. B. zwischen verschiedenen Bundesländern abweichende Vergütungstabellen stoßen.

Ü4d Diese anspruchsvolle Aufgabe können Sie vorentlasten, indem TN zunächst in KG über das Thema „Gewerkschaft" oder generell Interessenvertretung von Arbeitnehmenden in den Austausch gehen. Auch kann ggf. zusätzlich recherchiert werden. Im PL sollten wichtige Punkte aufgenommen und besprochen werden, z. B. dass die Arbeit von Gewerkschaften im Gegensatz zu Deutschland in manchen Ländern wenig anerkannt oder sogar verboten ist.

Arbeitswelt-wissen

Eine *Gewerkschaft* vertritt die Interessen der ihr als Mitglieder beigetretenen Arbeitnehmer und Arbeitnehmerinnen gegenüber Arbeitgebenden und der Politik, um die sozialen und wirtschaftlichen Lebensbedingungen der Arbeitnehmer/innen vorwiegend in den Bereichen Lohn, Arbeitszeit und Arbeitsbedingungen zu verbessern. Mitglieder können sich von ihrer Gewerkschaft beraten lassen und finden z. B. bei Rechtsfragen Hilfe. In Deutschland haben sich viele Gewerkschaften zum *Deutschen Gewerkschaftsbund (DGB)* zusammengeschlossen, der über 6 Millionen Mitglieder hat. Den Gewerkschaften stehen die *Arbeitgeberverbände* gegenüber, die ebenfalls die sozialpolitischen und arbeitsrechtlichen Interessen ihrer Mitgliedsunternehmen vertreten.

Zur Durchsetzung ihrer Forderungen kann eine Gewerkschaft zum Streik aufrufen. Ein *Grundrecht auf Streik* ist für die meisten Berufsgruppen im Deutschen Grundgesetz (Artikel 9, Absatz 3) verankert, sofern die Arbeitsniederlegung der „Wahrung und Förderung der Arbeits- und Wirtschaftsbedingungen" dient. Vom Streikrecht ausgenommen sind verbeamtete Personen, Richter/innen und Soldat/innen.

Arbeitgeberverbände und Gewerkschaften handeln rechtlich bindende *Tarifverträge* über die Arbeitsverhältnisse der Arbeitnehmenden verschiedener Berufszweige und Branchen untereinander aus. Das kann auf Bundes- oder Landesebene sein und bis hin zu Einigungen mit einzelnen Arbeitgebern in Form von speziellen Betriebs- bzw. Haustarifverträgen reichen. Bei den Tarifverträgen werden Lohn-/Gehalts- bzw. Entgelttarifverträge und Manteltarifverträge unterschieden. Erstere legen die Höhe des Arbeitsentgeltes für einzelne Tarifgruppen fest. Der Arbeitgeber darf diese nicht unterschreiten. Der Manteltarifvertrag regelt einzuhaltende Arbeitsbedingungen wie z. B. die Wochenarbeitszeit, Urlaubsansprüche, Freistellungen, Fortbildungsmaßnahmen, Kündigungsfristen und Abfindungsregelungen.

Modul 3   Das sollten Sie wissen

A1a Hier lässt sich gut demonstrieren, dass Begriffe in der Behördensprache mitunter anders semantisiert sind als in der Allgemeinsprache: Der Plural *die Aufwände* kommt nur im Verwaltungs-/Budgetierungskontext vor und meint *Kosten*, während *der Aufwand* in anderen Zusammenhängen allgemein für *Mühe/Arbeit* steht (*Das war mir zu viel Aufwand.*) und dann nur im Singular verwendet wird.

A1b Schreiben Sie die ausformulierten Fragen an die Tafel.

Arbeitswelt-wissen

Das *Rentensystem* in Deutschland ist ein umlagefinanziertes System, bei dem alle Berufstätigen und Arbeitgebenden Beiträge in die Rentenversicherung einzahlen, um die Renten der aktuellen Rentner/innen zu finanzieren. In Deutschland besteht im Gegensatz zu vielen anderen Ländern eine gesetzliche *Rentenversicherungspflicht*, das heißt, jede/r ist prinzipiell verpflichtet, Rentenversicherungsabgaben zu leisten und somit für die eigene Altersversorgung „anzusparen". Für Selbstständige, Personen in Ausbildung und Kindererziehende gelten besondere Regelungen. Da es aufgrund der Bevölkerungsstruktur inzwischen mehr Personen im Ruhestand als jüngere Beschäftigte gibt, muss das Rentensystem reformiert werden. Das reguläre Renteneintrittsalter wird aus diesem Grund bereits bis 2031 schrittweise auf 67 Jahre angehoben, außerdem wird empfohlen, zusätzlich zur gesetzlichen Rente eine *private Altersvorsorge* abzuschließen. (Zur privaten betrieblichen Altersvorsorge → Hinweis zum Arbeitsweltwissen zu A1 in Kapitel 10 auf S. 107 f.)

Die Höhe des gesetzlichen Rentenanspruchs in Deutschland wird auf der Grundlage der Beitragszahlungen des/der versicherten Beschäftigten berechnet. Dazu werden verschiedene Faktoren (z. B. Zahl der erwerbstätigen Jahre, Renteneintrittsalter, Erwerbsminderung, Erziehungszeiten) bestimmt und berücksichtigt. Jede/r Versicherte erhält regelmäßig Zwischenbescheide über die voraussichtliche Höhe der späteren Rente.

Aktuelle und verlässliche Auskünfte sind vor allem bei der *Deutschen Rentenversicherung* zu erhalten, die regionale Beratungsstellen unterhält. Auf der Website finden sich Informationen zu vielen wichtigen Fragen sowie ein Online-Rechner, mit dem sich die zukünftigen Rentenansprüche grob errechnen lassen (https://www.deutsche-rentenversicherung.de).

Alles nach Paragraf

A1c TN arbeiten in EA und vergleichen dann in KG. Gehen Sie kurz auf die langen Komposita *die Rechtsbehelfsbelehrung* und *die Rechtsfolgenbelehrung* ein, indem Sie sie von TN zerlegen lassen und die Bedeutung klären. Erwähnen Sie, dass diese Wörter auch Muttersprachlern nicht unbedingt bekannt sind. Mit einer *Rechtsbehelfsbelehrung* wird eine Person, die einen gerichtlichen Bescheid erhalten hat, darüber informiert, wie sie gegen diesen vorgehen und ihn ggf. ungültig machen kann. Eine *Rechtsfolgenbelehrung* hat eine Aufklärungs- und Warnfunktion, sodass eine Person weiß, welche Folgen sie bei Nichtbeachten/Nichteinhalten (z. B. einer bestimmten Frist) zu erwarten hat.

Ü1
B
Gehen Sie, während TN Ü1 bearbeiten, durch die Reihen und weisen Sie, wo nötig, darauf hin, dass die Verben nicht in der Reihenfolge der Ausdrücke (1–8) in der Schlange stehen.

A2a–c
B
Sie können TN hier die Grammatik selbst erarbeiten lassen, indem Sie ankündigen, dass TN eine bestimmte Bearbeitungszeit (z. B. 15 Minuten für 2a–c) erhalten, in der sie die Teilaufgaben lösen sollen (ggf. so weit wie möglich). Helfen Sie, wo nötig. Anschließend präsentieren TN ihre Lösungen, die anderen TN gleichen ihre Ergebnisse ab. Achten Sie dabei darauf, dass Sie binnendifferenziert vorgehen. Wahrscheinlich steigert sich für die meisten TN der Schwierigkeitsgrad der Teilaufgaben von a bis c. (Weisen Sie ggf. auch noch einmal auf die Kapitel 2 und 3, jeweils Modul 3, hin, in denen die Nominalisierung Thema ist.)

Ü2
B
TN, die ihre Schreibfertigkeit trainieren möchten/sollten können die Sätze als HA noch einmal im Ganzen in ihr Heft übertragen.

Ü3
B
E
Mediation
Bilden bzw. besprechen Sie die Sätze 1+2 im PL, die Sätze 3–6 können TN je nach Bedarf in EA oder PA formulieren.
TN arbeiten in PA: TN A fasst im Anschluss an die Übung die Informationen aus den Sätzen 1–6 in eigenen Worten zusammen. Anschließend Wechsel. Auch TN B fasst einmal alle gelesenen Informationen in eigenen Worten zusammen. Der/die jeweils andere TN kontrolliert, ob bei der Zusammenfassung Informationen fehlen, und ergänzt ggf.

Ü4 TN sollten die Umformung in EA erledigen. Machen Sie den Abgleich über Vorlesen im PL, TN achten dabei darauf, die Sätze im Ganzen und mit passender Betonung vorzulesen.

Ü5
B
Registertraining
Den „Tipp" sollten Sie vor der Übung im PL lesen und anhand des Beispiels (1) klären.
TN können die Sätze auch in PA bilden. Sollten Sie eine starke Lerngruppe haben, können TN aus den Sätzen auch noch „Behördensprache" bilden: Dazu formen TN sie im Anschluss so um, dass die Partizip-I-Formen nominalisiert werden. Ggf. helfen Sie als LK dabei (v. a. bei Satz 5: *…, weil die Bestimmungen der Meldepflicht Geltung haben*).

A2d Achten Sie darauf, dass beide TN alle Sätze vollständig in ihr Heft schreiben. Erinnern Sie im Anschluss TN daran zu prüfen, ob die Kommas richtig gesetzt wurden. Am besten zeigen Sie hierfür die Lösung an der Tafel.

Ü6
E
Gut als HA geeignet.
Nach Abgleich der Lösung in PA kann der Text noch einmal als Diktat geschrieben werden. Hierfür bilden TN Paare und diktieren sich gegenseitig den Text. Erst wenn beide TN den Text einmal nach Diktat geschrieben haben, wird mit der Vorlage abgeglichen und ggf. korrigiert.

A3a Räumen Sie TN vor dem Schreiben genügend Zeit ein, sich für eine Situation zu entscheiden und passende Informationen bzw. Wortschatz und Redemittel aus A1a herauszusuchen. Fragen Sie ggf. im Vorfeld ab, wer welche Situation gewählt hat, um in Bezug auf die Gruppenbildung für A3b entsprechend vorzusorgen.

Modul 4 Mein gutes Recht

A1a
B
Sie können binnendifferenziert vorgehen, indem Sie TN in zwei Gruppen einteilen, die (z. B. auf einem Plakat) Bestimmungen/Infos zum Datenschutz sammeln: Gruppe A aus dem Arbeitsumfeld,

6

Gruppe B aus dem Alltag. Anschließend informieren sich die Gruppen gegenseitig (z. B. können 2 Sprecher pro Gruppe ernannt werden).

Arbeits-
weltwissen

Das Thema *Datenschutz* und die *Datenschutzverordnung (DSGVO)* werden in Kapitel 1 in Modul 3 ausführlich behandelt, siehe insbesondere den Hinweis zum Arbeitsweltwissen hier im UHB zur dortigen Aufgabe A2b.
Zum Thema „Recht am eigenen Bild" finden Sie ausführliche Informationen im ÜB-Teil zu Modul 4 in Übung 2a, zudem gibt es einen Hinweis zum Arbeitsweltwissen im → UHB zu Band B2 auf Seite 30/31.
Zu Details zur „Verschwiegenheitspflicht" siehe Paragraf 8 im Lesetext zu Modul 2.

A1b
Mediation

TN können die Zuordnung in PA vornehmen und sich anschließend abwechselnd die Begriffe 1–6 in eigenen Worten und ganzen Sätzen erklären.

A2a
P
E

Weisen Sie TN darauf hin, dass es sich um einen Aufgabentyp aus der Prüfung handelt.
TN lesen die Texte und ordnen sie zu. Anschließend stellen TN sich 5 Min. lang in PA Fragen zum Wortschatz: TN A fragt nach Erklärung eines Wortes, TN B erklärt – und umgekehrt.
Gehen Sie – sofern TN es nicht selbst thematisieren – darauf ein, dass die Aufgabenstellung „Lesen Sie die Fragen 1–4" missverständlich ist, den es finden sich keine „echten" Fragen im Text (und wer nach dem Erkennungsmerkmal Fragezeichen sucht, wird keinen Erfolg haben). TN sollen erkennen, dass die Fragen hier in Aussagesätzen „versteckt" sind. Um das zu verdeutlichen, können Sie im PL die Fragen aus den Forumstexten herausarbeiten lassen und an die Tafel schreiben.
Weiterhin können Sie im Anschluss an die Bearbeitung der Aufgabe klären, warum (a) nicht passt (*weil Martha – im Gegensatz zu Jeremy – nicht auf „solche Erklärungen" eingeht, sondern allgemeiner antwortet*) und woher man weiß, dass es für (3) keine Antwort gibt (*weil keine der Personen a–f auf die Bitte um einen Tipp zu einer Fortbildungsveranstaltung eingeht*).

A3a

Für die Behandlung dieses Themas können Sie ein interaktives Tafelbild nutzen.

A3b
B

Diese Aufgabe soll schriftlich bearbeitet werden, TN benutzen die Redemittel aus A3a. Da TN sicher unterschiedlich rasch mit dem Schreiben von Antworten auf die jeweilige Frage fertig sind, sollten die TN und Sie darauf achten, dass niemand „arbeitslos" ist und sich bei anderen evtl. Zettel „stauen". TN sollen ihre Zettel so weitergeben, dass jede/r TN über die gesamte Dauer der Aufgabe zu tun hat. Die Weitergabe des eigenen Zettels muss also nicht unbedingt an den/die Nebensitzer/in erfolgen, sondern irgendein/e freie/r TN wird gewählt.

A4a+b
E
Register-
training

Bitten Sie TN nach der Bearbeitung, ihre Bücher zuzuklappen und in PA zusammenzuarbeiten. Sie sollen sich vorstellen, dass sie sich in informellem Rahmen treffen und als Elternteile/Freunde/… austauschen. Dabei fassen sie alle Informationen zum Thema „Datenschutz in der Kita", an die sie sich erinnern, noch einmal im Gespräch zusammen.

Ü2a+b

Strategie

Wenn Sie diese Übung an A4 anschließen, achten Sie darauf, dass TN nicht im Kontext „Kita" verharren (das Bild neben dem Text verleitet u. U. dazu). Hier geht es generell um das Recht am eigenen Bild und unter anderem auch das Recht an Bildern von Minderjährigen.
Um die Strategie „Schlüsselwörter markieren" in den Fokus zu rücken, können TN in PA die von ihnen in EA markierten Wörter im Anschluss vergleichen und die Relevanz einzelner Wörter für den Text „verhandeln", um über eine „Einigung" die Anzahl von Schlüsselwörtern ggf. reduzieren zu können. Anschließend sollten TN in PA prüfen, ob die von ihnen markierten Wörter tatsächlich als Hilfe für Ü2b „funktionieren". Gehen Sie nach Abgleich der Lösung im PL ins Gespräch über die Brauchbarkeit der Strategie.

Ü3
E

Im Anschluss an die Übung schreiben TN je einen vollständigen Satz pro Punkt (1–6), indem sie eines der passenden Verben mit dem jeweiligen Nomen nutzen.

A5a
V
Strategie

TN können sich in PA gegenseitig im Wechsel W-Fragen zum Text stellen. TN A stellt eine W-Frage, TN B antwortet, TN A notiert die Antwort. Dann umgekehrt. Anschließend machen sie einen Abgleich der Antworten mit einem anderen TN-Paar.

Alles nach Paragraf

A5b   TN können auch zunächst in KG (und ohne bewusst die unter den Fotos aufgeführten Redemittel zu nutzen) sprechen. Anschließend sollten Sie mit TN im PL die Bilder (A–E) nacheinander durchgehen und die wichtigsten Meinungen und Punkte zusammentragen. Hier sollten dann bewusst auch die Redemittel aus dem Kasten genutzt werden. Zu Bild A können Sie TN noch mitteilen, dass es sich hierbei um ein deutsches Sprichwort handelt und sich der Kommentar also nicht unbedingt auf das tatsächliche Aussehen der Leute beziehen muss.

A5c
Interkulturelle Kompetenz

Erfahrungsgemäß ist in größeren Gruppen die Bandbreite, was den Umgang mit diesem Thema angeht, sehr groß. Achten Sie darauf, dass die Diskussion wertschätzend geführt wird und diverse Haltungen und Einstellungen zum Thema Berücksichtigung finden. Auch wenn TN aus demselben Herkunftsland kommen, kann die persönliche Meinung oder die generelle Einschätzung zum Umgang mit Fotomaterial ganz unterschiedlich ausfallen. Weisen Sie unbedingt darauf hin, dass „Meinungen" hier letztlich natürlich nicht rechtsgültig sind und auch in Deutschland viele Menschen sich oft nicht bewusstmachen, dass sie bei der Verwendung oder beim Versenden von Fotos Persönlichkeits- oder Urheberrechte missachten und rechtlich haftbar gemacht werden können. Es bietet sich an, auch über den Umgang mit Fotos aus dem Kurs sprechen, der dem Umgang mit Fotos „im beruflichen Kontext" ja durchaus entspricht. Stellen Sie präzisierende Fragen, z. B.: „Werden im Kurs manchmal Fotos gemacht?", „Von wem? Wann und wofür?", „Wird um Erlaubnis gebeten?", „Werden Aufnahmen gelöscht?" Ggf. haben TN eine Fotoerlaubnis beim Kursträger unterzeichnet. Lesen Sie diese dann im PL und prüfen Sie sie auf Verständlichkeit (und ggf. Einhaltung).

Aussprache

A4a   Vergleich im PL. Wiederholen Sie, wie die jeweiligen Varianten heißen (*Gendersternchen, Gendergap, Unterstrich* etc.). Sie können TN fragen, wie oft sie welche Variante im Alltag sehen und hören, um TN bewusst zu machen, dass diverse Möglichkeiten in Gebrauch sind.

A4b   Weisen Sie darauf hin, dass es sich hier lediglich um eine Aussprachemöglichkeit und keine verbindliche, verpflichtende „Regel" handelt.

A4c   TN lesen in PA und geben sich gegenseitig Feedback. Oder 4 TN lesen im PL vor.

Kommunikation im Beruf

A1
Interkulturelle Kompetenz

Achten Sie in diesem Zusammenhang auf wertfreien Umgang mit Dialekten. Sie können zudem z. B. auf die Standardvarietät des Schweizerdeutschen eingehen oder TN Vergleiche mit anderen Ländern herstellen lassen, indem sie von Dialekten und dem Umgang damit in anderen Ländern erzählen. Auch auf die Unterscheidung von Dialekt und Akzent können Sie an dieser Stelle eingehen. Mit Bezug auf die Berufswelt können Sie darauf hinweisen, dass gerade in ländlichen Gegenden in Betrieben die Mundart eine sehr große Bedeutung haben kann für die gelingende Kommunikation einerseits, andererseits aber auch für das Zugehörigkeitsgefühl innerhalb eines Betriebs.

A2c
V

TN können sowohl den/die Gesprächspartner/in wechseln als auch die Situationen A–C. Oder sie arbeiten in 3er-KG, sodass eine Person zwei Gesprächspartner/innen beobachten und Feedback geben kann, ob die Redemittel passend gewählt wurden.

Grammatik-Rückschau

→ **KV 6–4**   TN vervollständigen – ggf. mithilfe von Punkt 1 der Rückschauseite – die Satzanfänge mit Infinitiv + *zu* und stellen sie sich in PA gegenseitig vor (wobei der/die andere TN jeweils prüft, ob die Sätze korrekt formuliert sind). Spornen Sie TN an, dabei Aktiv- und Passivsätze in Gegenwart und Vergangenheit zu bilden. Als Erweiterung bzw. Erschwernis können Sie TN bitten, die gebildeten Sätze zusätzlich auch in Form von *dass*-Sätzen auszudrücken.

7

Themen Das siebte Kapitel dreht sich um verschiedene Aspekte, die zum Erfolg einer Firma beitragen: Außenwirkung, Finanzierung, Digitalisierung, Engagement der Belegschaft und Weiterbildung.

Auftakt TN beschäftigen sich allgemein mit den Fragen, welche Faktoren eine Firma attraktiv erscheinen lassen und welche Faktoren sie erfolgreich machen.

Modul 1 Hier geht es um Finanzierungs- und Fördermöglichkeiten für kleine Firmen und Start-ups sowie das Verständnis der Bedingungen dafür.

Modul 2 TN befassen sich mit möglichen Abläufen, die zu einer digitalen Transformation von Unternehmen führen können, und sprechen über verschiedene Apps, die den (Arbeits-)Alltag erleichtern: ihre Zielgruppen, Funktionsweisen, Nutzen und gute/schlechte Anwendbarkeit.

Modul 3 Hier wird der Zusammenhang zwischen der Weiterentwicklung einer Firma durch eine produktivere Anlage und dem entsprechenden Engagement der Belegschaft (z. B. in Form von Überstunden) dafür thematisiert. Dabei geht es auch darum, wie ein Betrieb zum Ausbildungsbetrieb für den eigenen Nachwuchs werden kann.

Modul 4 Das Modul behandelt Förder- und Weiterbildungsmöglichkeiten wie das Aufstiegs-BAföG und den Bildungsurlaub. Darüber hinaus diskutieren TN über die Frage, wer für die Kosten von Weiterbildung aufkommen soll.

KiB TN trainieren, wie sie sich bei einer Anfrage höflich für nicht zuständig erklären und die Person an den/die Verantwortliche(n) verweisen können.

Lernziele

> **Auftakt** | ein erfolgreiches Unternehmen präsentieren
> **Modul 1** | Bedingungen für finanzielle Förderungen verstehen und einordnen
> **Modul 2** | Informationen zur digitalen Transformation verstehen und eine App vorstellen
> **Modul 3** | einen Kommentar zum Thema „Engagement für die Firma" verfassen
> **Modul 4** | einen Widerspruch gegen einen Ablehnungsbescheid verfassen
> **Modul 4** | eine Diskussion über die Finanzierung von beruflicher Weiterbildung führen
> **KiB** | Zuständigkeiten benennen und an Verantwortliche verweisen
> **Aussprache** | Bedeutungsveränderung durch Tonhöhenunterschiede, Lautstärke und Tempo (im ÜB)
>
> **Grammatik**
> **Modul 1** | Besonderheiten des Passivs
> **Modul 3** | modales Partizip

Auftakt

Ü1a
V
E
TN lösen das Rätsel in KG und ggf. auf Zeit: Welche KG ist als erste fertig?

TN schreiben die Wörter mit Artikeln als HA zur Wiederholung noch einmal ab. Am Folgetag fragen sich TN gegenseitig ab: TN A nennt ein Nomen, TN B ergänzt den passenden Artikel und wiederholt das Nomen. Dann nennt TN B ein Nomen und TN A ergänzt den Artikel usw.

A1 TN sprechen in PA, dann sammeln sie im PL, welche Textmerkmale auf die Adressaten hinweisen (Inhalt, Form, duzen/siezen, Wortwahl, Bilder …) und Infos zu den Firmen bieten.

A1b
Mediation
TN arbeiten in zwei Teams: Team A sammelt Aspekte aus Sicht der Mitarbeitenden, Team B aus Sicht der Kundschaft. Da die Aspekte zunächst im Wortigel in Stichworten gesammelt werden, sollten sich anschließend beide Teams in ganzen Sätzen über die zusammengetragenen Aspekte informieren. Das kann entweder geschehen, indem alles im PL zusammengetragen wird, oder indem Paare aus A- und B-TN gebildet werden und diese sich zunächst in PA austauschen. Anschließend findet ein Abgleich im PL statt, fragen Sie dazu: „Inwieweit tragen die gesammelten Aspekte zum Erfolg eines Unternehmens bei?"

Für die Firma

A2
P
▶

Weisen Sie TN darauf hin, dass hier ein mögliches Thema für die mündliche Prüfung bearbeitet wird. TN können in KG zusammenarbeiten, Sie können aber auch ganz bewusst diese Recherche- und Präsentationsarbeit für die EA anleiten. Geben Sie TN dafür ausreichend Zeit und lassen Sie dann TN (z. B. jeweils zu Beginn eines Unterrichtstags 1–2 TN) kurz ein erfolgreiches Unternehmen und dessen Erfolgsstrategie vorstellen.

V
Mediation
Interkulturelle
Kompetenz

Wenn Sie die Aufgabe nicht auf ein deutsches Unternehmen begrenzen, können Sie TN hier im Sinne der Mehrsprachigkeitsorientierung anbieten, zu einem ausländischen Unternehmen in ihrer Herkunftssprache zu recherchieren und dann die Informationen in einer intersprachlichen Mediation in die deutsche Sprache zu bringen.

Ü2a+b
B

Erklären Sie zunächst, dass für diese Übung nicht zwingend die englische Sprache beherrscht werden muss. Um TN, die kein Englisch sprechen, ggf. dennoch zu entlasten, können TN auch in PA arbeiten. Ziehen Sie ggf. den „Tipp" aus Ü2b vor und erläutern Sie schon vor Ü2a, was es bedeutet, dass „Wörter häufig der deutschen Wortbildung und Grammatik angepasst" werden, z. B. *support / to support – der Support, des Supports (Gen.) / supporten, supportete, hat supportet*, oder auch *Google / to google – googeln, googelte, hat gegoogelt* oder *to download – downloaden, downloadete, hat downgeloadet*. Das Thema Anglizismen wird auch im Modul 2 nochmals aufgegriffen (→ „Sprache im Beruf" bei A3a).

Ü3
E

TN übersetzen die Wörter in ihre Herkunftssprache und notieren die deutschen Wörter sowie die Bedeutung(en) in ihrer Herkunftssprache in ihre Hefte.

Ü4
E

TN kontextualisieren die Begriffe, indem sie je einen Satz damit bilden, der mit ihnen selbst zu tun hat, z. B.: *Ich freue mich immer über Anerkennung. Ich hatte vor drei Jahren einen Job, in dem ich mich gelangweilt habe. Ich hoffe, ich bekomme niemals einen Burn-out.* Usw.

Modul 1 Wir brauchen Kapital

A1
Interkulturelle
Kompetenz

Sammeln Sie Ideen im PL. TN können auch berichten, wie Finanzierung in anderen Ländern abläuft, wenn sie darüber Bescheid wissen.

Ü1
Strategie

Führen Sie vor, dass Klatschen dabei helfen kann, Silben zu identifizieren. Schreiben Sie dazu Wörter (*Aufgabe, Hausaufgabe, Heft, Kugelschreiber*) an die Tafel und klatschen Sie die Silben im Kurs gemeinsam. Danach können TN die Strategie bei den verschütteten Wörtern in der Übung anwenden und die erkannten Silben dann nach und nach umsortieren.

A2a

TN markieren Schlüsselbegriffe in EA und gleichen diese dann mit einem/einer anderen TN ab. Stellen Sie anschließend im PL sicher, dass alle TN verstanden haben, um welche Art der Förderung bzw. Finanzierung es geht und wie sie sich unterscheiden.
Die Neugründung von Unternehmen ist ausführlicher Thema im Kapitel 5 in Modul 4.

Arbeitswelt-
wissen

> Bei *Mikrokrediten* handelt es sich um Kleinkredite, die an kleine und mittlere Unternehmen vergeben werden, die keinen Zugang zu Bankfinanzierungen haben. Der *Mikrokreditfonds Deutschland* ist ein Garantiefonds, den die Bundesregierung im Jahr 2010 geschaffen hat, um Mikrokredite an kleine und mittlere Unternehmen abzusichern. Interessierte Unternehmen richten ihre Anfrage an ein Mikrofinanzinstitut ihrer Wahl, das auf die Vergabe von Kleinkrediten spezialisiert ist. Die Mikrofinanzinstitute prüfen das Vorhaben sowie die wirtschaftliche Tragfähigkeit der Unternehmen und können Empfehlungen aussprechen. Mikrokredite setzen weniger Sicherheiten voraus und die Bearbeitung läuft meist etwas unbürokratischer ab als bei konventionellen Krediten. Dadurch steht den Unternehmen das benötigte Kapital schneller zur Verfügung. Während der Kreditlaufzeit werden die Unternehmen beraten und unterstützt. Weitere Informationen z. B. unter:
> https://www.bmas.de/DE/Arbeit/Arbeitsfoerderung/Foerderung-der-Erwerbstaetigkeit/Mikrokredit/mikrokredit.html

A2b
Mediation
B

Die Zusammenfassung kann mündlich oder schriftlich erfolgen. TN können sich auch für eine der beiden Varianten entscheiden und Sie lassen dann sowohl schriftliche als auch mündliche Zusammenfassungen im PL vorstellen. TN sollten die in A2a markierten Schlüsselwörter verwenden und beide Fragen der Aufgabenstellung beachten.

A3

TN können sich für eine der vorgegebenen Ideen entscheiden oder eine eigene einbringen. Am besten wird die Entscheidung für eine Idee gemeinsam in der KG getroffen, damit alle TN motiviert an die Recherche herangehen – oder Sie gehen es so an, dass die KG sich von vornherein nach den vorgegebenen Ideen zusammenfinden, um zu gewährleisten, dass TN sich mit der zu recherchierenden Idee zumindest ein Stück weit identifizieren können.
Machen Sie, falls TN nicht selbst darauf kommen, auf die Möglichkeit des Crowdfundings aufmerksam. TN können z. B. hier dazu recherchieren und danach in eigenen Worten ihre Ergebnisse referieren: https://www.startnext.com, https://gruenderplattform.de/finanzierung-und-foerderung/finanzierung-finden/finanzierungsmoeglichkeiten/crowdfunding

A4a

Sie können damit beginnen, dass Sie die vier Passivsätze rechts aus der Tabelle zu Beginn an die Tafel schreiben und vor dem gemeinsamen Betrachten der Aufgabe im Buch fragen: „Was ist das Besondere an Satz 2 und 4?" (*Es gibt kein Subjekt.*) Fragen Sie dann: „Wie ist das bei Satz 1 und 3?" („*Es*" *ist das Subjekt – das Wort drückt aber nicht genauer aus, wer oder was genau handelt; es ist eine Art „Stellvertreter".*) Klären Sie ggf., was das Wort *Stellvertreter* bzw. *stellvertretend* bedeutet. TN schauen sich dann zur Verdeutlichung der in den Sätzen 1.–4. ausgedrückten Situationen die Tabelle mit den korrespondierenden Aktivsätzen an und füllen danach die Tabelle aus. Weisen Sie vor dem Ausfüllen der Tabelle zur Sicherheit darauf hin, dass die Nummern der Passivsätze eingetragen werden sollen, nicht der (gleich nummerierten) Aktivsätze.

A4b
E

TN schreiben jeweils ihre 5 Sätze auf Zettelstreifen. TN-Paare können dann im Anschluss ihre gebündelten 10 Sätze auch nochmals mit einem anderen TN-Paar tauschen. Dies kann auch zeitlich etwas versetzt, d. h. später im Unterrichtsverlauf geschehen. Weisen Sie dann ggf. darauf hin, dass die Zettel aufbewahrt werden sollen. Oder Sie sammeln sie nach dem ersten Durchgang ein und teilen sie später durchgemischt wieder an (neu gebildete) TN-Paare aus für eine weitere Runde.

Ü2a–c

Gut als HA zur Festigung geeignet. Achten Sie bei der Besprechung ggf. darauf zu erläutern, dass das „Es" zu Beginn des umgeformten Beispielsatzes bei 1. („Es fand eine Vorstandssitzung statt") zwar auch ein Stellvertreter-Subjekt ist, dieses hier aber nicht zu einer Passivkonstruktion gehört (was schwächere TN vielleicht verwirren könnte). Erinnern Sie TN daran, dass es abgesehen von der hier behandelten Grammatikstruktur weitere Möglichkeiten gibt, bei denen „es" als Stellvertreter-Subjekt zum Einsatz kommt, die ihnen gut bekannt sind, z. B. *Es regnet.* oder *Es geht mir gut.*

A5a+b
Ü3+4
B

Schalten Sie, bevor Sie sich der Einführung der Grammatik zuwenden, eine Selbsteinschätzung der TN vor, die sich auf die Erschließung von Grammatik bezieht. Fragen Sie dazu, wer gern versuchen möchte, sich in einer Grammatikeinheit mit einem/einer Partner/in eigenständig mit neuer Grammatik zu befassen, und wer gern mit mehr Unterstützung arbeiten möchte. TN, die sich in Bezug auf Grammatik als versiert genug einschätzen, können sich dann A5 sowie Ü3 und Ü4 in einer Grammatikeinheit komplett in PA (und möglichst ohne Ihre Hilfe) erschließen.
Für schwächere TN können Sie nach Bearbeitung von A5a zunächst die Lösung mit TN gemeinsam abgleichen, um Fehler beim Bearbeiten von Ü3 zu vermeiden. Die Herausforderung bei Ü3 liegt ggf. zunächst darin, drei Verben auszuwählen, die tatsächlich zu einem der Nomen passen. Geben Sie dafür ausreichend Vorlaufzeit. Auch nach Bearbeitung von A5b sowie Ü4 können Sie selbstverständlich Zwischenschritte zum Lösungsabgleich anbieten. Beispielsätze aus Ü3 können z. B. auch als Zwischenschritt dann von allen TN (sowohl von TN der „allein" arbeitenden Paare sowie von stärker begleiteten TN) vorgestellt werden. Korrigieren Sie ggf. und beantworten Sie Nachfragen von TN, falls etwas unklar sein sollte.

Für die Firma

A6 Für die Bearbeitung dieser Aufgabe können Sie ein interaktives Tafelbild nutzen.
Für manche TN kann es (noch) schwierig sein, spontan die richtige Form zu bilden. Bieten Sie daher TN, die es sich noch nicht zutrauen, spontan Dialoge zu sprechen, an, diese schriftlich vorzubereiten und zunächst abzulesen und dann noch einmal aus dem Gedächtnis nachzusprechen.

Ü5a+b Gut als HA geeignet. TN lesen am Folgetag die Sätze aus Ü5a im PL vor. Zu Ü5b können verschiedene TN einige Sätze exemplarisch vorstellen, die sie formuliert haben.

Modul 2 Digital wird's besser

A1 Sie können TN in drei KG einteilen. Die KG sprechen eine bestimmte Zeit (z. B. 5 Min.) zunächst darüber, wie digitale Anwendungen ihren Alltag bestimmen/erleichtern, und anschließend (erneut 5 Min.) darüber, wie digitale Anwendungen ihre Arbeit erleichtern, sowie daraufhin (erneut 5 Min.), welche digitalen Möglichkeiten sie fürs Lernen nutzen. Kündigen Sie diese Reihenfolge zuvor an, damit TN nicht schon in der ersten Runde über Arbeit und Lernen sprechen, sondern sich jeweils 5 Min. auf einen ganz bestimmten Bereich fokussieren.

A2a–c
Mediation
TN fassen nach dem Abgleich in KG am Ende die Informationen aus dem Hörtext noch einmal in ganzen Sätzen zusammen. Sie können auch eine/n TN an die Tafel bitten, der/die die wichtigsten Informationen am Ende schriftlich festhält, z. B. eine Definition für *Digitalisierung* und *Digitale Transformation* sowie wichtige Punkte aus dem Interview. TN übertragen die Sätze in ihre Hefte.

Ü1 Kann vor A2 bearbeitet werden, ist aber auch zur Nachbereitung von A2 gut als HA geeignet.
TN können die Lösungen eigenständig mit dem Lösungsschlüssel abgleichen.

Ü2b Falls TN sich schwertun, bieten Sie Arbeit in PA an. Den Abgleich mit dem Lösungsschlüssel können TN in PA eigenständig vornehmen.

→ **KV 7-1** Zur Festigung des Wortschatzes und als Flüssigkeitstraining können Sie nach der Ü1 die KV einsetzen. Wenn TN das Prinzip des Wechselspiels noch nicht kennen, spielen Sie die erste Zeile vor. Ein/e TN ist Partner/in B, Sie sind Partner/in A. Beide bekommen zwar die gleiche Tabelle, aber mit unterschiedlichem Inhalt. Sie müssen sich gegenseitig fragen, um an alle Informationen zu kommen (wie im Bsp. auf KV). Wichtig: TN sollen sich ihre Tabellen gegenseitig nicht zeigen, es geht darum, zu verstehen, was der/die Partner/in sagt, und die Information zu notieren.

A3a
Registertraining
Lesen Sie gemeinsam im PL den Kasten „Sprache im Beruf". Sprechen Sie im PL generell über Anglizismen in der deutschen Sprache, indem Sie einleitend fragen: „Haben Sie das Gefühl, dass in der deutschen Sprache viele Anglizismen vorkommen?" und „Welche fallen Ihnen spontan ein?" TN erarbeiten anschließend in PA „Übersetzungen" für die Sätze im Kasten, indem die Anglizismen aufgelöst werden, und stellen diese im PL vor. Weisen Sie darauf hin, dass es um die sinngemäße Übertragung geht und nicht um wortwörtliche Übersetzungen, z. B. bei *Kannst du mich kurz zum Stand updaten?*:
- *Kannst du mich kurz auf den neuesten Stand bringen?*
- *Gibt es etwas Neues, das ich wissen sollte?*
- *Wie ist der aktuelle Stand / die aktuelle Lage?*
- *Kannst du mir mitteilen, was ich verpasst habe?* Usw.

Außerdem können TN, wenn sie nun die Informationen zu den Apps lesen, weitere Anglizismen in den Texten suchen, die nicht nur berufsbezogen genutzt werden, z. B. *die App, Social Media, Challenges*.

Arbeitsweltwissen
Der *Rapportzettel* enthält eine Aufstellung darüber, welche Leistungen für einen Auftraggeber erbracht worden sind. Er muss vom Auftraggeber unterschrieben werden. Wichtig sind neben dem Datum vor allem die Zahl der geleisteten Arbeitsstunden, die Art der Tätigkeit sowie eine Aufzeichnung der eingesetzten Materialien, damit der Rechnungsbetrag später nachvollzogen werden kann. Darüber hinaus werden auf dem Rapportzettel der Name des Auftraggebers, der Ort der Leistungserbringung (z. B. der Baustelle), Adresse und Bankverbindung der Firma, der vereinbarte Stundensatz und Sonderkosten (z. B. für Entsorgung ausgebauter Teile) verzeichnet.

A3b	Bevor TN in KG über den Nutzen der einzelnen Apps diskutieren, lesen alle TN alle vier Texte. Ggf. können TN dann auch darüber sprechen, welche Informationen sie in den Texten vermissen bzw. sie können zu den Apps weiterrecherchieren (auch in den Kommentarfunktionen/Bewertungstexten dazu) und/oder nach vergleichbaren Apps suchen.
𝔼 *Mediation*	Bitten Sie TN aus den jeweiligen KG, die Ergebnisse der Gespräche für die anderen TN zusammenzufassen. Sie können auch ein Ranking im Kurs (Strichliste an der Tafel) machen, welche App „Sieger" im Kurs ist, d. h. welche App am meisten Zuspruch erhalten hat und ausprobiert werden sollte.
A4a 𝔻	Weisen Sie auf das Thema als mögliches Prüfungsthema hin. TN sollten ausreichend Zeit erhalten, um ihre App-Vorstellung vorzubereiten. Viele branchenbezogene Apps sind auch für TN ohne Berufserfahrung gut verständlich und somit hier vorstellbar.
𝕍	Falls es hier nicht explizit um die Prüfungsvorbereitung gehen soll, können TN ohne oder mit wenig Berufserfahrung auch Apps zur Berufssuche/-wahl (oder eine andere App, die im Alltag genutzt wird) vorstellen.
Ü3 𝔼 *Strategie*	TN schließen vor Bearbeitung der Übung ihre Bücher. Sie fertigen eine 3-spaltige Tabelle in ihren Heften an und betiteln diese mit den Artikeln *der / die / das*. Diktieren Sie anschließend Nomen aus Ü3, die TN in die jeweilige Spalte schreiben (am besten mit Bleistift für mögliche anschließende Korrekturen). Diktieren Sie: *Bedienbarkeit, App, Service, Optik, Grafikkarte, Bedürfnis, Kleinunternehmen, Handbuch, Sprache, Zeichnung, Programm, Account, Registrierung, Funktion, Einstellung, Nutzer, Nutzerin*. Erinnern Sie TN daran, dass auf *-ung, -ion, -keit* endende Nomen grundsätzlich den Artikel *die* haben.
A4b	Verweisen Sie TN auch auf die Redemittel zu „ein Produkt präsentieren" aus Kapitel 5 (Modul 2) auf Seite 325 im Anhang. Ggf. müssen die Redemittel (bei der Vorstellung von fiktiven Apps) in den Konjunktiv gesetzt werden.
𝕍 *Strategie*	Wenn genug Zeit bleibt, können Sie die 3 TN einer KG die Vorstellung und Fragerunde jeweils im PL durchführen lassen, sodass die anderen TN als Beobachtende ihnen Feedback im Hinblick auf ein vergleichbares Gespräch in der Prüfungssituation geben können.
Ü4a+b	Gut als HA geeignet oder für EA (Stillarbeit) im Kurs. Die Lösungen können TN selbst abgleichen. Dennoch bietet es sich an, die ausgefüllte Mail zur Kontrolle und zur Übung ein- oder auch zweimal in KG und/oder im PL laut vorlesen zu lassen. Achten Sie dabei auf eine passende Intonation.
𝔼	TN korrigieren die falschen Sätze aus A4a (mündlich oder schriftlich).
A4c 𝕍 *Mediation*	Achten Sie bei der Einteilung der KG wenn möglich darauf, dass TN in verwandten Berufen oder derselben Branche arbeiten (wollen). Nach der Diskussion in KG können TN wie angeregt die Bewertung/Empfehlung für den/die Vorgesetzte/n gemeinsam schreiben oder aber in EA als HA. Wichtig ist, dass TN bereits vor der Diskussion klar ist, dass anschließend eine schriftliche Zusammenfassung folgt, damit sie während der Diskussion Notizen machen können.

Modul 3 Auf dem richtigen Weg

A1a+b	TN stellen Vermutungen an und ordnen dann in PA die Ausdrücke zu. Sie können vorab als Hilfestellung Vokabular klären (z. B. *auslasten – pausenlos benutzen*) und erwähnen, dass mit *die Anlage* hier eine technische Anlage, z. B. eine komplexe Maschine(nfolge) gemeint ist. Mit *Produkt- und Materialfreiheit* ist gemeint, dass beim Herstellungsprozess keine Produkt- oder Materialrückstände an der Maschine verbleiben. – Sie können TN alternativ aber auch sagen, dass die Bedeutung der Begriffe sich aus der Höraufgabe in A2 erschließen lässt.
Ü1	TN füllen weiterhin in PA gemeinsam die Tabelle in Ü1 aus.
A2 𝔻	Diese Aufgabe sollten TN in EA lösen, da sie der Prüfungsvorbereitung dient. Gehen Sie die Lösung im PL durch und thematisieren Sie ggf. Stellen, die für TN schwierig waren.

Für die Firma

Arbeitswelt-wissen

Für *Ausbildungsbetriebe* gelten besondere gesetzliche Regelungen:
Im *Berufsbildungsgesetz* ist festgelegt, welche Voraussetzungen der Betrieb und die für die Ausbildung zuständigen Personen mitbringen müssen. Außerdem sind hier die Rechte und Pflichten von Arbeitnehmenden und Arbeitgebenden bestimmt. Wichtig ist, dass die ausbildende Person im Betrieb persönlich und fachlich geeignet ist und die *Ausbildereignungsprüfung* erfolgreich absolviert hat. Normalerweise ist zudem eine abgeschlossene Berufsausbildung in dem Beruf, in dem ausgebildet wird, Grundlage. Je nach Beruf gibt es weitere Vorgaben.
In der *Handwerksordnung* kann man die Voraussetzungen für die betriebliche Ausbildung in Handwerksbetrieben nachlesen. So dürfen im Handwerk grundsätzlich nur Handwerksmeister und -meisterinnen ausbilden. Ausbilderinnen und Ausbilder ohne Meisterprüfung müssen in der Regel eine abgeschlossene Ausbildung und mehrjährige Berufserfahrung vorweisen.
Das *Jugendarbeitsschutzgesetz* führt die besonderen Bestimmungen für Jugendliche (15 bis 17 Jahre) auf, etwa die vorgeschriebenen Regelungen für die Arbeitszeit, die Zahl der Urlaubstage oder die Art der Arbeit, die von ihnen ausgeführt werden darf.
Siehe auch https://www.arbeitsagentur.de/unternehmen/ausbilden/pflichten-ausbildungsbetrieb

A3a+b
Mediation

TN können die entstehenden Probleme (also die Informationen hinter den beiden Beistrichen) zunächst frei in eigenen Worten formulieren, bevor Sie sie bitten, sich die beiden Konstruktionen mit *zu* in A3b genauer anzusehen. TN lesen den Grammatikkasten. Fragen Sie anschließend, welche TN meinen, verstanden zu haben, wie die Form gebildet wird. Bitten Sie eine/n der TN, die Grammatik nochmals in eigenen Worten im PL zu erläutern und (ggf. übernehmen 1–2 andere TN) an der Tafel anhand der Beispiele aus A3c zu zeigen, wie die Formen gebildet werden.

→ **KV 7-2**
Mediation

Um die Umwandlung der häufig eher schriftlich verwendeten modalen Partizipien in die in der gesprochenen Sprache üblicheren Relativsätze weiter zu üben, können Sie die KV nutzen. TN ziehen je eine Karte. Erklären Sie, dass TN sich vorstellen sollen, dass sie alle Kollegen/Kolleginnen sind. In ihrer Firma treffen sie (im Kursspaziergang) aufeinander und übertragen sich jeweils die Aufgabe auf ihrem Zettel. Schreiben Sie die zwei möglichen Sätze an die Tafel:

> „Ich habe … [+ Akk.] für Sie."   „Hier ist/sind … [+ Nom.] für Sie."

Der/Die andere nimmt die Aufgabe an und reagiert mit einem Relativsatz. (Weisen Sie darauf hin, dass sich hier der Kasus auch ändern kann. Der Fokus der Übung sollte aber auf der Auflösung des modalen Partizips liegen. Alle Sätze hier lassen sich in Sätze mit „müssen" umwandeln.) Spielen Sie eine Situation vor, z. B.:
A: „Ach, hallo, Frau Kollegin. Ich habe hier zu zahlende Rechnungen für Sie."
B: „Ah, verstehe. Das sind also die Rechnungen, die bezahlt werden müssen. Und ich habe eine schnell zu erledigende Arbeit für Sie."
A: „Ah, eine Arbeit, die schnell erledigt werden soll."
TN tauschen ihre Zettel nach jedem Dialog.

Ü2a–c
Strategie
Mediation

TN arbeiten in EA, tauschen anschließend mit einem/einer TN ihr Buch und korrigieren mit dem Lösungsschlüssel. Bei Fragen zu der Formenbildung wiederholen Sie diese im PL.
Gehen Sie im PL anschließend noch etwas ausführlicher auf Ü2c ein. TN soll klar sein, dass mit den Wortendungen aus dem rechten Schüttelkasten häufig Adjektive gebildet werden können, die gleichbedeutend mit Modalpartizipien sind und alternativ zu ihnen verwendet werden können. TN haben auf diese Weise – neben der Umformung in einen Relativsatz – oft eine weitere Möglichkeit, die Aussage anders zu formulieren und somit sprachlich zu variieren – und so z. B. Fachsprache aus Gesetzen, Regelungen, Protokollen und Anweisungen auch sprachlich vereinfacht weiterzugeben (etwa bei Mediationsaufgaben).

Ü3

Mediation

Evtl. ergänzen Sie die Aufgabenstellung um den Hinweis, dass hier Hypothesen aufgestellt werden sollen zum Zusammenhang, aus dem der jeweilige Textausschnitt stammt. Da die Ausschnitte sehr viele Möglichkeiten zulassen, geben Sie TN genügend Zeit, verschiedene Ideen zusammenzutragen.
Nach dem Spekulieren tun sich je zwei TN-Paare zu KG zusammen und tauschen sich aus. Hierfür fasst je ein/e TN für das andere TN-Paar zunächst die gesammelten Infos zusammen.

A4a	Nachdem TN die Forumsbeiträge gelesen haben, fertigen sie in KG (zu dritt oder viert) zum Wortschatz ein Assoziogramm an. Es kann dort Wortschatz sowohl aus den Texten als auch aus dem Gedächtnis eingehen, z. B. *der Burn-out, die Überstunden (Pl.), die Work-Life-Balance, die Fürsorge, die Gesundheit, der Einsatz, der Stress, ausruhen, die Kraft, gut gehen, leiden, krankschreiben* usw. Anschließend werden die Assoziogramme aufgehängt oder herumgegeben und abgeglichen. Sie können auch an der Tafel ein Assoziogramm anfertigen, in das der gesamte Wortschatz zur Wiederholung aufgenommen wird. Diese Wortschatzarbeit dient auch der Vorbereitung auf A4b.
A4b	Weisen Sie vorab auf die Redemittel zum Thema „sich in einem Forum austauschen" aus Kapitel 6 (Modul 4) hin, die TN im Anhang auf Seite 329 finden. Besprechen Sie im Anschluss die Likes der TN, d. h. lassen Sie TN am Ende ein Stimmungsbild im Kurs zusammenfassen. Zur *Gewerkschaft* → Hinweis zum Arbeitsweltwissen hier im UHB zu Kapitel 6, Modul 2, Ü4d.
🖳	Die Forumsbeiträge können auch in digitaler Form in ein vorbereitetes Forum gepostet und dort gelikt, kommentiert oder beantwortet werden.

Modul 4 Wer fördert mich?

A1	Wiederholen Sie bei dieser Gelegenheit Begriffe wie *die Weiterentwicklung, die Professionalisierung, professionalisieren, die Fortbildung, fortbilden, die Weiterbildung, der Workshop, das Seminar, der Lehrgang, die Schulung, die Tagung, die Qualifikation, qualifizieren, die Kompetenz.*
Arbeitsweltwissen	Informationen zu den Begriffen *Weiterbildung* und *Fortbildung* finden Sie im → UHB zu Band B2 im Hinweis zum Arbeitsweltwissen zu Kapitel 10 (Modul 4) auf S. 157. Sie können erwähnen, dass es in Deutschland zwar keinen gesetzlich verankerten Anspruch auf Fortbildung gibt, dieser aber durchaus individuell in Arbeitsverträgen vereinbart werden kann (z. B. Freistellung für oder/und Kostenübernahme von Sprachkursen). Nähere Informationen zum *Bildungsurlaub* folgen hier im Modul in A5a und in der „Info" zu Ü2.
A1b 🇪	TN können dann auch in PA zu je einem Angebot ein vergleichbares echtes Angebot samt Details (Dauer, Abschluss, Kosten, Träger, …) recherchieren und ihre Ergebnisse vorstellen.
A2a 🇪 *Mediation*	Nach dem Sprechen schreiben TN in PA 3–5 Sätze auf, die Informationen aus der Grafik wiedergeben, z. B.: *Im Jahr … waren es … Personen, die …; Im Jahr … waren es weniger Personen, die …, als im Jahr …*
Arbeitsweltwissen	*BAföG* steht für *Bundesausbildungsförderungsgesetz* und gleichzeitig auch für den konkreten Förderbetrag, den Schüler/innen und Studierende in Deutschland nach diesem Gesetz als finanzielle Unterstützung von staatlicher Seite erhalten können. Das BAföG soll sicherstellen, dass alle Personen, die eine Ausbildung oder ein Studium machen möchten, unabhängig von ihrer jeweiligen finanziellen Situation die Möglichkeit dazu erhalten. Die Regelförderung des Studierenden-BAföG besteht je zur Hälfte aus Zuschuss und unverzinslichem Staatsdarlehen. Es gibt jedoch auch andere Formen der Förderung, wie zum Beispiel elternunabhängiges BAföG oder BAföG für Schüler/innen oder Auszubildende. Das Staatsdarlehen muss nach dem Ende der Ausbildung in der Regel zurückgezahlt werden; für den Modus der Rückzahlung gibt es spezielle Regelungen. Weitere Informationen: www.bafög.de. Für Fachkräfte aus dem Handwerk gibt es das *Aufstiegs-BAföG* (früher „Meister-BAföG"), eine Förderung nach dem *Aufstiegsfortbildungsförderungsgesetz (AFBG)*.
Ü1	Auch gut als HA geeignet und in Eigenregie korrigierbar.
A2b 🇪	Mehrere TN gehen nacheinander an die Tafel, schreiben ein Kompositum aus dem Text an und zerlegen es im PL (andere TN übertragen den Wortschatz ggf. in ihre Hefte): *das Aufstiegsfortbildungsförderungsgesetz, die Fachkraft, der Meisterkurs, der Fachwirtkurs, die Erzieherschule, die Technikerschule, einkommensunabhängig, die Vollzeit, der Lebensunterhalt, der Vollzuschuss, zurückzahlen, die Lehrgangsgebühr, zinsgünstig.*

Für die Firma

A2c — TN markieren in EA und gleichen dann in PA ab, was sie markiert haben.

A3b — Oft werden gemeinsam Mindmaps erstellt, deshalb sollten TN hier ruhig einmal in EA versuchen, wichtige Informationen, die sie dem Hörtext entnommen haben, sinnvoll zu clustern. Anschließend im PL die gehörten Informationen zusammentragen.

A3c — TN gehen in den Erfahrungs- und Wissensaustausch, je nachdem, wie viel sie zu diesem Thema beisteuern können. Sie können erwähnen, dass in Deutschland eine allgemeine Förderung darin besteht, dass Bildung grundsätzlich bis zu einem bestimmten Level kostenlos ist. Darüber hinaus ist in Deutschland BAföG als flächendeckende Lösung gedacht (→ Hinweis zum Arbeitsweltwissen oben). Für Studienfächer gibt es – vor allem für die postgraduierte Ausbildung – neben staatlichen Stipendien Angebote von diversen Stiftungen.

A4a
E
Strategie

Um den Zusammenhang von Brief und Mail sowie der daraus zu entnehmenden Vorgeschichte zu verdeutlichen, können Sie im PL an der Tafel (z. B. anhand eines Zeitstrahls) den Vorgang visualisieren. Diese Strategie bietet sich für TN immer dann an, wenn mehrere Situationen aufeinander folgen bzw. erfolgt sind und der Zusammenhang sich nicht eindeutig oder gleich erschließt. Lassen Sie TN die Beschriftung des Zeitstrahls an der Tafel vornehmen (ein/e TN schreibt, die anderen diktieren Stationen). Weisen Sie darauf hin, dass alle Schritte (auch die, die nicht im Text stehen, sich aber rekonstruieren lassen!) auf dem Zeitstrahl eingetragen werden sollen. Folgende Stationen lassen sich notieren:

Tina Rösch möchte Techniker-Fortbildung machen → T. R. beantragt Aufstiegs-BAföG → T. R. erhält Aufforderung, Formblatt B vorzulegen (Frist 1.4.20XX) → T. R. schreibt an Techniker-Schule und bittet um Formblatt B → Techniker-Schule reagiert nicht, 1.4. verstreicht → 4.4.: T. R. erhält Ablehnung (Bescheid) der BAföG-Stelle → (evtl.: T. R. hakt bei Techniker-Schule nach →) 5.4.: T. R. erhält Formblatt B von Techniker-Schule per Mail und Info, dass Original auf dem Postweg ist.

Wenn Sie zu A4b übergehen, können Sie im Zeitstrahl dann noch ergänzen: → *T. R. legt Widerspruch gegen Bescheid ein und reicht Unterlagen nach.*
Sie können TN ggf. auch noch einmal an die Informationen zur *Rechtsbehelfsbelehrung* in Kapitel 6 in Modul 3 erinnern (Hinweis zu A1c).

A4b
E
Strategie

TN schreiben in EA den Widerspruch. Im PL sollte mindestens ein Beispiel-Widerspruch (an der Tafel) angesehen und besprochen werden (siehe auch Schreibtraining D).
Sollten Sie wie im vorangegangenen Erweiterungsvorschlag vorgegangen sein, schließen Sie an die Aufgabe ein Gespräch darüber an, inwieweit die Strategie mit dem Zeitstrahl hilfreich war. TN berichten und tauschen sich aus.
Erinnern Sie als LK beim nächstmöglichen Zeitpunkt im Unterricht an diese Strategie.

A5a — Fragen Sie TN vor dem Lesen des Textes: „Was macht einen Kommentar aus?", und sprechen Sie kurz über die Textsorte:
- *meinungsbildender Journalismus*
- *subjektive Meinung des Autors / der Autorin zu einem Thema / einem Ereignis*
- *gibt Überblick über Fakten, analysiert sie und bezieht dann offen Stellung*
- *Ziel: Leser/innen sollen ein Thema aus einer bestimmten Perspektive betrachten*

A5b
B

TN können in EA arbeiten oder in PA gemeinsam besprechen, wo die Antworten auf die Fragen im Text zu finden sind. Anschließend können sie auch in PA zu Ü2 übergehen.

Ü2
E
Mediation, Registertraining

Stellen Sie sicher, dass TN nach Bearbeitung von A5b und Ü2 über die wichtigsten Informationen zum Thema „Bildungsurlaub" verfügen. TN lesen dazu auch die „Info". Als Erweiterung formulieren TN deren Inhalt (ggf. als HA) in eigenen Worten für eine/n Freund/in.

A5c

→ KV 7–3 (Portfolio)

TN recherchieren konkrete Angebote und informieren sich darüber, wie der Bildungsurlaub in ihrem jeweiligen Bundesland genannt und was im Einzelnen gefördert wird. Sie können dafür die Portfolio-KV nutzen. Sollten Sie in einem Bundesland unterrichten, in dem keine derartige Möglichkeit besteht, so thematisieren Sie dennoch, dass Bildungsurlaub anderswo gefördert wird und TN die Informationen eines sie interessierenden anderen Bundeslandes recherchieren sollen, denn ggf. wird diese Information nach dem Kurs bzw. nach einem Umzug für TN interessant. (Oder TN suchen mehrere Möglichkeiten für Punkt 5 der KV heraus.) TN stellen dann ihre Angebote vor (je nach Zeit in PA, KG oder im PL).
Mögliche Internetseiten: www.bildungsurlaub.de, www.bildungsurlauber.de oder www.kursfinder.de.

Ü3a+b

Gut als HA geeignet. Die Lösung kann von TN eigenständig abgeglichen werden.
Anschließend an Ü3 (oder am Folgetag, falls diese als HA erledigt wurde) kann weitere Wortschatzarbeit erfolgen. TN nennen Synonyme zu den folgenden Begriffen:

ausprobieren	– versuchen, testen, ausprobieren
der Beitrag	– die Beteiligung, die Unterstützung, die Ergänzung
relevant	– wichtig, bedeutsam
die Bedenken (Pl.)	– die Sorge(n), die Einwände
die Kursgebühren (Pl.)	– die Kurskosten, der finanzielle Aufwand
belasten	– schaden, schädigen

Sprechen Sie auch über die Formulierungen *etw. bleibt an jemandem hängen* (*jemand muss etw. für jemand anderen tun/übernehmen, weil dieser sich „drückt"*) und *blaumachen* (*ohne triftigen Grund nicht zum Unterricht / zur Arbeit erscheinen*).

Ü4

TN schließen ihre Bücher und zählen aus dem Gedächtnis die Dos und Don'ts auf, die ihnen einfallen. TN können auch weitere Dos und Don'ts ergänzen.

A6a

→ KV 6–1

TN lesen zum Einstieg die „Strategie". Wiederholen Sie vor der Diskussion ggf. wichtige Redemittel (→ UHB-Hinweis zu Kapitel 6, Modul 1, A3).
Geben Sie TN ausreichend Zeit für die Vorbereitung auf die Diskussion. Sollten TN sich schwertun, Argumente zu finden bzw. mit Beispielen zu unterfüttern, können sie auch zunächst in PA Argumente sammeln. Für das Sammeln von Argumenten bzw. von Reaktionen auf mögliche andere Standpunkte können TN erneut KV 6–1 nutzen.

→ KV 7–4

Vor der oder alternativ zur mündlichen Diskussion können Sie (besonders in Gruppen, in denen die Redemittel für Diskussionen noch gefestigt werden müssen) eine „stille Diskussion" schriftlich durchführen. Schneiden Sie dafür die Thesen der KV aus, kleben Sie sie je oben auf ein großes Blatt und legen Sie die Blätter im Kursraum aus. TN gehen, ohne zu sprechen, herum und kommentieren mithilfe der gesammelten Redemittel die Äußerungen schriftlich. Es gibt keine Vorschriften, wie lange oder oft TN etwas zu einer These schreiben, auch können und sollen sie auf die Kommentare reagieren, die andere TN bereits vor ihnen aufs Blatt geschrieben haben – wichtig ist die Anwendung der Redemittel. Idealerweise ergibt sich eine Diskussion, bei der TN durch die schriftliche Form noch bewusst auf den Redemitteleinsatz achten können (was in der mündlichen Situation oft schwerer fällt). Gleichzeitig können Sie als LK sich ein Bild vom Lernstand der TN machen und ggf. falschen Redemittelgebrauch und typische Fehler (z. B. in einer Folgestunde) korrigieren. Beenden Sie die Aktivität nach einer vorgegebenen Zeit. Fragen Sie, was TN an der Aktivität gut und was sie schwierig finden.

A6b

Mediation

TN schreiben als HA einen Kommentar, indem sie eines der Statements darlegen und mit den Argumenten, die sie für überzeugend halten, stützen.

Für die Firma

Aussprache

Ü1a+b Lange Komposita bereiten vielen TN Schwierigkeiten, weil sie die Wortgrenzen nicht erkennen und die Hauptbetonung nicht kennen. TN hören zuerst die Bestandteile der Komposita und machen sich die Aussprache und Betonung der einzelnen Wörter bewusst. In Ü1b werden die Wörter aus Ü1a zu Komposita zusammengefügt. Wie TN bereits bekannt, wird ein Wort besonders betont, das andere rückt in den Hintergrund.

Ü1c Sprechen Sie vor dem Ergänzen der Regel die Wörter noch einmal von hinten nach vorne vor und lassen Sie TN (ggf. zweimal) nachsprechen. TN sollen beim zweiten Hören genau auf die Veränderung in der Betonung achten. Erst dann wird in PA die Regel ergänzt.

Ü1d Unterstützen Sie bei phonetischen Schwierigkeiten durch Vorsprechen und Nachsprechen, ggf. wieder vom Einzelwort zum mehrteiligen Kompositum.

Ü1e
E
Unterstützen Sie bei Unklarheiten. Anschließend werden die Zettel reihum getauscht. Beispiele für besonders schöne und lange Komposita können anschließend im PL mit der korrekten Aussprache vorgestellt werden.

Kommunikation im Beruf

A1a TN erzählen nach dem Hören, ob sie ähnliche Situationen schon einmal erlebt haben.

A1b
Registertraining
Gehen Sie mit TN die Äußerungen durch und besprechen Sie, ob und wann diese angemessen sein könnten. Es kommt immer (auch) auf den Kontext sowie den Tonfall an. Die Aussage „Da sind Sie bei mir an der falschen Adresse" kann z. B. im ersten Moment unfreundlich/unhöflich wirken, aber durch eine freundliche Aussage im Anschluss (z. B. „Ich gebe Ihnen aber gern die richtige Adresse") durchaus relativiert werden.

A2a Wenn Sie die Karten aufbewahren, können Sie zu einem späteren Zeitpunkt diese Übung noch einmal wiederholen und so an die entsprechenden Redemittel erinnern.

A2b
V
Sie können auch einen Timer nutzen und die Aktivität über eine gewisse Zeit laufen lassen, sodass es eine untergeordnete Rolle spielt, mit wie vielen Personen gesprochen wurde.

Grammatik-Rückschau

Als Einstieg bzw. zur Vorentlastung wiederholen Sie Wortschatz, indem TN an der Tafel einen Wortigel zu einem Thema des Arbeitslebens (z. B. „Digitalisierung" oder „Fachkräftemangel") entwerfen. Anschließend formulieren TN davon ausgehend Maßnahmen/Ratschläge im Passiv mit Modalverben mit Blick auf die Arbeitswelt von heute. Geben Sie die Leitfragen „Wie hätte in der Vergangenheit anders entschieden/gehandelt werden können?" und „Welche Verbesserungen sind zurzeit vorstellbar?" vor. Schreiben Sie hierfür die folgende Tabelle mit je einem Beispiel zum gewählten Wortigel-Thema an die Tafel:

Wie hätte in der Vergangenheit anders entschieden/gehandelt werden können?	Welche Verbesserungen sind zurzeit vorstellbar?
In vielen Firmen hätte früher auf Digitalisierung umgestiegen werden sollen.	Digitale Kompetenz müsste in Ausbildungen stärker berücksichtigt werden.

8

Themen Im achten Kapitel steht die Einschätzung und sprachlich angemessene Bewältigung typischer schwieriger Situationen am Arbeitsplatz im Mittelpunkt:

Auftakt Hier geht es um die Einschätzung unangemessener Situationen und geeigneter Reaktionen darauf.

Modul 1 TN befassen sich mit Hypothesen zu den Fragen, wie man im Arbeitsleben in Deutschland mit Emotionen, Fehlern oder Kritik umgeht. Außerdem geht es um die Unterscheidung von subjektiven und objektiven Behauptungen.

Modul 2 Thema ist die Schlichtung von Konflikten am Arbeitsplatz.

Modul 3 Hier geht es um Vermutungen und wie man verschiedene Wahrscheinlichkeitsgrade dabei ausdrückt.

Modul 4 Hier beschäftigen TN sich mit den Gründen und näheren Umständen sowie verschiedenen Formen der Kündigung. Davon ausgehend kommen auch die Themen „Arbeitszeugnis" bzw. „Zwischenzeugnis" zur Sprache.

KiB Hier werden höfliche und unhöfliche Wege zum Beenden eines Konfliktgespräches vorgestellt und angewandt.

Lernziele

Auftakt | unangemessene Reaktionen einschätzen
Modul 1 | Hypothesen zum Arbeitsleben wiedergeben
Modul 2 | ein Konfliktgespräch am Arbeitsplatz schlichten
Modul 3 | Vermutungen verstehen und äußern
Modul 4 | ein Kündigungsschreiben verfassen
Modul 4 | ein Arbeitszeugnis anfordern und verstehen
KiB | ein schwieriges Gespräch beenden
Aussprache | Imperativ und Intonation (im ÜB)

Grammatik
Modul 1 | subjektive Modalverben: Behauptungen ausdrücken
Modul 3 | subjektive Modalverben: Vermutungen ausdrücken

Auftakt

A1b
Interkulturelle Kompetenz
E

TN müssen den Hörtext ggf. mehrfach hören, um die unterschiedliche Fortentwicklung der Gespräche zu erfassen. Gehen Sie nach der Besprechung von weiteren denkbaren Reaktionen (sowohl Yulias als auch des Ausbilders) und damit evtl. verbundenen Lösungsmöglichkeiten im PL ins Gespräch über angemessene Aussagen/Antworten. Je nach Kultur und Erfahrung können unterschiedliche Reaktionen als angemessen eingestuft werden. Mögliche Hintergründe hierfür sind z. B. im Hierarchiegefüge, im üblichen Umgangston in einer bestimmten Branche, in den Arbeitsbedingungen usw. zu suchen. Achten sie darauf, dass TN ihre Auskunft über angemessene Äußerungen begründen, damit in einer Diskussion möglichst klar wird, woraus die Einschätzung für Angemessenheit resultiert. Gehen Sie zudem darauf ein, dass auch unter in Deutschland sozialisierten Arbeitenden die Einschätzungen zu Angemessenheit variieren (und genau das oft für Konflikte sorgt).

Sammeln Sie im PL mögliche Vorgehensweisen für Situationen, in denen man sich nicht sicher ist, ob etwas noch angemessen ist oder nicht mehr, z. B. *Gespräch mit Kollegen/Kolleginnen suchen, Beratung in Anspruch nehmen, Vertraute befragen*. Thematisieren Sie in diesem Zusammenhang auch, dass es u. U. Mut und Selbstvertrauen braucht, sich diesbezüglich jemandem anzuvertrauen und um Unterstützung zu bitten, dass dies aber eine hilfreiche Strategie sein kann, um eine Situation auch anders als aus der eigenen Perspektive sehen und einschätzen zu können.

A2a
B

Je nach Tempo der TN-Paare können auch mehr Varianten geschrieben werden oder eine weitere Variante als HA. Auch können Paare, die früher als andere fertig sind, natürlich noch zu einem zweiten Bild einen oder mehrere Dialoge verfassen.

Das hat Konsequenzen

A2b Wenn TN-Paare dasselbe Bild gewählt haben, können Sie andere TN auch wählen lassen, welcher Dialog ihnen von den vorgestellten am meisten zusagt. Wichtig ist, dass TN ihre Entscheidung begründen, indem sie Kriterien für Angemessenheit benennen (z. B. *Ausdruck, Betonung, Freundlichkeit, Sachlichkeit, Hilfsbereitschaft, Achtsamkeit, Vorsicht*).

A3 TN sprechen zunächst in KG zu dritt und erzählen von ihren Erfahrungen. Sollten TN keine Berufserfahrung haben, können diese natürlich auch von anderen Gesprächssituationen berichten wie z. B. aus der Schule (siehe Bild 4). Sie können die Gruppen auch vor dem Sprechen auffordern, während des Gruppengesprächs zu jeder Situation Notizen zu machen:

> 1. Wo hat das Gespräch stattgefunden?
> 2. Wer war beteiligt?
> 3. Was wurde gesagt?
> 4. Warum war die Reaktion Ihrer Meinung nach unangemessen?

E Sie können kurz die Möglichkeit der *Abmahnung* als Sanktion gegen unangemessenes Verhalten erwähnen (→ Hinweis zum Arbeitsweltwissen zu Ü7 in Modul 4).

Ü1a–c Diese Übung beinhaltet Wortschatz, der nicht unbedingt während des Auftakts im KB zur Sprache kam, ist also eher eine Erweiterung im Ausblick auf das Modul. Da der Wortschatz aber größtenteils bekannt sein müsste, kann diese Übung gut als HA bearbeitet werden. Lassen Sie am Folgetag einige der selbst formulierten Sätze vorlesen. Korrigieren Sie ggf.

Ü2a+b
V Bereiten Sie kleine Kärtchen (oder Zettelstreifen) vor und schreiben Sie je einen Ausdruck auf je ein Kärtchen (1–9 und A–I). TN bekommen je ein Kärtchen und suchen auf einem Klassenspaziergang den/die passende/n Partner/in. Hat sich ein Paar gefunden, pinnt es die beiden Kärtchen nebeneinander an eine Wand. Kontrollieren Sie die Zuordnung. Anschließend werden die Karten gemischt und neu ausgegeben, der Spaziergang wird wiederholt. Dann Übergang zu Ü2b in EA, Abgleich der Lösung in PL.

Ü3
V Hier gibt es mehrere mögliche Varianten, z. B. können TN in KG zu je einem Begriff arbeiten und die Blätter dann austauschen. Es können nur die Anfangsbuchstaben genutzt werden oder aber (wie im Beispiel *Kritik*) sich auch Wörter in der Mitte kreuzen. TN können auch eigene Wörter zusätzlich „bearbeiten", die sie z. B. aus Ü1a nehmen. Alternativ können Sie Begriffe senkrecht auf Blätter schreiben (lassen), die dann von TN zu TN weitergegeben werden, und jede/r TN ergänzt einen Begriff zu einem Buchstaben usw.

Ü4
B Bieten Sie TN an, wenn sie in EA nicht weiterkommen, sich zunächst eine/n Partner/in zu suchen, um die Aufgabe möglichst ohne Wörterbuch zu lösen. Besprechen Sie dann im PL ggf. unbekannten Wortschatz und die Begründungen, warum gewählte Wörter nicht passen.

E TN wählen aus jeder (oder jeder zweiten) Zeile ein Wort (oder zwei Wörter) aus, mit denen sie Sätze formulieren. Auch gut als HA geeignet.

Modul 1 Stimmt das?

A1a
Interkulturelle Kompetenz Auch hier kann – wie schon im Auftakt bei A1b – die Einschätzung, was „richtig" ist, bei TN durchaus variieren. Da hier explizit nach „richtig" in Bezug auf die deutsche Arbeitswelt gefragt wird, suchen Sie im PL anschauliche Beispiele und besprechen Sie sie. Fragen Sie TN nach Situationen, zu denen die Aussagen 1–4 passen. Fragen Sie aber auch nach, ob sie (anderswo) andere Erfahrungen gemacht haben. Abgesehen von Unterschieden, die kulturell bedingt sind, lassen sich natürlich auch in Deutschland Gegenbeispiele anführen.

Arbeitsweltwissen Informationen zum Thema *Fehlerkultur* finden Sie hier im UHB im Hinweis zum Arbeitsweltwissen zu Kapitel 4 (Modul 1, A2b).

8

A1b Erwähnen Sie, dass die Infotexte keine überall und jederzeit gültigen Regeln festlegen, sondern Ratgebercharakter haben. TN sollen sich ggf. trauen, andere Beispiele oder Situationen zu ergänzen und Einzelnes zu hinterfragen oder vielleicht anders zu sehen (ggf. auch erst später in A1d).
Für die Bearbeitung dieser Aufgabe können Sie ein interaktives Tafelbild nutzen.

Schreiben Sie folgenden Wortschatz aus den Texten an die Tafel, den TN zunächst erklären und anschließend in Sätzen kontextualisieren:

jdn. trösten	*Dampf ablassen*	*niedergeschlagen*
die Stimme erheben	*meckern*	*vorteilhaft*
etwas im Griff haben	*einen guten Moment abpassen*	*ratsam*
aus der Rolle fallen	*die Nerven verlieren*	*schrittweise*
etw./jn. erwähnen	*die Schuld auf … schieben*	*wohlüberlegt*
etwas versäumen		*emotional*
auffallen	*das Fingerspitzengefühl*	*respektvoll*
etw. verschlimmern	*der Frustabbau*	*konstruktiv*
jn./etw. aufklären	*der Kritikpunkt*	
einen Fehler ausbügeln	*der Verbesserungsvorschlag*	
das Ansehen (verlieren)		

Da es eine relativ umfangreiche Wörterliste ist, können TN in PA Sätze bilden und hierfür z. B. 10 Begriffe aus der Liste auswählen.

A1c Klären Sie im PL, warum die Äußerungen ungeeignet sind, und sammeln Sie auch die Vorschläge für andere Vorgehensweisen im PL.

Ü2 Idealerweise bearbeiten TN die Übung in PA oder in KG zum gemeinsamen Herkunftsland bzw. zu Ländern/Kulturen, die sie gut kennen. TN sammeln im Gespräch Unterschiede und machen sich Notizen. Die Mail schreiben TN dann nach dieser Vorarbeit in EA, möglicherweise als HA. Sammeln Sie die Mails (digital oder analog), sodass TN verschiedene Mails lesen und ggf. Nachfragen stellen können.

vor A2a Schreiben Sie ein, zwei Beispiele für subjektive Konstruktionen mit *sollen/wollen* an die Tafel, z. B. aus den aktuellen Nachrichten oder aus dem Wetterbericht (z. B. *Morgen soll es regnen.*). Fragen Sie TN, wie sie *sollen* bzw. *wollen* hier verstehen: Evtl. können TN schon hier selbst bemerken und erklären, dass man damit signalisiert, dass man etwas lediglich gehört oder gelesen hat.

A2a–b TN überlegen in PA, Besprechung der Lösung im PL. Geben Sie in jedem Fall ausreichend Zeit, da der Unterschied für manche TN evtl. nicht leicht zu erkennen ist. Weisen Sie ggf. zusätzlich darauf hin, dass man mit *wollen* etwas wiedergibt, was jemand von sich selbst behauptet, was man aber bezweifelt bzw. wovon man sich distanzieren möchte.

Ü3 TN können zur Sicherheit in PA überlegen und entscheiden. Abgleich im PL.

A2c Füllen Sie die Tabelle im PL aus.
Der Hinweis, dass die subjektiven Modalverben nicht im Präteritum erscheinen können, lässt sich auch aus einer detaillierten Einführung des Grammatikthemas ableiten, bei der die Satzaussagen getrennt betrachtet werden (was sich generell anbietet):
- Die Sätze enthalten immer (durch das Modalverb ausgedrückt) einen Teil, der „behauptet": Der/Die Sprecher/in berichtet das angeblich Geschehene „jetzt" in der Gegenwart, macht die Aussage (hier im Beispiel: *soll* …) also „jetzt" im Präsens. Seine/ihre Einschätzung des berichteten Inhalts ist aktuell.
- Im Gegensatz dazu kann der übrige Teil des Satzes, also das Berichtete/Beurteilte (das in den übrigen Verbteilen am Ende des Satzes ausgedrückt ist) durchaus etwas sein, das bereits in der Vergangenheit passiert ist (hier: … *das Projekt abgeschlossen haben*).

Bitten Sie starke TN anschließend zu versuchen, noch ein, zwei weitere Beispielsätze frei zu formen, bevor Sie zu den Übungen im ÜB übergehen.

Das hat Konsequenzen

→ KV 8–1 Teilen Sie TN die KV aus. TN analysieren die Sätze 1–11. Lassen Sie TN zu zweit oder in KG vergleichen und besprechen Sie anschließend, wenn nötig, Unklarheiten im PL. Damit der Gebrauch der subjektiven Modalverben sich einschleifen kann und TN sich an die Häufung der Verben und deren Stellung gewöhnen, machen sie danach als Flüssigkeitsübung Aufgabe 2 auf der KV. Spielen Sie das Beispiel mit einem/einer TN vor, übertreiben Sie dabei das Erstaunen bzw. die Relevanz des Gesagten. Partner/in B soll sich vor allem darauf konzentrieren, den Satz von A korrekt und im passenden Tonfall wiederzugeben, ohne abzulesen.
Diese Art von Flüssigkeitstraining kann TN auf höheren Niveaus simpel vorkommen. Es trainiert aber korrektes und selbstbewusstes Sprechen, gerade bei schwierigen Konstruktionen wie diesen.

Ü4 Gehen Sie im PL die Sätze 1–8 durch und bitten Sie nacheinander jeweils eine/n TN, einen der Sätze zu formulieren. Schreiben Sie die Sätze an die Tafel, sodass TN sie korrekt in ihr Heft übertragen können. Fragen Sie anschließend: „Welche Eigenschaft hat Prof. Braun?", und sammeln Sie Wortschatz (z. B. *arrogant, die Arroganz, eingebildet, abgehoben, angeberisch, angeben, hochnäsig, überheblich, blasiert, selbstbewusst, zielstrebig*).

Ü6 Falls TN nicht selbst Bezug darauf nehmen, können Sie zum Bild auf Kapitel 1, Modul 4 (Hinweis zu A1) verweisen, wo es schon einmal um „Flurfunk" und Gerüchte ging. Weisen Sie darauf hin, dass subjektive Modalverben hierbei häufig zum Einsatz kommen.

A3 TN können hier in EA die Sätze ins Heft übertragen und in PA abgleichen und ggf. korrigieren.

A4 Je nach dem verfügbaren Zeitrahmen können TN auch nur einen oder zwei Begriffe recherchieren und Behauptungen formulieren. Sie können die Begriffe zuteilen oder TN frei entscheiden lassen, was sie recherchieren möchten.

Modul 2 Was ist denn los?

A1 TN schreiben in Gruppen Mindmaps auf Plakate und hängen diese anschließend im Kursraum auf. Die gesammelten Konfliktpunkte können in diversen Übungen zum Einsatz kommen.

A2a Lesen Sie im PL vorab „Sprache im Beruf" und klären Sie ggf. die Begriffe. Regen Sie TN an, die Ausdrücke beim Gespräch über die gehörten Konfliktpunkte einzusetzen.

Ü1 Diese Übung können Sie mit Wettbewerbscharakter durchführen: Wer findet am schnellsten heraus, wie die Wörter richtig heißen? Oder TN machen sie ohne Zeitdruck als HA. (Für weitere Informationen zum „Tipp" siehe die Hinweise zum Arbeitsweltwissen bei A3.)

A2c Die Redemittel sind im Hörtext enthalten. Ggf. kann der Hörtext zur Kontrolle der zugeordneten Verben noch einmal gehört werden.

Ü2 TN überlegen und formulieren in KG gemeinsam alternative Äußerungen. Lassen Sie anschließend verschiedene Optionen im PL vorlesen.

A3 TN können Situationen aus dem Arbeits- und Privatleben für ihre Beispiele nutzen. Wenn diese relativ offene Fragestellung TN schwerfällt, können Sie alternativ zu den Bildern auf den Auftaktseiten zurückgehen und TN überlegen lassen, welche Verhaltensweisen ihnen in der jeweiligen Situation passend vorkommen und wie diese konkret aussehen/klingen könnten.
Zum Thema „Vermittlung" bzw. „Mediator/in" finden sich – zusätzlich zum Hinweis zum Arbeitsweltwissen unten – weiterführende Informationen auch im ÜB in Übung 5.

Arbeitsweltwissen
Zum Thema *(geleitete) Mediation* finden Sie einen weiterführenden Hinweis im → UHB zu Band B2 auf Seite 92/93. Sie können darüber hinaus die Anleitung zur friedlichen Gesprächsführung in Konfliktsituationen nach dem Harvard-Konzept auf der → Kopiervorlage KV 1–4 in Band B2 (Seite 200) ggf. nochmals verwenden.

Ü3 ⓑ	Eignet sich gut als HA. TN, die Übung im Schreiben benötigen oder Übung wünschen, können die zusammengesetzten Sätze komplett ins Heft abschreiben.
A4a+b ⓑ	TN bekommen zunächst ausreichend Zeit, die Rollenkarten zu lesen und zu verstehen. Klären Sie unbekannte Formulierungen im PL. Bevor TN die Gespräche im PL (A4b) spielen, sollten Sie ebenfalls klären, ob die vier Punkte der Aufgabenstellung verstanden wurden. Achten Sie beim Feedback der TN darauf, dass diese sich tatsächlich auf die vier genannten Punkte beziehen. Sie können TN auch in Paare einteilen, die sich dann auf je eine Frage konzentrieren.
Ü4	Die Mails können im Unterricht oder zu Hause geschrieben werden. Geben Sie anschließend ein inhaltliches und formales Feedback, in dem Sie TN auch rückmelden, ob die Mail sich tatsächlich durchgängig freundlich liest.
Ü5	Weisen Sie TN darauf hin, dass es sich hier um ein prüfungsrelevantes Aufgabenformat handelt. Ggf. klären Sie die Bedeutung des Begriffes *Mediator* bzw. den Unterschied zwischen *Mediation* im Sinne von 1. Streitschlichtung (hier) und 2. der Sprachmittlung, die TN aus dem Unterricht kennen. Fragen Sie außerdem, ob ein/e TN den Begriff *Kaltakquise* erklären kann, oder erläutern Sie ihn selbst (*potenzielle Kunden/Kundinnen werden angerufen oder angeschrieben, ohne dass schon eine Kundenbeziehung besteht und ohne dass der/die Kunde/Kundin der Kontaktaufnahme zuvor zugestimmt hat*). TN sollten versuchen, die Übung in EA zu bearbeiten, und sich erst anschließend mit anderen über die richtige Lösung austauschen. Besprechen Sie die richtige Lösung im PL. Klären Sie dabei schwierige Punkte und gehen Sie sie je nach Bedarf einzeln durch.

Modul 3 Hast du schon gehört?

A1b ⓑ	TN füllen beim Hören die Tabelle aus. Falls das manchen TN aufgrund des Tempos des Hörtextes nicht gelingt, nehmen Sie Druck aus der Situation und fordern Sie TN auf, dem Text noch einmal „nur" konzentriert zuzuhören und die Formulierungen aus A1b im Hörtext zu „suchen", indem sie sie zunächst nur ankreuzen. In einem zweiten Hördurchgang kann dann die Zuordnung zu den Vermutungen aus 1a erfolgen.
Ü1a Ⓔ	TN arbeiten in PA. TN bilden Sätze mit den Modalwörtern, die möglichst im PL auf Zutreffen „geprüft" werden können, z. B. *Vielleicht regnet es heute noch. Bestimmt trinkt Maja in der Pause wieder einen Kaffee. Zweifellos kann unsere Lehrerin am besten von uns allen Deutsch.*
A1b Ⓥ	TN arbeiten in PA und sollten Gründe finden, die möglichst kreativ sind. Anschließend tauschen sie sich mit einem anderen Paar aus. Jede Vierergruppe kann ihren lustigsten Grund „einreichen", der dann an die Tafel geschrieben wird. Am Ende wird abgestimmt und der witzigste Grund wird prämiert.
Ü2	Zur Festigung als HA geeignet.
A2 Ⓔ	Nach dem Üben der Formulierungen können TN auch noch weitere Gründe erfinden.
Ü3a	Nach A3a bearbeiten TN die Übung zunächst in EA. Im PL können Sie dann noch auf den Wortschatz (*lästern, das Mittel, vor jemandem über etwas sprechen*) und die Ausdrücke eingehen: *Man muss ganz schön aufpassen* und *Das kann nach hinten losgehen* sowie *vor der eigenen (Haus-)Tür kehren*.
A3b ⓑ	Die Aufgaben können TN auch in PA lösen. Bei dieser Aufgabe bietet es sich an, noch mal auf das Grammatikthema der subjektiven Modalverben zu fokussieren, die gerade Thema waren. An den Beispielen lässt sich gut nachvollziehen, wofür diese Grammatik praktisch genutzt wird.

Das hat Konsequenzen

Ü4
B

TN, die mehr Zeit benötigen, können auch pro Punkt (1–4) zunächst nur eine Variante schreiben. Anschließend werden im PL bzw. an der Tafel pro Punkt zwei Varianten notiert. TN, die zuvor nur eine Variante geschrieben hatten, können dann eine zweite Variante ergänzen, indem sie diese von der Tafel ins Buch abschreiben.

A4
V

Die Bilder können groß kopiert und je an eine Wand im Kursraum gehängt (oder an die Tafel gebeamt) werden. TN schreiben dann möglichst viele Vermutungen auf Moderationskarten und hängen Sie um die Bilder herum auf. Sie sollten aber immer zunächst die Karten lesen, die schon hängen, um Doppelungen zu vermeiden und neue kreative Vermutungen zu finden. Gehen Sie nach einer gewissen Zeit gemeinsam die Gründe durch und korrigieren Sie die formulierten Sätze im PL. Als Anschlussübung übertragen TN zu jedem Bild 2–4 korrekte Sätze mit Vermutungen in ihr Heft.

Ü5

Diese Übung kann zur Wiederholung und Festigung als HA bearbeitet werden oder – falls A4 wie oben beschrieben ausführlicher behandelt wurde – weggelassen werden.

Modul 4   In gegenseitigem Einvernehmen

A1
Mediation

TN können zunächst die Bücher geschlossen lassen. Schreiben Sie die Frage „Welche Entscheidungen in Ihrem Leben hatten große Auswirkungen auf Ihre berufliche Situation?" an die Tafel. TN erzählen in KG, wobei Sie die Situation vorher insofern entlasten sollten, als dass TN, die noch keine oder wenig Berufserfahrung haben, auch „nur" zuhören können, unbedingt aber Fragen an erzählende TN stellen sollten. Nach einer gewissen Redezeit (z. B. 10 Minuten) kommen TN im PL wieder zusammen. Nun berichten jeweils andere TN, was zuvor in der KG erzählt wurde.

P

Weisen Sie TN darauf hin, dass es sich um ein mögliches Thema in der mündlichen Prüfung sowie eine Mediationsübung hierfür handelt.

A2a

TN sollten hier nicht nur das große Thema „Kündigung" benennen, sondern mehr Wortschatz einbringen wie z. B. *unzufrieden, die Unzufriedenheit, der Konflikt, die Krise, die Unterforderung, die Veränderung, die Bewerbung*.

E

Thematisieren Sie an dieser Stelle auch das hier abgedruckte Format: „Um was für einen Chat könnte es sich handeln?", „Wie gut kennen sich die chattenden Personen?" Sie können dabei kurz auf die scherzhafte Anrede „Frau Führungskraft" eingehen und TN fragen, was damit zum Ausdruck kommt (*scherzhafte Anspielung auf die Stellung in der Hierarchie, evtl. auch unterstellter Eifer, Ehrgeiz*). In jedem Fall sollte klar werden, dass eine solche Anrede nur im vertrauten Rahmen genutzt werden sollte. (Andere umgangssprachliche Formulierungen finden sich in Ü1.)
Ggf. kommen TN auch auf das Thema „Vertraulichkeit" zu sprechen und darauf, dass es Risiken bergen kann, Informationen wie eine (noch) unausgesprochene Kündigung in einem Chat zu kommunizieren oder generell zu viel über Vorgänge bei der Arbeit zu offenbaren (zum Thema „Verschwiegenheitspflicht" → Kapitel 6, Modul 2).

Ü1

Gute als HA zur Nachbereitung der Aufgaben im KB geeignet. Abgleich von Ü1 in PA.

A2b

TN arbeiten in 3 KG und bearbeiten jeweils eine Frage. Anschließend fasst je ein/e TN der KG zusammen, welche Infos gesammelt werden konnten. Sagen Sie TN vorher, dass es bei diesen Fragen darum geht, Vorwissen zu diesen Themen (die im Kapitel dann noch genauer behandelt werden) zu aktivieren, und sie die Antworten demnach nicht im Chat finden. Falls TN Vermutungen formulieren, achten Sie darauf, dass sie diese auch als solche sprachlich „kennzeichnen".

E
Interkulturelle Kompetenz

Fragen Sie TN: „Wer von Ihnen hat schon mal seine/ihre Stelle gekündigt? Wie lief das ab? Mündlich oder schriftlich? Wie waren die Reaktionen und Konsequenzen?" TN berichten im PL von ihren persönlichen Erfahrungen. Sprechen Sie in diesem Zusammenhang über unterschiedliche Fristen, Vorgehensweisen usw.
Sie können sicherheitshalber auch noch einmal den Unterschied beim Gebrauch des Verbs *kündigen* verdeutlichen: *Ich kündige (meine Stelle).* ↔ *Ich kündige jemandem (z. B. meiner Mitarbeiterin)* – und darauf hinweisen, dass nur beim ersten Beispiel das Objekt weggelassen werden kann (*Ich kündige morgen.*).

Arbeitswelt-wissen	Informationen zum Thema „Arbeitszeugnis" finden Sie in den weiteren Aufgaben im Kapitel sowie im Band B2 im Hinweis zum Arbeitsweltwissen auf S. 150. In einem *Zwischenzeugnis* bewertet der/die Vorgesetzte die aktuelle Tätigkeit des/der Beschäftigten. Es kann hilfreich sein, ein Zwischenzeugnis zu fordern, wenn sich das Arbeitsverhältnis grundlegend ändert, beispielsweise bei neuen Aufgaben oder einem Wechsel des/der Vorgesetzten. Ein Zwischenzeugnis kann auch bei einer Bewerbung um eine neue Stelle sinnvoll sein, um die bisherige Leistung und Erfahrung dokumentiert zu bekommen. Eine *betriebsbedingte Kündigung* wird vom Arbeitgeber ausgesprochen, wenn er den/die Beschäftigte/n nicht weiterbeschäftigen kann. Typische Gründe für betriebsbedingte Kündigungen sind Umstrukturierungsmaßnahmen oder die Schließung oder Auslagerung von Abteilungen. Weitere Informationen zum Thema „Kündigung" finden Sie in den weiteren Aufgaben im Kapitel sowie im → UHB zu Band B2 im Hinweis zum Arbeitsweltwissen auf Seite 149.
A3 *Strategie*	TN sollten genug Zeit für die Vorbereitung ihrer Gesprächsrolle erhalten. Kommunizieren Sie im Vorfeld, dass die Schritte nacheinander in PA geübt werden können, sodass der Ablauf klar ist und das Gespräch bestenfalls ohne Vorlage geführt werden kann. TN, denen dies noch schwerfällt, können mit dem Buch bzw. mit Kärtchen arbeiten. Besprechen Sie im PL, dass eine gute Gesprächsvorbereitung, was den Ablauf angeht, die beste Strategie ist, um ein Gespräch flüssig führen zu können. Ein inhaltlich logischer Ablauf ist im Hinblick auf das Erreichen des Gesprächsziels in der Regel wertvoller als z. B. die grammatische Korrektheit der Aussagen.
Ü2	Ü2 sollte von TN zu Hause so vorbereitet werden, dass sie am Folgetag in PA die Begriffe erläutern können. Anschließend sollte zu jedem der vier Worte eine Erklärung an die Tafel geschrieben werden. Diese Übung kann der Vorentlastung von A4a dienen oder im Anschluss an A4a erfolgen.
A4a E	Klären Sie das Wort *einvernehmlich* (*einstimmig, miteinander übereinstimmend*, auch: *friedlich*). Lassen Sie TN zur Wiederholung erklären, was ein Relativsatz ist und fragen Sie, welche verschiedenen Arten TN hier finden (Relativsätze mit den Relativpronomen *der/die* – mit und ohne Präposition – sowie mit dem Relativpronomen *wer*).
A4c ▸	TN können paarweise eigenständig entscheiden, ob sie lieber gemeinsam beide Begriffe recherchieren oder jede/r TN zu einem Begriff recherchiert und sie sich dann gegenseitig informieren.
Arbeitswelt-wissen	Eine *Abfindung* ist eine Entschädigung, die der Arbeitgeber oder die Arbeitgeberin dem/der Beschäftigten bezahlt, wenn das Arbeitsverhältnis – meist von Arbeitgeber/innen-Seite aus, z. B. aus betriebsbedingten Gründen – beendet wird. Sie soll den bisherigen Arbeitnehmer oder die bisherige Arbeitnehmerin für den Ausfall des Lohnes/Gehalts entschädigen. Die Höhe der Abfindung kann unterschiedlich sein und hängt von verschiedenen Faktoren ab, wie zum Beispiel der Dauer der Betriebszugehörigkeit oder dem Grund für die Kündigung. Da eine Abfindung kein Arbeitsentgelt, sondern eine Entschädigung für den Verlust des Arbeitsplatzes ist, werden davon keine Beiträge zur Renten-, Kranken-, Pflege- und Arbeitslosenversicherung abgezogen. Nach der Kündigung kann der/die Beschäftigte von der Verpflichtung zur Erbringung der Arbeitsleistung entbunden werden. Das nennt man *Freistellung*. Es gibt unterschiedliche Freistellungsarten: bezahlt oder unbezahlt, vom Arbeitgeber angeordnet oder einvernehmlich vereinbart, widerruflich oder unwiderruflich. Die Bedingungen hängen von den geltenden Arbeitsgesetzen und den Vereinbarungen im Arbeitsvertrag sowie dem jeweiligen Fall ab. In der Regel gilt die Freistellung für den Zeitraum zwischen der Kündigung und dem Ablauf der Kündigungsfrist und wird schriftlich festgehalten.
A5b *Arbeitswelt-wissen*	Allgemeine Informationen zum Thema *Gewerkschaft* finden Sie hier im UHB im Hinweis zum Arbeitsweltwissen zu Kapitel 6 (Modul 2, Ü4). Zu den Themen *Betriebs-* bzw. *Personalrat* und *Betriebsverfassungsgesetz* finden Sie einen Hinweis zum Arbeitsweltwissen im → UHB zu Band B2 auf Seite 139.

Das hat Konsequenzen

A5c
Mediation

Lassen Sie TN den Abgleich der ausgefüllten Felder in PA machen. Anschließend sollten TN (z. B. ein TN pro Spiegelstrich) in eigenen Worten und ganzen Sätzen versuchen, die verstandenen Informationen im PL zusammenfassend zu formulieren.

Ü3

Als HA geeignet. TN schreiben nach Entscheidung für die richtige Lösung die Sätze komplett ins Heft ab.

Ü4
Mediation

Diese Lückenübung dient der Vorentlastung von A6 und kann in PA bearbeitet werden. Lesen Sie gemeinsam im PL die „Info". Bitten Sie ein oder zwei TN, den Inhalt in eigenen Worten wiederzugeben. Da es sich im Lückentext zwar um kündigungstypische Formulierungen handelt, diese aber TN nicht unbedingt geläufig sind, ist es ggf. hilfreich, wenn TN zunächst online ein paar auf Deutsch verfasste Beispiel-Kündigungsschreiben lesen, z. B. auf https://karrierebibel.de/kundigungsschreiben-muster/ oder https://bewerbung.net/kuendigungsschreiben oder https://www.kuendigung.org/kuendigungsschreiben/

A6
Schlüsselkompetenzen

Das Verfassen eines Kündigungsschreibens war in → Band B2 in Kapitel 9, Modul 4, bereits einmal Thema. Beachten Sie darüber hinaus auch die → Hinweise zum Arbeitsweltwissen zum Thema *Geschäftskorrespondenz* in Band B2 auf Seite 107.

TN sollten das Schreiben bestenfalls direkt am PC verfassen und auch auf formale Kriterien achten, sodass neben dem Verfassen des Inhalts z. B. das korrekte Schreiben von Adressat und Absender sowie angemessene Absätze und Abstände geübt werden. Zudem sollten TN überprüfen, ob sie alle Punkte, die sie in A5a markiert hatten, in ihrer Kündigung berücksichtigt haben.

→ KV 8–2 (Portfolio)

Zum Einprägen der Form können TN die Teile der KV zusammensetzen und als Vorlage (auch für andere formelle Schreiben) aufkleben (und praktische Tipps darauf notieren).

A7b

Strategie

TN können in PA vorgehen: TN A liest die Arbeitnehmer-Texte, TN B die Arbeitgeber-Texte. Nach dem Lösen der Aufgabe arbeiten TN zu viert in KG. Ein TN-Paar arbeitet mit den Arbeitnehmer-Texten, das andere mit den Arbeitgeber-Texten. Jedes Paar sucht 5 Wörter aus seinen Texten und das jeweils andere Paar erklärt die Wörter durch Synonyme, Erklärungen und Beispiele.

Sagen Sie TN, dass sie die „Strategie" in Ü5 anwenden werden.

Ü5a–c

TN arbeiten in EA und sollten genug Zeit, jedoch ein festgelegtes Zeitfenster bekommen, um die Schritte, die Ü5b nach dem Lesen des Textes anleitet, in Ruhe und bewusst nacheinander abarbeiten zu können. Bieten Sie als LK für die gesamte Übung Lernbegleitung an, besprechen Sie aber im Vorfeld auch, dass hier möglichst selbstständiges Arbeiten gefordert ist.

Zum verabredeten Zeitpunkt stellen TN ihre 4 Sätze (Ü5c) im PL vor. TN können ihre 4 Sätze auch in einem Etherpad schreiben, sodass alle TN alle Sätze (mit)lesen können. Korrektur dann ggf. gemeinsam im PL. Leitfragen für die Korrektur:

1. *Werden die wichtigen Informationen genannt?*
2. *Sind die Sätze einfach?*
3. *Sind die Sätze sprachlich korrekt?*
4. *Finden Sie in den Sätzen sonst noch etwas problematisch?*

A8a

TN sprechen in KG. Hier findet eine Wiederholung von und Ergänzung zu A2 und A3 statt. Der Fokus liegt hier nun auf einem „guten" Arbeitszeugnis.

Arbeitsweltwissen

Allgemeine Informationen zum Thema *Arbeitszeugnis* finden Sie im → UHB zu Band B2 im Hinweis zum Arbeitsweltwissen auf Seite 150.

A8b
Interkulturelle Kompetenz

Da manchen TN Arbeitszeugnisse möglicherweise weniger bekannt sind, führen Sie dieses Gespräch im PL, um einige Informationen und Erfahrungen zusammenzutragen. Sprechen Sie auch über unterschiedliche Formate (z. B. Arbeitsnachweise in Berichtsheften) und ggf. Alternativen zu Arbeitszeugnissen (z. B. persönliche Gespräche, Referenzen).

A9a

Teilen Sie eine großkopierte Version des Arbeitszeugnisses zum Hineinschreiben aus.

TN wiederholen anschließend Berufswortschatz aus dem Text, indem sie folgende Komposita zerlegen und erklären: *der Sachbearbeiter, der Marktführer, der Endkunde, die Kontenklärung, der Zahlungsaufschub, die Ratenzahlung, der Aufgabenbereich.*

A9b
E
TN vergleichen ihre Änderungen anschließend in PA. Ggf. nochmaliges Hören und Klärung im PL. Anschließend verfassen TN aus der Rolle Ricks die Bitte um ein korrigiertes Arbeitszeugnis.

Ü6
E
Sprechen Sie im PL über Zwischenzeugnisse und lesen Sie im PL die „Info". Ggf. können TN im Internet Beispiele für Zwischenzeugnisse recherchieren und lesen.

Ü7
P
Weisen Sie TN darauf hin, dass es sich um ein Aufgabenformat aus der Prüfung handelt und Sie deshalb erst nach dem Bearbeiten der Aufgabe ggf. Wortschatz erklären. Nach dem Abgleich der Lösung fragen Sie nach Unklarheiten und erläutern Sie den Begriff *das Rechtsmittel* (*die Möglichkeit, eine gerichtliche Entscheidung anzufechten, also erneut prüfen zu lassen, z. B. die Beschwerde oder die Berufung*) und ggf. nach Bedarf der TN weiteren Wortschatz aus den Hörtexten.

Arbeitswelt-wissen
Eine *Abmahnung* ist eine förmliche Rüge des Arbeitgebers an den/die Beschäftigte/n, die mündlich oder schriftlich erteilt wird. Sie dient als Warnung und wird ausgesprochen, wenn der/die Beschäftigte (wiederholt) bestimmte berufsbezogene Pflichten verletzt hat. Die Abmahnung muss verhältnismäßig sein und wird in der Personalakte dokumentiert. Sie kann insofern als Grundlage für eine spätere Kündigung dienen, als der/die Beschäftigte in der Regel zunächst mehrfach auf ein Fehlverhalten offiziell hingewiesen worden sein muss, bevor dieses zum Grund einer Kündigung werden kann.

Aussprache

A1b–c
E
Lassen Sie die TN noch einmal hören und dabei die Steigerung markieren. Überprüfen Sie die Ergebnisse im PL. Fragen Sie anschließend, wie eine Steigerung bei Aufforderungen in den Muttersprachen der TN umgesetzt wird: ähnlich oder anders? Anschließend hören TN noch einmal, sprechen nach und übertreiben dabei.

A2
Vorgehen wie beschrieben; sagen Sie TN, dass der/die Partner/in jeweils Feedback geben soll.

Kommunikation im Beruf

A2
TN sollten mindestens einmal den/die Gesprächspartner/in wechseln, um unterschiedliche Ausdrucksweisen zu hören.

A3
Je nach Sprachstand braucht diese Aufgabe ggf. unterschiedlich viel Vorbereitung. Sie können eingangs fragen: „Wer möchte direkt ins Gespräch gehen?", und TN, die sich bereiterklären, können spontan einen kleinen Dialog vorspielen, sodass alle zum Einstieg ein Beispielgespräch hören und Feedback geben können. Es sollte aber zuvor verdeutlicht werden, dass das Gespräch dem vorgegebenen Schema folgen (und nicht einfach drauflosgeredet werden) soll. Anschließend sprechen TN in Paaren, können aber auch für eine 2. Runde den/die Gesprächspartner/in wechseln.

V
TN arbeiten in KG zu dritt: Zwei TN spielen das Gespräch, ein/e dritte/r TN beobachtet, macht Notizen und gibt anschließend Feedback.

E
TN schreiben als HA eine weitere Rollenkarte und bringen diese am Folgetag mit. Die Karten werden im Kurs ausgetauscht und weitere Dialoge werden gespielt.

Grammatik-Rückschau

→ KV 8-3
TN üben in KG zu dritt anhand des Spiels auf der KV die Formulierung von Vermutungen mithilfe subjektiver Modalverben. Halten Sie 1 Würfel und 3 Spielfiguren pro KG bereit. Stellen Sie sicher, dass zu Beginn allen TN klar ist, was sie während des Spiels auf den jeweiligen Feldern zu tun haben. Diejenigen TN, die gerade nicht am Zug sind, kontrollieren die formulierten Sätze der/des dritten TN. Schwächere TN können die Beispielsätze auf der Rückschauseite zu Hilfe nehmen.

Was kommt jetzt?

Themen Das neunte Kapitel behandelt den deutschen Arbeitsmarkt und welche Möglichkeiten, aber auch welche Probleme er aufweist.

Auftakt TN befassen sich mit wichtigen allgemeinen Fragen zum deutschen Arbeitsmarkt, seinen Branchen sowie den maßgeblichen Faktoren für die Berufswahl.

Modul 1 In diesem Modul geht es um das Problem des Fachkräftemangels, aber auch die sich daraus ergebenden Chancen. TN recherchieren die Arbeitsmarktlage zu einer ausgewählten Branche.

Modul 2 Hier steht die Frage, wie man seine beruflichen Ziele verfolgt, im Mittelpunkt.

Modul 3 Hier wird thematisiert, was zu tun ist, wenn ein Arbeitsverhältnis endet und man sich bei der Agentur für Arbeit meldet.

Modul 4 Das Modul behandelt wichtige Einzelheiten, die bei bzw. nach Beendigung eines Arbeitsverhältnisses und der Meldung bei der Agentur für Arbeit zu beachten sind.

KiB TN lernen, wie sie berufliche Angebote, die sie aus persönlichen Gründen nicht wahrnehmen möchten, höflich ablehnen.

Lernziele

Auftakt | über Einflüsse auf die Berufswahl sprechen
Modul 1 | Nachrichten zum Arbeitsmarkt verstehen und wiedergeben
Modul 2 | Notizen zu einem Gespräch über berufliche Ziele machen
Modul 3 | Vor- und Nachteile von selbstständiger Arbeit herausstellen
Modul 4 | sich bei der Agentur für Arbeit melden
Modul 4 | in einem Beratungsgespräch wichtige Informationen verstehen
KiB | Vorschläge höflich ablehnen
Aussprache | Pausen richtig setzen (im ÜB)

Grammatik
Modul 1 | Nominalisierung und Verbalisierung von Präpositionalergänzungen
Modul 3 | Konnektoren (*allerdings, mittlerweile, vielmehr* ...)

Auftakt

A1a+b Diese Aufgabe kann in Vorbereitung auf das Kapitel, d. h. im Voraus über 2-3 Tage als HA erfolgen. Dabei muss nicht jede einzelne Frage an eine KG vergeben sein (eher wäre darauf zu achten, dass durch mehrfache Wahl einer Frage für 1b Überschneidungen von Ergebnissen unterschiedlicher Herkunft herauskommen können). Im Unterricht findet dann mit A1b ein Abgleich der Ergebnisse und ein Gespräch im PL über die recherchierten Informationen statt. (Die Frage, ob/wann Informationen aus Quellen im Internet verlässlich sind, kommt in Modul 1 in Aufgabe 4 in der „Strategie" noch einmal zur Sprache.)

Fragen Sie bei A1b auch gezielt nach, was TN bei der Recherche besonders überraschend fanden, was sie anders erwartet hätten usw.

→ KV 9-1 (Portfolio) Je nach Erfahrung der TN mit Recherchen im Internet können Sie hier zum Thema „Verlässlichkeit von Informationen in Internetquellen" die KV 9-1 austeilen und anhand der Checkliste wichtige Schritte für verlässliche Recherchen besprechen.

Ü1 Gut als HA geeignet zur Wortschatzfestigung. TN übertragen anschließend die Wörter, die sie ins Kreuzworträtsel geschrieben haben, mit korrektem Artikel in ihr Heft und lernen sie auswendig. Fragen Sie sie am Folgetag ab und lassen Sie TN Sätze mit den Wörtern bilden.

A2a TN sollten im PL kurz identifizieren, ob es sich um Stichworte im Singular oder Plural handelt, und bei den Singularformen die Artikel wiederholen. Weisen Sie darauf hin, dass die Stichworte den Kästen mit den jeweiligen Fragen an den Ständen thematisch zugeordnet werden sollen (während die Betrachtung der abgebildeten Stände alleine nicht weiterhilft). Die Zuordnung erfolgt in EA, der Abgleich in PA.

A2b	Lassen Sie TN diese Diskussion ganz bewusst und mit etwas Zeit (z. B. 5–10 Minuten) vorbereiten und sich ggf. Stichworte notieren, bevor Sie die Diskussion im PL beginnen.
Ü2a 🇪	Wenn diese Übung als HA gemacht wird, können TN am Folgetag in KG nach den Begriffen zusammenarbeiten (pro KG mehrere Branchen, z. B. 3, je nach Gruppengröße) und Berufssammlungen anfertigen: TN gleichen die als HA in EA gefundenen Berufe ab und notieren (ohne Doppelung) die Berufe auf je einem Blatt Papier pro Branche. Anschließend werden die Blätter an eine andere KG weitergereicht. Diese ergänzt, falls sie noch Berufe in petto hat, die noch nicht auf einem der Blätter stehen. Am Ende sollten alle KG alle Blätter einmal gehabt haben. Hängen Sie die Berufe-Sammlungen später im Kursraum für alle lesbar auf.
Arbeitswelt-wissen	Das Wirtschaftsgeschehen eines Landes lässt sich in verschiedene Bereiche einteilen: Der *primäre Sektor* (auch *Urproduktion* genannt) umfasst alles, was der Gewinnung von Rohstoffen für diverse Produkte dient. Üblicherweise zählen hierzu die Land- und Forstwirtschaft, die Fischerei, Schlachtereien und die Umsetzung von Wasserkraft, je nach Definition auch der Bergbau. Der *sekundäre Sektor (industrieller Sektor)* umfasst die Verarbeitung der gewonnenen Rohstoffe und Güter des Primärsektors. Typischerweise findet dies in Gewerben wie dem Handwerk, der Wasserversorgung und Energiewirtschaft oder der Bauindustrie statt. Der *tertiäre Sektor (Dienstleistungssektor)* ist in den meisten Industrieländern der wichtigste Wirtschaftszweig. Zu ihm gehören sämtliche Dienstleistungen im Handel, Bankwesen, in der Gastronomie oder im Verkehr. Mitunter wird aus dem tertiären Sektor noch der *Quartär- oder Informationssektor* abgeleitet, um Dienstleistungen zu bezeichnen, die ein stark spezialisiertes Fachwissen voraussetzen und im weitesten Sinn der Informationsvermittlung dienen. Hierzu gehören etwa Beratungstätigkeiten, Erziehungsberufe, IT-Dienstleistungen und Forschung.
2b 🇪 *Mediation*	Anschließend an den mündlichen Austausch können TN die Informationen aus dem Gespräch mit ihrem/ihrer Partner/in schriftlich zusammenfassen. Auch als HA möglich.
Ü3 🇪	TN schreiben zusätzlich je einen ganzen Satz zu 1–5 unter Verwendung eines der passenden Verben.
Ü4a+b 🇧	TN, die sich mit dem Lesen von Statistiken schwertun, lösen Ü4a. Stellen Sie TN zudem frei, ob sie die Übung in EA oder PA bearbeiten möchten. TN, denen das Lesen von Statistiken leichter fällt, bzw. die schneller fertig sind mit Ü4a, lösen zusätzlich Ü4b. Das Sprechen über Grafiken war bereits im → Brückenband B1/B2 in Kapitel 2 auf der „Kommunikation im Beruf"-Seite Thema; siehe auch → KV 2-3 (B1/B2) im UHB zu Band B1/B2. Auch im Band C1 wird das Thema in Kapitel 5 in Modul 4 in Aufgabe A3a+b behandelt, wozu Sie im UHB auf Seite 69 eine Liste bereits bekannter Redemittel finden, die Sie ggf. auch hier für das weitere Sprechen über die Grafiken nutzen können.

Modul 1 So ist die Lage

vor A1/A1 🇻	TN recherchieren als HA den Begriff *Fachkräftemangel* und steigen dann entsprechend vorbereitet am Folgetag in das Gespräch zu A1 ein.
A2a 🇪 *Mediation*	Alle TN lesen die beiden Texte genau, dann gehen 2 TN an die Tafel und schreiben aus dem Gedächtnis und in eigenen Worten den Fokus auf (TN1 zu Text A, TN2 zu Text B). Die anderen TN ergänzen bzw. korrigieren.
Ü1b	TN können tatsächlich erlebte oder auch frei erfundene Geschichten erzählen.
A2b 🇪 *Mediation*	Nach der gegenseitigen mündlichen Information in PA im Unterricht kann der gelesene Text (oder eben der noch nicht selbst gelesene Text) als HA noch schriftlich zusammengefasst werden. Am Folgetag tauschen TN ihre Texte und geben Feedback, ob alle relevanten Informationen enthalten sind.

Was kommt jetzt?

	Gehen Sie ggf. vorab oder im Anschluss an die Aufgabe auf den Begriff *demografischer Wandel* ein (*in Deutschland: sinkende Zahl jüngerer Menschen, gleichzeitig steigende Zahl älterer Menschen*). Falls Sie an dieser Stelle aktuelle Zahlen nennen bzw. mit TN dieses Thema vertiefen wollen, finden Sie z. B. hier Informationen: https://www.destatis.de/DE/Themen/Querschnitt/Demografischer-Wandel/_inhalt.html
Ü2a+b	Gut als HA geeignet. TN sollten ohne Wörterbuch arbeiten (auch wenn dann Lücken bleiben).
Ü3	Lesen Sie den „Tipp" im PL. TN können zunächst ggf. intuitiv (was das Binnen-s betrifft) Komposita bilden. Gehen Sie anschließend im PL alle Nominalisierungen und Komposita durch. Schreiben Sie die Lösung an die Tafel.
A3a	Lassen Sie kurz eine/n TN erklären, was 1. eine *Präposition* ist, 2. was *Kasus* bedeutet und 3. wofür im Beispiel die Abkürzung *D.* steht. Sagen Sie TN, dass sie für alle Verben Beispiele im Text (A2b) gelesen haben. TN können ein Wörterbuch und/oder Listen im Anhang nutzen.
A3b+c	TN, die in A2b zusammengearbeitet haben, arbeiten hier weiter in PA zusammen. Gehen Sie als LK durch den Kursraum und unterstützen Sie die Paare bzw. korrigieren Sie, wo nötig.
A3d	Ein/e TN liest den Grammatikkasten mit Lösung laut vor, die anderen TN gleichen ihre Lösung ab. Der Text mit den relativ langen Wörtern (benennen Sie die Ausdrücke *Präpositionalergänzungen* und *Präpositionaladverb* ggf. als „Zungenbrecher") kann zusätzlich als Ausspracheübung ruhig 2–3-mal (von anderen TN) im PL vorgelesen werden.
Ü4a–c B	TN lösen Ü4a in EA und Ü4b+c ggf. in PA. Lesen Sie zuvor im PL gemeinsam den „Tipp" zur Nominalisierung von Modalverben. Ggf. lassen Sie TN den Satz suchen, der ein Modalverb im Nebensatz enthält (Satz 3), und formen diesen im PL gemeinsam um. TN sollten verstehen, wie sie die „Bedeutung im Satz" ohne Modalverb „deutlich" machen können – meist lässt sich dies durch Verwendung eines Modaladverbs wie z. B. *möglicherweise, wohl, wahrscheinlich* erreichen. Lassen Sie TN in eigenen Worten erklären, was ein *Berufsverband* ist (→ Kapitel 4, Modul 1, Hinweis zum Arbeitsweltwissen bei Ü3b).
Ü5	Nachdem TN die Präpositionen ergänzt haben, gleichen Sie die Lösung im PL ab. Die Sätze können anschließend dann gut als HA geschrieben werden.
Ü6 V	Lassen Sie die Sätze als HA auf ein Extrablatt schreiben. Sie als LK sammeln die Blätter ein und geben Sie am Folgetag korrigiert zurück.
A4 ▶	Passen Sie die Aufgabe ggf. an, falls einiges, was hier vorgeschlagen wird, bereits im Auftakt zur Sprache kam bzw. recherchiert wurde. Sie können auch die → Hinweise zum Arbeitsweltwissen zum Thema „Wirtschaftssektoren" aus dem Auftakt nochmals heranziehen. Lesen Sie zunächst gemeinsam im PL die „Strategie". Fragen Sie dann (ggf. als Wiederholung zu dem im Auftakt in A1b bzw. in der KV 9-1 Besprochenen): „Wann ist eine Quelle verlässlich?" Fragen Sie auch, warum es wichtig ist, jeweils zu beachten, für wen die Informationen zusammengestellt werden, und eine Auswahl daran zu orientieren (*Prüfung der Informationen hinsichtlich Brauchbarkeit, Registerwahl, Detailliertheit, Aktualität*).
→ KV 9-2 (Portfolio)	Für das „Kurs-Portfolio", das am Ende möglichst viele Branchen umfassen sollte, teilen Sie TN in Paare oder KG ein, die sich jeweils mit einer anderen Branche beschäftigen und die Ergebnisse der Recherche auf KV 9-2 festhalten können. Nach der Präsentation oder der Auswertung der Recherche-Ergebnisse können Sie die KVs zusammenheften und zur Info für den Kurs aufbewahren. TN sollen erkennen, dass sie selbst eine Informationsquelle erstellt haben, die sie anschließend immer wieder zu Rate ziehen können.
E	Ein Kurs-Portfolio können Sie in Papierform oder in digitaler Form anfertigen. TN tragen darin in vorher vereinbarter Form ihre Recherche-Ergebnisse zusammen, sodass alle TN davon profitieren und sich einen Überblick über verschiedene Branchen verschaffen können.

Ü7
P
Weisen Sie TN darauf hin, dass es sich um ein Aufgabenformat aus der Prüfung handelt. TN sollten die Übung deshalb in EA bearbeiten und Wortschatz erst nach der Bearbeitung erfragen/recherchieren, um zunächst so viel wie möglich aus dem Kontext zu erschließen.

Modul 2   Der Weg ist das Ziel

vor A1
TN erhalten kleine Zettel, auf die sie den/einen Berufswunsch aus ihrer Jugend (oder einen Berufswunsch, den sie zunächst hatten, dann aber verworfen haben) schreiben. Sollte TN nichts einfallen, geht auch ein aktueller bzw. gut vorstellbarer Berufswunsch. Sammeln Sie die Zettel ein und lassen sie anschließend alle TN wieder einen Zettel ziehen (sollte es der eigene Zettel sein, wird erneut gezogen). Ein/e TN beginnt und liest den Beruf auf ihrem/seinem Zettel laut vor. Die anderen TN raten und diskutieren, wessen Berufswunsch das sein könnte. Regen Sie an, dass TN spekulieren, am besten indem Sie ein Beispiel vorgeben: *Ich denke, Erzieherin war der Berufswunsch von X, weil sie so gern mit Kindern Zeit verbringt und so geduldig ist …* usw. Wiederholen Sie ggf. Redemittel für das Äußern von Vermutungen wie z. B. *glauben, denken, meinen, vermuten, die Vermutung haben, schätzen, sich vorstellen (können) …*

A1a
E
TN führen die Gespräche zunächst in KG, anschließend weiten Sie die Gespräche aufs PL aus. Fragen Sie nun auch: „Haben sich Ihre beruflichen Ziele geändert, seit Sie in Deutschland sind / seit Kursbeginn / seit Sie Kinder haben / seit Sie Deutsch lernen …?"

A1b
E
TN arbeiten in PA. Abgleich der Lösung im PL.
TN suchen 3 Punkte (von 1–8) aus und schreiben damit jeweils einen Satz über sich selbst.

Ü1a
E
TN suchen 4 der 9 Ausdrücke aus, die sie als HA auswendig lernen. Am Folgetag bilden einzelne TN mit den von ihnen gelernten Ausdrücken jeweils einen ganzen Satz. Schreiben Sie einige exemplarische Sätze an die Tafel, TN übertragen diese in ihre Hefte.

Ü1b
V
Sie können diese Übung auf Zeit bearbeiten lassen. Stoppen Sie beispielsweise 3 oder 5 Minuten und lassen Sie TN dann die Wörter zählen, die sie geschrieben haben. Der/Die TN mit den meisten Wörtern liest diese vor, die anderen TN kontrollieren ihre Notizen daraufhin und ergänzen am Schluss noch nicht genannte Wörter in ihren Sammlungen. Für jedes richtige, d. h. existierende Wort gibt es einen Punkt. Wer zum Schluss die meisten Punkte hat, hat gewonnen. Das Ganze kann auch in Teams (2 Paare gegeneinander) gespielt werden.

Ü1c
V
Kann auch in KG (zu dritt) als Übung kooperierenden Schreibens durchgeführt werden. TN schreiben eine Geschichte (die dann nicht mehr „kurz" sein soll, wie in der Aufgabenstellung gefordert) unter Benutzung der Ausdrücke, aber auch möglichst mit Ausschmückungen. Kündigen Sie vorher an, dass die lustigste Geschichte gewinnt, und stimmen Sie später, wenn alle Geschichten vorgelesen wurden, im Kurs ab. Das Gewinnerteam bekommt Applaus und alle Geschichten werden im Kursraum/Flur/… aufgehängt.

A2b
Schreiben Sie anschließend folgenden Wortschatz aus dem Hörtext an die Tafel. TN nennen Synonyme:

> *die Bandbreite – das Spektrum, die Vielfalt, das Angebot*
> *ambitioniert – ehrgeizig, eifrig, strebsam*
> *nahezu – beinahe, fast*
> *sich spezialisieren auf – sich konzentrieren auf, einen Schwerpunkt setzen auf*
> *noch draufsetzen (auf etwas) – ergänzen, nachlegen, hinzufügen*
> *aufgeben – abbrechen, beenden*

A3
Hier können TN gut in 4er-KG möglichst viele Informationen gemeinsam sammeln. Wenn möglich, zeigen Sie im Anschluss die Sammlung einer KG an der Tafel, sodass alle KG ergänzen können, was in ihrer Auflistung jeweils fehlt.

Was kommt jetzt?

A4	Sie können zunächst im PL mit den Ausdrücken, die im Kasten „Sprache im Beruf" aufgeführt sind, Sätze bilden. TN sollten dann genug Zeit erhalten, um sich mit den Fragen aus A4 zu beschäftigen und sich auf ein „Interview" mit einem/einer Partner/in vorzubereiten. Anschließend führen TN Gespräche in PA, wobei sich die Paare ggf. einmal neu zusammensetzen sollten, sodass jede/r TN mit zwei unterschiedlichen TN über Ziele spricht.
E *Interkulturelle Kompetenz*	Sie können bei Interesse der TN ein Kursgespräch anregen, das sich um individuelle Umgangsweisen und Einstellungen zu Fragen der Lebensplanung, Planbarkeit bzw. Schaffung von Sicherheit, Langzeitorientierung u. Ä. dreht.
Ü2	Gut als HA geeignet.

Modul 3 Das passt zu mir

A1 B	In Bezug auf Grammatik starke TN können hier den Konjunktiv I wiederholen. Geben Sie hierfür ein Beispiel vor und schreiben Sie es ggf. an die Tafel, damit TN sich an die Formenbildung erinnern: *X sagt, sie wolle sich selbstständig machen, wenn sie finanzielle Unterstützung bekomme.*
Arbeitsweltwissen	Informationen zu den Themen *Selbstständigkeit*, *Scheinselbstständigkeit* und *Freiberufler/in* finden Sie im Hinweis zum Arbeitsweltwissen im → UHB zu Band B2 auf Seite 154.
A2a B	TN können auch in PA vorgehen und gemeinsam (evtl. erleichternd in Tabellenform, 1. Spalte Tagesablauf Mandy, 2. Spalte Tagesablauf Timor) die Zeitstruktur der Tagesabläufe darstellen/aufschreiben.
Ü1	TN sollten erst den „Tipp" lesen, bevor sie den Lückentext ausfüllen. Abgleich im PL, indem ein oder zwei TN den Text laut vorlesen. Achten Sie auf die Aussprache und lesen Sie ggf. die Zusammensetzungen mit *-einander* vor, damit die Betonung dabei klar wird.
A2b+c V	Sie können die Tabelle aus dem Buch an der Tafel vorbereiten und dann zwei TN an die Tafel bitten. TN1 ist zuständig für die Spalte „angestellt", TN2 für die Spalte „selbstständig". Die beiden TN befüllen die Spalten mit Vor- und Nachteilen, die die anderen TN aus dem Text suchen und ihnen diktieren. Halten Sie als LK sich möglichst zurück und warten Sie, bis der Kurs die Aufgabe gemeinsam bearbeitet und die Tabelle fertig befüllt hat. Anschließend ergänzen TN weitere Vor- und Nachteile, die ihnen einfallen. Lassen sie den Tafelanschrieb stehen (oder TN schreiben ihn ab), da die zusätzlichen Argumente zusammen mit den im Text vorgegebenen für die Bearbeitung von A4a benötigt werden.
A3a	Für jeden Konnektor gibt es ein Beispiel im Text (A2a), die Konnektoren sind kursiv gedruckt, damit die Beispiele leichter zu finden sind. TN suchen die Beispiele aus dem Text heraus und ordnen dann die Konnektoren zu. Fragen Sie, nachdem die Tabelle befüllt ist, was der Satz „Die Konnektoren leiten immer einen Hauptsatz ein" bedeutet (Er bezieht sich auf den Satzbau: *Nach dem Konnektor folgt direkt das Verb*). Damit ist jedoch nicht gemeint, dass die betreffenden Wörter nicht auch weiter hinten im Satz stehen können; diese können alle auch (mit derselben Bedeutung) in der Funktion eines Konjunktionaladverbs verwendet werden (z. B. *Mandy hat allerdings auch am Sonntagabend gearbeitet*), was hier aber nicht Thema ist.
Ü2a E	Als Zusatzübung schreiben TN alle Sätze fehlerfrei in ihre Hefte ab.
Ü2b *Strategie*	Lesen Sie den „Tipp" und weisen Sie TN darauf hin, dass es ein Kriterium für Sprachkompetenz ist, inwieweit man in der Lage ist, Konnektoren im Sprachgebrauch aktiv zu verwenden. Als Strategie können Sie anbieten, dass TN sich vornehmen, in Texten, die sie schreiben, immer mindestens 1–2 der neu erlernten Konnektoren zu verwenden (so z. B. in Ü2b).

A3c ⓥ	TN können auch in KG zu dritt arbeiten: 2 TN bilden Sätze, 1 TN ist „Korrektor/in". Diese/r hat die Aufgabe, zuzuhören und aufzupassen, ob sich nicht ein Fehler einschleicht, und dann entsprechend zu korrigieren.
A4a	Weisen Sie TN darauf hin, dass es hier um die persönliche Meinung geht, d. h. jede/r markiert für sich und ergänzt ggf. Punkte/Argumente und bereitet sich so auf die Diskussion vor.
Ü3a	Wenn alle TN die Formulierungen ergänzt haben, gehen Sie im PL die Lösung durch. Anschließend lesen 2 TN den Dialog mit möglichst authentischer Intonation vor (mindestens zwei Durchgänge). TN können das Lesen/Spielen auch zunächst in PA üben. Bieten Sie mutigen TN auch an, den Dialog frei (sinngemäß) nachzuspielen.
A4b ℙ → KV 6–1/2	Wiederholen Sie vorab das Verb *abwägen* (*bedenken, berücksichtigen, einbeziehen*). Achten Sie darauf, dass die KG anders als bei A1 zusammengesetzt sind. Sie können hier auch die KV 6–1/6–2 (nochmals) einsetzen und eine Pro-Kontra-Diskussion strukturiert vorbereiten lassen.
Ü3b ⓥ	TN verfassen ihren Beitrag in digitaler Form in einem hierfür erstellen (Übungs-)Forum oder auf einem Padlet, sodass alle TN alle Forumsbeiträge lesen (und evtl. kommentieren) können.

Modul 4 Zwischen zwei Jobs

A1a	Sie können ggf. die für TN lebensnahe Situation „Der Deutschkurs endet am …" ins Spiel bringen, denn die Konsequenzen, die sich aus beiden Situationen ergeben, sind vergleichbar.
A1b *Mediation* → KV 9–3	TN können ein Wörterbuch zu Hilfe nehmen, sollen jedoch ihre Erklärung dennoch in eigene Worte fassen und nicht einfach ablesen. Über das Umformulieren wird TN klar, ob wirklich verstanden wurde, was die Begriffe bedeuten. Für Erklärungsstrategien und zur Vorentlastung von diesem und weiterem Wortschatz der Folgeseiten können TN in KG mit KV 9–3 arbeiten. Sie erhalten die (weißen) Begriffe der KV in Kärtchenform verdeckt auf einem Stapel. Die grau unterlegten Erklärungsmöglichkeiten liegen vor ihnen (gehen Sie diese ggf. vorher einmal durch und formulieren Sie Beispiele). Nacheinander ziehen TN einen Begriff und wählen eine der grauen Methoden, um diesen zu erklären, und zwar ohne das Wort zu nennen. Wer das Wort errät, bekommt einen Punkt. Kann jemand einen Begriff nicht erklären, kommt dieser zurück in den Stapel und der/die TN zieht stattdessen ein neues Kärtchen. Wenn am Ende Begriffe übrig sind, die keine/r der KG erklären kann, wird zusammen im Wörterbuch nachgesehen, was der Begriff bedeutet. Erschwerend kann man die Regel hinzufügen, dass jede/r TN jede Erklärungsmethode nur einmal benutzen darf. (TN können zur Kontrolle mit Farbstiften arbeiten: Jede/r TN erhält eine Farbe und markiert auf der grauen Liste, welche Methode er/sie schon verwendet hat.)
Arbeitswelt-wissen	Wichtige Informationen der Agentur für Arbeit sind auf deren Website auch in Leichter Sprache abrufbar: https://www.arbeitsagentur.de (→ „Leichte Sprache").
Ü1a 🅔	TN schreiben den Wortschatz (markierte Wörter und Synonyme) in ihr Heft und bilden mit den neuen Wörtern je einen eigenen Satz (ggf. als HA).
A2a+b 🖉	TN überfliegen die Texte in EA (A2a) und ordnen die Überschriften zu. Abgleich in PA. Dann weiter mit A2b, zunächst in EA, dann Gespräch in KG (zu dritt). Klären Sie unbekannten Wortschatz, den die KG nicht auflösen können, im PL. Für die Bearbeitung dieser Aufgabe können Sie ein interaktives Tafelbild nutzen.
Arbeitswelt-wissen	*Bürgergeld* ist eine staatliche Leistung für erwerbsfähige bedürftige Menschen, die ihren Lebensunterhalt nicht aus eigenem Einkommen decken können. Es handelt sich um eine Form der sozialen, staatlichen Hilfe, die seit Januar 2023 das bisherige Arbeitslosengeld II (Hartz IV) und das Sozialgeld abgelöst hat. Das Bürgergeld soll denjenigen ein menschenwürdiges

Was kommt jetzt?

Existenzminimum sichern, die grundsätzlich arbeiten können, aber kein Arbeitslosengeld erhalten. Wer Anspruch auf Bürgergeld hat, muss dieses beantragen und erhält nach Prüfung bestimmter Kriterien eine monatliche Zahlung, die als „Regelbedarf" bezeichnet wird. Siehe auch https://www.buergergeld.org/.

Ü2a+b Gut als HA geeignet. TN sollen, wenn ihnen die Übungen schwerfallen, nur so lange „rätseln", wie sie möchten, da diese eher einen Quiz-Charakter haben.

A2c Bilden Sie andere KG als bei A2b. Die Gespräche der KG sollen möglichst ungestört verlaufen, d. h. der informelle Austausch sollte nicht unterbrochen oder korrigiert werden. Ziehen Sie als LK sich zurück und lassen Sie die Informationen in den KG. Fragen Sie anschließend: „Gibt es aus den Gruppengesprächen wichtige, noch offene Fragen?" Sprechen Sie im PL.

Mediation TN fassen das Gruppengespräch als HA schriftlich zusammen. Weisen Sie darauf hin, dass sich bei der Verschriftlichung die indirekte Rede (Konjunktiv I) trainieren lässt.

A3a Sprechen Sie im PL darüber, was mit „technische Voraussetzungen" gemeint sein könnte (*digitales Endgerät, Internetverbindung, Kamera, Mikro und Lautsprecher*).

A3b Fragen Sie TN nach dem Hören und dem Abgleich der Lösung: „Kennen Sie solche Situationen?" TN erzählen. Achten Sie darauf, dass TN sich möglichst konkret äußern, und unterstützen Sie TN dabei, technische Probleme möglichst genau zu beschreiben.

Wiederholen Sie Wortschatz zu Technik bzw. technischen Problemen in einer Videokonferenz im PL. TN tragen bekannten Wortschatz zusammen (→ z. B. die Seiten „Kommunikation im Beruf" im Band B1/B2 in Kapitel 4 sowie in Band B2 in Kapitel 6). Im Hörtext kommen vor:

- *das Mikro*
- *stocken*
- *die Verbindung (überprüfen)*
- *sich (neu) einwählen*
- *über WLAN im Internet sein*
- *das LAN-Kabel*
- *reinstecken (umgangssprachlich)*
- *stabil(er) laufen*
- *etw. in die Kamera halten*
- *etw. verifizieren*

A4a+b
Arbeitsweltwissen
Zwischen der Agentur für Arbeit oder dem Jobcenter und einer arbeitslosen Person wird normalerweise eine *Eingliederungsvereinbarung* abgeschlossen, die unterschrieben werden muss. Diese hat zum Ziel, die Arbeitslosigkeit zu beenden und die Person wieder in den Arbeitsmarkt zu integrieren. Sie legt zum einen fest, wie die Agentur für Arbeit oder das Jobcenter die Person bei der Wiedereingliederung in den Arbeitsmarkt unterstützt, zum anderen, welche Pflichten die arbeitslose Person hat. Mit ihrer Unterschrift verpflichtet sich die arbeitslose Person, die vereinbarten Maßnahmen zur beruflichen Integration zu befolgen und aktiv an der Arbeitssuche mitzuwirken. Wenn die festgelegten Verpflichtungen nicht erfüllt werden, können Sanktionen wie Kürzungen oder Streichungen von Leistungen erfolgen. Abhängig von den individuellen Umständen und den Vorgaben der Agentur für Arbeit oder des Jobcenters können die genauen Bestimmungen der Eingliederungsvereinbarung von Fall zu Fall variieren. Es wird empfohlen, sich bei Bedarf an eine Rechtsanwältin / einen Rechtsanwalt oder eine Beratungsstelle zu wenden, um weitere Informationen und Unterstützung zu erhalten.

Mit einem *Bildungsgutschein* kann die Agentur für Arbeit Weiterbildungskosten übernehmen, um die Chancen einer arbeitslosen Person auf einen Arbeitsplatz zu verbessern, z. B. indem diese einen Berufsabschluss nachholt. Voraussetzung dafür sind individuelle Voraussetzungen der arbeitslosen Person und die zertifizierte Qualität des jeweiligen Bildungsträgers. Beides wird in einem persönlichen Beratungsgespräch besprochen. Es besteht jedoch kein Rechtsanspruch auf Kostenübernahme. Für weitere Informationen siehe: https://www.arbeitsagentur.de/karriere-und-weiterbildung/bildungsgutschein

Informationen zum *Bildungsprämiengutschein* finden Sie in → Band B2 in Kapitel 10 (Modul 4) sowie im Hinweis zum Arbeitsweltwissen im → UHB B2 auf Seite 157.

Ü3a	Schreiben oder projizieren Sie die Tabelle an die Tafel und befüllen Sie sie mit den Ergebnissen und zusätzlichen Ideen der TN. TN ergänzen entsprechend ihre Tabellen im ÜB. Erinnern Sie TN daran, gleich die richtigen Artikel zu Nomen mit aufzuschreiben. Fragen Sie: „Was wissen Sie über die Sozialversicherung in Deutschland?" und lesen Sie im PL die „Info".
Arbeitswelt-wissen	Allgemeine Informationen zum Thema *Sozialversicherung* finden Sie im → UHB zu Band B2 auf Seite 36. Zur *Rentenversicherung* → Hinweis zum Arbeitsweltwissen hier im UHB zu Kapitel 6 in Modul 3 (A1b).
Ü3b *Strategie* → **KV 9–3**	Fragen Sie TN vorab: „Wie formulieren Sie Erklärungen?", und lassen Sie TN verschiedene Varianten ausprobieren. Sie können dafür noch einmal die grauen Felder auf KV 9–3 nutzen. TN sollen hier als Strategie erkennen und verinnerlichen, dass sie Erklärungen häufig gut mit Hilfe von Nebensätzen, vor allem in Form von Relativsätzen, formulieren können.
A5 ▶ B *Mediation*	Je nach Gruppengröße können auch TN in PA recherchieren (und ggf. nicht alle Punkte oder die übrigen Punkte dann anschließend), da es sich teilweise um Spezialfragen handelt und diese ggf. inhaltlich und sprachlich komplex sind. Für die Absicherung, dass Informationen richtig recherchiert und verstanden wurden, können sich für die Abschlussrunde auch Teams zusammentun, die sich dann gegenseitig ergänzen. Hilfreiche Internetseiten: https://www.test.de/Buergergeld-Antrag-Hoehe-Dauer-Kuerzungen-5622052-0/ und https://www.lpb-bw.de/hartz-iv#c65697, https://www.arbeitsagentur.de/arbeitslos-arbeit-finden/buergergeld/finanziell-absichern/uebergang-buergergeld und https://www.bundesregierung.de/breg-de/schwerpunkte/entlastung-fuer-deutschland/buergergeld-2125010
E	Um die Redemittel aus A5 zu trainieren und in Satzkonstruktionen richtig anzuwenden, wäre es gut, wenn TN die recherchierten Informationen auch schriftlich festhalten. Dies kann im PL an der Tafel (übertragen ins Heft) oder auch als HA mit anschließender Kontrolle geschehen.
Ü4a	Mit dem Thema „Bei der Agentur für Arbeit" haben TN sich ggf. bereits in Band 2 (Kapitel 1, Modul 2) befasst. Zum Thema „Termine im Jobcenter absagen" finden Sie einen Hinweis zum Arbeitswelt-wissen im → UHB zu Band 2 auf Seite 60.
A6a	TN lesen den Text der Mail und sprechen dann in PA. Vor einem Abgleich im PL fragen Sie TN: „Wie nennt man es, wenn jemand etwas falsch verstanden hat?", und bringen Sie als LK das Wort *das Missverständnis* ein, falls TN es nicht selbst nennen. Fragen Sie anschließend: „Welche Gründe für Missverständnisse fallen Ihnen ein?" (*nicht genau zugehört, akustische Hindernisse, fehlende Hintergrundinformation, unpassendes Sprachregister, falsche Interpretation, Dialekt, interkulturelle Aspekte* usw.), und halten Sie fest, dass Missverständnisse viel mehr Ursachen als mangelnde Sprachkompetenz haben können. Fragen Sie dann: „Was hat Olivia falsch verstanden? Was, glauben Sie, ist die Ursache dafür?" (*mangelnde Information, Fehlinformation*).
A6b	Fragen Sie vorab: „Erinnern Sie sich an ein Missverständnis in letzter Zeit?", und lassen Sie TN berichten. Fragen Sie auch: „Wer hat Sie auf das Missverständnis hingewiesen? Oder wie/wann haben Sie es selbst bemerkt?" sowie „Konnte das Missverständnis geklärt werden?" Führen Sie an dieser Stelle alternativ zu *klären* auch die Formulierung *ein Missverständnis aufklären* und *ein Missverständnis beseitigen / aus der Welt schaffen* ein.
Ü5 E	Für diese Übung können TN evtl. kurz recherchieren, allerdings müssten die meisten Antworten im Rückgriff auf A2 ohne Schwierigkeiten möglich sein. Sie können diese Vorbereitung auf einen Aus-tausch im Kurs als HA aufgeben und dann am Folgetag die einzelnen Missverständnisse gemeinsam im PL aufklären. Nehmen Sie sich Zeit für die einzelnen Punkte und sprechen Sie über die arbeits-weltlichen Themen, um Kapitelinhalte zu wiederholen. Wenn dabei neue Fragen auftauchen, sollten diese entweder direkt gemeinsam geklärt oder als weitere HA recherchiert werden.
A6c *Mediation*	Je nach Kapazität können Sie die im Kurs oder als HA verfassten Mails der TN korrigieren und mit persönlicher Besprechung zurückgeben. TN haben hier die Mediationsaufgabe, die in A6a+b mündlich gesammelten Informationen zusammenzufassen und zu verschriftlichen. Achten Sie bei

Was kommt jetzt?

der Korrektur auf ein angemessenes Sprachregister (Mail an erwachsene Freundin), Zielführung (Aufklärung des Missverständnisses) sowie Rechtschreibung und Lesbarkeit.
Erinnern Sie an die Strategie (→ Modul 3, Ü3b), mindestens einen Konnektor unterzubringen.

Aussprache

Ü1a Geben Sie TN Zeit, sich vor dem Hören mit den Sätzen vertraut zu machen.

Ü2a–c Beim zweiten Durchgang in A2b können TN in einer anderen Farbe markieren. Sprechen Sie dann im PL über die betonten und durch die zusätzlichen Pausen akzentuierten Stellen. Gibt es Ähnlichkeiten zu den Herkunftssprachen der TN?

Ü2d Weisen Sie darauf hin, dass es auch sonst hilfreich sein kann, sich Pausen und Betonungen in einem Sprechtext zu markieren, z. B. vor einer Präsentation.

Kommunikation im Beruf

A1 Machen Sie TN darauf aufmerksam, dass zwischen „So findet Pari Shabani das Angebot" und „So reagiert Pari Shabani auf das Angebot" ein Handlungsspielraum liegt. TN sollten dafür sensibilisiert werden, nicht nur spontan, sondern zugleich auch höflich zu reagieren.

A2a
Registertraining
Fragen Sie TN: „Fallen Ihnen noch andere Formulierungen ein, mit denen man ein Angebot ablehnen kann?", und lassen Sie TN spielerisch zunächst weitere unhöfliche und dann höfliche Formulierungen nennen. Geben Sie ruhig eine drastische Formulierung vor wie „Das ist eine Zumutung!", damit TN sich trauen, sich sprachlich auszuprobieren. Erinnern Sie TN auch daran, dass es darauf ankommt, in welchem Ton man etwas sagt.

A2c
E
Interkulturelle Kompetenz
Diskutieren Sie die Gründe von Frau Shabani im PL und lassen Sie TN eigene Beispiele ergänzen, indem Sie fragen: „Was würden Sie aus Prinzip ablehnen? Warum?", „Was würden Sie ungern machen?", und „Wann würden Sie Kompromisse eingehen?" usw.
Achten Sie auf eine möglichst wertfreie Diskussion.

A3
B
Sollten Sie das Gefühl haben, dass TN bei der Suche nach Gründen für die Ablehnung Unterstützung brauchen, können Sie auch zunächst im PL gemeinsam diverse Gründe zusammentragen und an der Tafel sammeln. TN können nachher für die Dialoge Gründe auswählen und diese nutzen. Thematisieren Sie ggf. (sofern nicht bereits geschehen) die Angemessenheit der gesammelten Gründe und regen Sie einen Perspektivwechsel an (sodass auch die Seite der beratenden Person der Agentur für Arbeit einbezogen wird).

V
TN überlegen sich Vorschläge, die man ablehnen <u>muss</u> (z. B. *Fortbildung in der Karibik, Arbeitskleidung Badehose, jede/r Mitarbeitende muss seinen/ihren Müll selbst entsorgen*). Ziel: Es soll immer eine Ablehnung erfolgen und spontan ein Grund genannt werden (z. B. *Flugpreis zu teuer, Badehose im Winter zu kalt, Müll ist Firmeneigentum*). TN machen einen Klassenspaziergang. Erst macht TN1 einen Vorschlag, der abgelehnt wird, dann T2 usw.

Grammatik-Rückschau

TN wählen auf der Seite „Kommunikation im Beruf" Rolle 1B oder 2B und schreiben in einer bestimmten Zeit (z. B. 10 oder 15 Minuten) eine Mail an eine/n Freund/in, in der sie vom Gespräch mit dem/der Chef/in bzw. Berater/in im Jobcenter erzählen. (TN müssen sich nicht streng an die im Unterricht gespielten Dialoge halten; ggf. kann auch eine neue Situation beschrieben werden.) Die Herausforderung ist es, so viele Konnektoren wie möglich von der Rückschauseite (Nr. 2) in der Mail unterzubringen (→ Strategie zu Modul 3, Hinweis zu Ü3b).
Zum Schluss zählen TN ihre Konnektoren. Wer die meisten (oder alle?) untergebracht hat, liest die Mail vor – oder Sie projizieren die Mail an die Tafel, sodass alle sie im PL lesen und ggf. die Grammatik gemeinsam korrigieren können. Haben mehr TN alle Konnektoren untergebracht, lassen sie weitere Mails vorlesen oder im Kurs zum Lesen austauschen.

10

Themen Das zehnte Kapitel behandelt den Prozess der konkreten Stellensuche und die ersten Schritte der Bewerbung und Vorstellung.

Auftakt TN befassen sich mit Stellenangebotsanzeigen und arbeiten Bedingungen, nötige Qualifikationen und Motivationen dafür sowie für ihren eigenen (Wunsch-)Beruf heraus.

Modul 1 In diesem Modul geht es um Vor- und Nachteile einer „Mosaik-Karriere", Gründe für solch einen Lebenslauf und Tipps für eine Bewerbung mit „Mosaik-Karriere".

Modul 2 Hier steht die Frage im Mittelpunkt, wie man konkret auf eine Einladung zum Vorstellungsgespräch reagiert (auch auf eine telefonische Einladung).

Modul 3 Das Modul behandelt, wie man sich auf ein Vorstellungsgespräch vorbereitet. TN üben in diesem Zusammenhang die Selbstpräsentation.

Modul 4 Hier geht es um die Wichtigkeit von Schlüsselqualifikationen und darum, wie man die eigenen Soft Skills bzw. Stärken in einem Bewerbungsschreiben, einem Bewerbungsgespräch oder einem Assessment Center zur Geltung bringt. Zudem werden verschiedene Bewerbungsarten und insbesondere die Initiativbewerbung in den Blick genommen. Zum Abschluss des Pensums für Level C1 reflektieren TN, wie sie den Kurs erlebt haben.

KiB TN bereiten sich darauf vor, wie sie in einem Bewerbungsgespräch „schwierige" Fragen – z. B. zu ihren Stärken, Schwächen, Motivationen und Vorlieben – konzise und angemessen beantworten.

Lernziele

> **Auftakt** | Stellenanzeigen verstehen und eigene Qualifikationen angeben
> **Modul 1** | Tipps für eine Bewerbung mit Mosaik-Karriere verstehen
> **Modul 2** | angemessen auf eine Einladung zum Vorstellungsgespräch reagieren
> **Modul 3** | eine Selbstpräsentation im Vorstellungsgespräch halten
> **Modul 4** | wichtige Informationen in einem Podcast zum Thema „Soft Skills" verstehen
> **Modul 4** | eine Initiativbewerbung schreiben
> **KiB** | auf schwierige Fragen im Vorstellungsgespräch reagieren
> **Aussprache** | überzeugend sprechen (im ÜB)
>
> **Grammatik**
> **Modul 1** | Nominalisierung und Verbalisierung von Konditionalsätzen
> **Modul 3** | uneingeleitete Konditionalsätze und Partizipialgruppen

Auftakt

A1 Für binnendifferenziertes Vorgehen: Sie können bei der KG-Bildung berücksichtigen, dass TN, die
B Anzeige A lesen, etwas mehr Lesestoff haben als die, die Anzeigen B und C lesen.
E Zusätzlich zu den im KB abgedruckten Stellenanzeigen können Sie – ggf. auch erst nach Bearbeitung der in A2 folgenden Höraufgabe – weitere (authentische) Stellenanzeigen einbringen und gemeinsam mit den TN lesen und besprechen. Zudem können Sie TN bitten, Stellenanzeigen zu den Tätigkeiten, die für sie interessant sind, mitzubringen. TN, die sich für dieselbe Branche interessieren, können sich zusammentun.

Arbeitswelt- Zum *tarifgebundenen/tariflichen Gehalt* → Hinweis zum Arbeitsweltwissen in Kapitel 6
wissen (Modul 2, Ü4d).
In Ergänzung zu den Hinweisen zum deutschen Rentensystem in → Kapitel 6 (Modul 3, A1b) ist hier zudem erwähnenswert:
Das Angebot vieler Firmen, über eine *betriebliche Altersvorsorge* eine Zusatzrente („Firmenrente") zu den gesetzlichen Rentenansprüchen aufzubauen, ist nach § 1a der BetrAVG (Gesetz zur Verbesserung der betrieblichen Altersvorsorge) geregelt. Die anfallenden Beiträge können entweder von den Arbeitgebenden zusätzlich zum Gehalt geleistet werden oder Arbeit-

Den Job will ich

nehmende können Teile ihres Gehalts dafür umwandeln. Es gibt unterschiedliche Modelle der betrieblichen Altersvorsorge, zum Beispiel Direktzusagen, Unterstützungskassen, Pensionskassen, Pensionsfonds oder Direktversicherungen. Die betriebliche Altersvorsorge gehört zu den vermögenswirksamen Leistungen und wird staatlich gefördert.

Ü1 — Der hier erforderliche Wortschatz dürfte Wiederholung sein, die Übung kann also gut als HA entweder vor A1 vorgeschaltet und im Anschluss daran aufgegeben werden. Die Kontrolle kann per Lösungsschlüssel eigenständig erfolgen.

Ü2+3a E — Als Erweiterung können Sie TN bitten, als HA authentische Stellenanzeigen (z. B. auf www.stepstone.de oder www.indeed.com zu lesen und weitere 5 Adjektive, die in Ü2 nicht vorkamen, in den Kurs „mitzubringen". Fertigen Sie eine Liste an der Tafel an und klären Sie ggf. die Bedeutungen. Anschließend notieren TN 5 Adjektive aus der Sammlung, die auf sie selbst zutreffen, ins Heft.

A2a — Fragen Sie im Anschluss, welche Motivationsgründe TN (neben Arbeitsplatz/-ort, Leidenschaft und Interesse, Veränderung) noch einfallen (*Bezahlung, Aufgabengebiet, Verantwortung, Work-Life-Balance, Erhöhung/Verringerung der Arbeitszeit, Kollegium, Sozialleistungen, …*).

A2b B — Bei stärkeren Gruppen können Sie fragen, wie die jeweiligen Qualifikationen in der Stellenanzeige stehen würden (z. B. Daniela Hasković: „alles muss werden, wie es geplant wurde" – *Präzision, Genauigkeit, Sorgfalt, Zuverlässigkeit*. „Herzlichkeit im Umgang mit den Gästen, (…) auch wenn man vielleicht gerade im Stress ist" – *Stressresistenz, freundliches Auftreten* usw.). Grundsätzlich genügt es aber zur Lösung der Aufgabe, wenn TN verstehen, dass Daniela Hasković auch in stressigen Situationen freundlich bleiben muss.

A2c E — TN stellen sich in KG zunächst mündlich vor, welche Qualifikationen in ihrem (Wunsch-)Beruf wichtig sind und warum. Anschließend können die Berufe und entsprechenden Qualifikationen auf eine Karte geschrieben und im Kursraum aufgehängt werden (ggf. ergänzt durch Soft Skills, nach Ü2+3).

→ **KV 10–1** (Portfolio) — Als HA oder nach A2c und Ü2+3 können TN die KV für sich ausfüllen. Empfehlen Sie TN, sich aktuelle Stellenanzeigen und Berufsprofile zu den sie interessierenden Berufen anzusehen. Wenn TN noch keinen konkreten Berufswunsch haben, können sie auch eine Stelle finden, die ihnen allgemein gefällt oder mehrere Kopien der KV ausfüllen.

Ü4 B — TN können wählen, ob sie die Übung in EA oder PA machen möchten. Sie können auch Stellenanzeigen zu Hilfe nehmen für Wortschatz und Redemittel.

Modul 1 Abwechslung ist Trumpf

A1 → KV 6–1 — Für die Pro-Kontra-Debatte bzw. die Vorbereitung darauf können Sie (erneut) KV 6–1 nutzen.

Ü1–Ü2 V — TN bearbeiten Ü1 und Ü2 in PA (inkl. Abgleich der Lösung) und suchen sich für jede Teilaufgabe eine/n neue/n Partner/in. (Ü2 kann wahlweise auch erst im Anschluss an A3b gemacht werden.)

Ü2c E — TN formulieren (in HA) jeweils einen ganzen Satz mit den Ausdrücken 1.–7.

A2b — Mehr Vor- und Nachteile sind z. B. zu finden unter: https://karrierebibel.de/mosaik-karriere/. Thematisieren Sie im PL bei diesem Thema auch mögliche Vorurteile von Personaler/innen in Bezug auf Brüche und/oder Wechsel im Lebenslauf. Wünschenswert ist ein kompetenzorientierter Umgang mit derlei Themen. TN sollten Selbstbewusstsein entwickeln können im Hinblick auf Kompetenzen, die z. B. durch unvorhergesehene Herausforderungen im Lebenslauf (Umzug, Neuanfang, Flucht, Jobwechsel, Umorientierung usw.) erworben wurden, wie etwa Flexibilität, Problemlösekompetenz, Anpassungsfähigkeit, Kooperationsfähigkeit, Selbstmanagement, Menschenkenntnis.

E *Mediation* — Anschließend fassen TN (evtl. als HA) die wichtigsten Informationen des Textes zusammen und schreiben eine Definition für den Begriff „Mosaik-Karriere".

10

A3a+b (ggf. + Ü2) V	Sie können TN in KG (zu viert) reziprok lesen lassen: Dazu liest jede/r TN einen Abschnitt, markiert wichtige Informationen und formuliert einen Tipp in einem zusammenfassenden Satz. Anschließend lesen sich die TN einer KG nacheinander den jeweiligen Abschnitt (1–4) sowie den selbst formulierten Tipp laut vor. Die anderen TN fragen ggf. nach bzw. geben Feedback, ob der Tipp treffend formuliert ist. Anschließend gehen TN in den KG über zu A3b und diskutieren die Brauchbarkeit der Tipps. Sollte Ü2 noch nicht in Form der Variante (→ Hinweis Ü1–Ü2) bearbeitet worden sein, kann diese Übung anschließend auch in der KG gemeinsam gelöst werden.
A4 Mediation	Anhand des Textes von A3a können TN die Grammatikaufgaben A4a+b eigenständig lösen. Zeigen Sie anschließend im PL (an der Tafel) die Lösung. Bitten Sie dann TN, den Grammatikkasten, d. h. die Regel, die in A4c in Stichworten dargestellt ist, in eigenen Worten und ganzen Sätzen zu erklären. Gehen Sie, falls TN dies bei der Erklärung nicht tun, zur Wiederholung darauf ein, was *Konditionalsatz* bedeutet.
Ü3a+b B	Fragen Sie TN, wie sicher sie sich bei diesem Grammatikthema fühlen, und bieten Sie dann entsprechend an, die Übung in EA oder PA zu lösen.
Ü4+5 B	Gut als HA geeignet. Geben Sie eine bestimmte Zeit vor (z. B. 15 oder 20 Minuten). TN arbeiten entsprechend 20 Minuten an Ü4+5 und schauen, ob sie Ü4+5 schaffen oder wie weit sie in dieser Zeit kommen.
A6 E	Ergänzend können TN im PL auch Begründungen/Formulierungen für ein Bewerbungsgespräch sammeln. TN mit mehreren Brüchen im Lebenslauf versuchen, einen roten Faden zu finden, ggf. unterstützen andere TN sie mit Ideen. Sie können hierfür auch ein Projekt ansetzen: Über einen Zeitraum von z. B. 1–2 Wochen entwerfen TN einen thematischen/funktionalen Lebenslauf, der nicht chronologisch angeordnet, sondern nach Themenblöcken oder Kompetenzen strukturiert ist. Damit stehen zeitliche Abfolgen oder die zeitliche Dauer einzelner Tätigkeiten weniger im Vordergrund und Brüche lassen sich besser „verpacken". Weisen Sie TN in jedem Fall auch auf Beratungen und Jobcoachings hin. Im Kurs kann ggf. nur bedingt an Bewerbungen gearbeitet und unter Umständen nur vorbereitend formuliert werden. Sollten TN über keine, wenig oder Berufserfahrung „ohne Bruch" verfügen, könnten diese entweder als Ideen- und Ratgeber/innen für andere TN tätig werden oder aber eine Alternativaufgabe erhalten.

Modul 2 Wir freuen uns, …

A1 V Mediation	Lassen Sie TN einen Telefondialog in PA spielen: TN A, befreundet mit TN B, ruft TN B an und berichtet von der Einladung zum Gespräch. TN B stellt Fragen, TN A berichtet.
A2a	Nach der Arbeit in KG werden die Redemittel im PL zusammengetragen. Notieren Sie pro Karte (z. B. 3 oder 4) ausgewählte Redemittel an der Tafel, die die TN ins Heft übertragen. Für die Bearbeitung dieser Aufgabe können Sie ein interaktives Tafelbild nutzen, in dem die Redemittel aus dem Anhang den Überschriften zugeordnet werden..
Ü1	TN verbinden die Sätze und kontrollieren die Lösung. Ggf. können die Sätze (als HA) noch einmal im Ganzen ins Heft abgeschrieben werden, um die Satzstellung beim Abschreiben zu reflektieren.
A2b E	Ein/e TN schreibt an der Tafel alle Verben an, die die anderen TN aus den Textabschnitten entnehmen und zurufen: *vermeiden, wiederholen, verhindert sein, verschieben, vorschlagen, verhindern, (hin und her) mailen, wissen, ablaufen, (Fragen) stellen, anrufen, beantworten, signalisieren, freuen, vergessen, hinterlassen, erreichen, anbieten, setzen, ansprechen, wählen, ausdrücken, einladen, bedanken, zeigen, interessiert sein, geben, absagen, angeben, wirken, empfehlen, schicken, formulieren.*

Den Job will ich

	Anschließend gehen Sie die Liste der Verben an der Tafel durch und ein/e TN nach der/dem anderen (ggf. in mehreren Runden) bildet jeweils das Partizip zu einem Verb.
Ü2	Wenn Sie die Erweiterung (→ vorheriger Hinweis) zu A2b gemacht haben, bietet sich diese Übung als HA zur Festigung/Wiederholung an. Lassen Sie am Folgetag einige Sätze zu Ü2b exemplarisch vorlesen und korrigieren Sie ggf. im PL.
Ü3	Fragen Sie zur Einstimmung im PL: „Was ist ein/e Influencer/in? Ist das ein Beruf, den man lernen kann? Wie?" (*Als Influencer/innen werden Menschen bezeichnet, die mit den Inhalten, die sie – oft zunächst nur privat – auf Social-Media-Plattformen hochladen, eine große Reichweite erzielen und somit großen Einfluss auf ihr Publikum haben. Häufig suchen Firmen zum Zweck der Produktwerbung die Zusammenarbeit mit ihnen, damit sie über deren Blogs, Videos usw. eine möglichst starke Internetpräsenz bei ihren Zielgruppen erhalten. Eine geregelte Ausbildung gibt es für diese Tätigkeit nicht, in jedem Fall brauchen Influencer ausgeprägte Social-Media-, Zielgruppen-, Marketing- und Content-Kenntnisse, aber auch z. B. Kreativität und Flexibilität.*)
A3a *Strategie*	Stellen Sie mit TN gemeinsam im PL einen Schreibplan auf:

> 1. Inhalt überlegen
> 2. Reihenfolge der Schritte für die Mail festlegen
> 3. Tipps aus A2b und Ü3 berücksichtigen/integrieren
> 4. Redemittel sammeln
> 5. Mailtext schreiben
> 6. Kontrolle des Inhalts (Ansprechpartner/in korrekt geschrieben und angeredet? Termin und Datum korrekt?) sowie der Lesbarkeit (Absätze? Konnektoren verwendet? Rechtschreibung? Zeichensetzung?)

Ü4 P E *Strategie*	Da es sich um einen Aufgabentyp aus der Prüfung handelt, sollten TN in EA (evtl. als HA) die Lücken füllen. Falls Unklarheiten bestehen, besprechen Sie diese im PL. TN arbeiten in PA: TN A erklärt TN B, wie er/sie zu seinen/ihren Lösungen gekommen ist, TN B hört zu und gleicht mit dem eigenen Vorgehen ab. TN tauschen sich über ggf. unterschiedliches Vorgehen aus.
A4 ▸ V → KV 10-2	TN arbeiten in KG und sammeln Reaktionen sowie dafür passende Redemittel (aus Brainstorming und Recherche) aus Sicht der Arbeitnehmenden. Tragen Sie diverse Reaktionen im PL zusammen. Anschließend spielen TN (z. B. anhand von KV 10-2) in PA kurze Dialoge durch und probieren dabei die gesammelten Ideen und Redemittel aus. Zur Simulation des Telefongesprächs mittels der KV sitzen beide TN am besten Rücken an Rücken. Person A ruft Person B an. Person B versucht spontan nach einer Lösung für das Terminproblem zu suchen und kann auch nach Alternativen fragen. Nach dem Gespräch wechseln die Paare die Rollen (und danach ggf. noch einmal die Paare). Schließen Sie dann im PL eine Reflexionsrunde an, in der Sie thematisieren, was schwierig war oder noch mal aufgegriffen werden sollte.

Modul 3 Gute Vorbereitung ist alles

A1	TN sprechen in KG. Wenn TN noch kein Bewerbungsgespräch erlebt haben, können sie anderen TN Fragen dazu stellen bzw. überlegen, wie sie sich auf das erste Gespräch vorbereiten würden.
A2	Gehen Sie, nachdem TN angekreuzt haben, sicherheitshalber auf den folgenden Wortschatz ein. Lassen Sie TN erklären und sichern Sie so das Verständnis: *die Eingliederung, zuweisen, die Rechtsgrundlage, die Maßnahme, der Zuweisungszeitraum.*
A3a	Lassen Sie TN nach dem Hören sicherheitshalber die Begriffe *der Stundenplan* und *die Lerneinheit* (Begriffe eher aus dem schulischen Kontext) erklären. Lesen Sie anschließend den Kasten „Sprache im Beruf" mit passender Betonung im PL vor.

E *Register- training*	TN ergänzen weitere Äußerungen, mit denen sich im vorliegenden Kontext Begeisterung ausdrücken lässt (z. B. *Das gefällt mir sehr! Ausgezeichnet, dass das klappt! Damit kommen Sie mir wirklich entgegen. Das erleichtert mich sehr!* Usw.). Dabei können Sie auch ein entsprechendes Registertraining durchführen, indem Sie Äußerungen für eher informelle Situationen (z. B. gegenüber einer Kollegin / einem Kollegen) oder formelle Äußerungen (z. B. gegenüber einem/einer Vorgesetzten oder einem Kunden /einer Kundin) üben.
A3b → KV 10-3 (Portfolio)	TN ordnen in EA zu und vergleichen dann in PA. TN können die KV nutzen, um eine Vorlage für kommende Vorstellungsgespräche zu haben. Die KV fasst die Inhalte der Auftaktseite (inkl. KV 10-1), A3b und Ü1+2 zusammen. In der rechten Spalte notieren TN wie in Ü2 ausformulierte Sätze. Es gibt auch Platz für zusätzliche Informationen, die TN in ihrem Fall wichtig finden.
A4a+b V	Sie können diese Aufgabe angehen nach der Struktur 1-2-4, die Sie TN zunächst erklären und dann anwenden: - TN hören die Selbstvorstellung von Frau Benmoussa und machen sich in EA (1) Notizen, was sie genauso oder aber anders gemacht hätten. - Anschließend finden sich TN in Paaren (2) zusammen und tauschen sich über ihre Notizen aus. - Als dritten Schritt finden sich zwei Paare zusammen (4) und gleichen ab, was sie gleich/anders machen würden (bzw. was angemessen war und was nicht). Dann folgt der Übergang zu A4b, TN machen den Abgleich in den zuvor gebildeten KG (also zu viert).
Ü1 V	TN machen Notizen in Stichwörtern. Statt mit dem Lösungsschlüssel zu korrigieren, können TN ihre Lösungen (Stichwörter) auch in Sätze fassen und im PL präsentieren. Die anderen TN gleichen ihre Stichwörter ab.
Ü2	Dient der Vorbereitung auf A4c.
A4c V → KV 5-3	Sie können hierfür auch (erneut) die Übersicht mit den Schritten eines „Elevator Pitch" aus Kapitel 5 zu Hilfe nehmen (→ KV 5-3, A3). Ggf. haben TN hier bereits einmal eine Selbstvorstellung erarbeitet, die hier nun noch ausgefeilt werden kann.
Ü3a P	Die Aufgabe präsentiert ein mögliches Prüfungsthema. Unterstützen Sie TN bei der Entscheidung für ein Thema, wenn nötig. Geben Sie TN dann ausreichend Zeit (z. B. als HA über 2 Tage), um individuell Informationen zu sammeln und Notizen zu machen.
Ü3b B	TN strukturieren ihre Informationen, indem sie sie anhand des vorgegebenen Musters in eine Ordnung/Reihenfolge bringen. Je nach sprachlicher Souveränität können TN die Sätze mit den von ihnen integrierten Informationen (zunächst) Wort für Wort aufschreiben oder aber sie arbeiten mit Stichworten, falls ihnen das als Vorbereitung auf eine Präsentation genügt.
Ü3c	Fragen Sie TN zuerst: „Warum macht es Sinn, den ersten Satz der Präsentation auswendig zu können?" (*Sicherheit, Klarheit, Korrektheit, Üben der Intonation vorher möglich …*)
Ü3d+e *Strategie*	Sie können diese Übung an das Aussprachetraining (→ Ende des ÜB-Kapitels) koppeln. Das Aufnehmen, Abhören und erneute Halten des Vortrags machen TN am besten zu Hause. Beachten Sie hierbei, dass die Aufnahmen ggf. für Ü2 des Aussprachetrainings noch einmal herangezogen werden sollen. TN können (natürlich auf rein freiwilliger Basis) den Vortrag an eine/n Lernpartner/in senden und deren/dessen Feedback („Tipp") kann am Folgetag persönlich im Unterricht gegeben werden. TN können alternativ auch einfach die eigene Aufnahme vom eigenen Handy am Folgetag selbst im Unterricht abspielen und dann unmittelbar aus dem PL Feedback erhalten. Weisen Sie in jedem Fall (erneut) darauf hin, dass Aufnahmen, die im Unterrichtskontext gemacht werden, nach der Verwendung gelöscht werden sollten. Weisen Sie TN auf die Strategie hin, des Öfteren Aufnahmen von selbst gesprochenen Texten anzufertigen und (mehrfach) anzuhören, um ein Gefühl für die eigene Aussprache, Betonung, ein angemessenes Sprechtempo usw. zu bekommen und um sich zudem ggf. Inhalte und Formulierungen besser einprägen zu können.

Den Job will ich

A5 TN füllen die Regel in EA aus. Bitten Sie dann ein/e TN, die Regel in eigenen Sätzen im PL zu erklären. Sie können (zur Wiederholung und Abgrenzung) fragen, welche anderen Situationen TN kennen, in denen das Verb in einem deutschen Satz auf Position 1 steht (Ja-/Nein-Fragen, Aufforderungen mit Imperativen), und die unterschiedliche Intonation im Satz üben.

Ü4a+b
Ⅴ
TN bearbeiten in PA Ü4a und lösen gemeinsam Satz 2. Anschließend übernimmt TN A die Sätze 3+4, TN B die Sätze 5+6. Anschließend lesen und korrigieren TN die beiden Sätze des Partners oder der Partnerin.
Ü4b kann nach demselben Muster bearbeitet werden.

A6a
Ⓑ
Bitten Sie ein/e TN, kurz zu wiederholen, woran in einem Satzgefüge der Hauptsatz erkennbar ist (*kann allein stehen, das konjugierte Verb bzw. der konjugierte Teil des Verbs steht bei Aussagesätzen auf Position 2*).
Sie können bei Bedarf auch anhand a) eines Beispiels mit einfacher Partizipialgruppe und b) eines Beispiels mit zusätzlicher Präpositionalergänzung bzw. *dass*-Satz an der Tafel im Feldermodell visualisieren, dass Partizipialgruppen häufig die Position 1 eines Satzes einnehmen – genauso wie ein vorangestellter Nebensatz. Partizipialgruppen sind satzwertig, das heißt, sie entsprechen einem vollständigen Nebensatz. Und genauso wie ein Nebensatz können sie auch im Satz an andere Positionen wandern.
Weisen Sie darauf hin, dass – im Gegensatz zu Nebensätzen in derselben Position – Kommas bei diesen Partizipialgruppen zumeist optional sind (vgl. auch den „Tipp" bei Ü5). Insbesondere bei formelhaft gewordenen Wendungen wie *wie vereinbart, streng genommen, so gesehen* usw. werden die Kommas oft weggelassen.

Position 1	Position 2	Mittelfeld und Satzende	
Ich	habe	(,) ehrlich gesagt(,)	kein Interesse an der neuen Stelle.
Ich	habe	, wenn ich ehrlich bin,	kein Interesse an der neuen Stelle.
Ehrlich gesagt(,)	habe	ich	kein Interesse an der neuen Stelle.
Wenn ich ehrlich bin,	habe	ich	kein Interesse an der neuen Stelle.
Abgesehen davon(,)	brauche	ich	dringend Urlaub.
Abgesehen davon, dass ich kein Interesse an der Stelle habe,	brauche	ich	dringend Urlaub.
Abgesehen von meinem fehlenden Interesse(,)	brauche	ich	dringend Urlaub.
Ich	brauche	**abgesehen davon**	dringend Urlaub
(usw.)		(usw.)	

Anschließend unterstreichen TN in EA die Hauptsätze. Kurzer Abgleich im PL.

A6b
Ⓑ
Je nach Bedarf arbeiten TN in EA oder PA.

Ü5a+b B	Je nach Unterstützungsbedarf kann diese Übung im Unterricht (in EA oder PA) oder als HA bearbeitet werden. Besprechen Sie in jedem Fall gemeinsam im PL den „Tipp" und fragen Sie auch danach, ob TN eher ein Komma setzen oder weglassen würden, und warum (Beweggründe könnten z. B. sein, dass man grundsätzlich unsicher ist mit der Kommasetzung und deshalb froh um jedes Komma, das man nicht beachten muss; oder: ein Komma kann ein Gefühl für die Satzstruktur und die Lesbarkeit unterstützen).
A6c	Ggf. können die Paare aus A6b hier weiter zusammenarbeiten.

Modul 4 Ihre Stärken, bitte

A1a

Die Grafik stammt vom Bundesarbeitgeberverband der Personaldienstleister (BAP).
Verweise zu Redemitteln für die Beschreibung eines Schaubilds finden Sie in den UHB-Hinweisen zu Kapitel 5 (→ Modul 4, A3a); TN können zudem den Anhang nutzen (→ „Daten präsentieren" und „sich auf eine Quelle beziehen" auf Seite 325).

Schlüssel-
kompetenzen

Rufen Sie das Vorwissen der TN zum Thema „Schlüsselkompetenzen" ab:
– *gehen über fachliches Wissen hinaus*
– *sind nicht auf eine Branche oder einen Beruf beschränkt*
– *können in vielen Situationen (auch im Privatleben) hilfreich sein*
– *helfen dabei, auf Neuerungen im Arbeitsumfeld zu reagieren*
– *sind schwer messbar*
– *werden für lebenslanges Lernen benötigt*
– *haben eine große Bedeutung für das Berufsleben*
– …

Interkulturelle
Kompetenz

Sammeln Sie mit TN zusätzlich zu den in der Grafik genannten Kompetenzen weitere Beispiele: *Kooperationsfähigkeit, Medienkompetenz, Führungskompetenz* usw.
Fragen Sie anschließend: „Was meinen Sie: Kennen Sie Länder, in denen diese Statistik anders aussehen könnte?" und „Wie? Warum?" Gehen Sie darüber mit TN ins Gespräch.

E

Unter https://www.zeit.de/karriere/bewerbung/2016-01/soft-skills-jobsuche-bewerbung?utm_referrer=https%3A%2F%2Fwww.google.com%2F findet sich ein Artikel mit dem Titel „Fachlich exzellent, Körperhygiene ungenügend", der sich mit der Bedeutung von Soft Skills (Kommunikation und Auftreten) im Bewerbungskontext beschäftigt. Sie können den Artikel als authentischen Text in den Unterricht integrieren oder auch nur die Überschrift an die Tafel schreiben und als Diskussionsimpuls nutzen.

Arbeitswelt-
wissen

Die Themen „Soft Skills" und „Schlüsselkompetenzen" wurden in Band B2 in Modul 3 von Kapitel 1 behandelt, Hinweise zum Arbeitsweltwissen zum Thema *Kompetenzen* finden sich im → UHB zu Band B2 auf Seite 60.
Sie können mit TN zur Ergründung und Strukturierung ihrer eigenen Kompetenzen auch noch einmal die → Portfolio-KV 1–3 aus Band B2 durchgehen oder sie daran erinnern.

Ü1
V
B

Sie können hier ähnlich vorgehen wie im Hinweis zum Auftakt dieses Kapitels zu Ü3b. TN, die es sich zutrauen, könnten sich die Texte vorlesen lassen (von TN, die noch den Text vor Augen brauchen/möchten), ggf. auch mehrfach. Sie sollten dann die Texte im Buch vorher abdecken und nur die Namen darunter sehen und zuordnen.

→ **KV 10–4**

Mit der KV können Sie die Eigenschaften aus dem Auftakt und Modul 4 noch einmal zusammengefasst wiederholen. TN arbeiten zu zweit. Die ausgeschnittenen Kärtchen der KV liegen verdeckt auf einem Stapel vor ihnen. Der Kopf der KV ist gefaltet, so dass TN nur die Überschrift „Wie nennt man …?" und den Schüttelkasten sehen; die Lösungen sind auf die Rückseite weggeklappt. Wer es noch schwerer haben möchte, klappt auch den Schüttelkasten um. TN A zieht eine Karte und formuliert die Frage mit „Wie nennt man …?". TN B wählt ein passendes Adjektiv aus dem Schüttelkasten (oder aus dem Gedächtnis). TN A notiert das Adjektiv auf dem Kärtchen. Am Ende können sie mit den Lösungen abgleichen.

Den Job will ich

A1b
Strategie

Lassen Sie TN sowohl die Aufgabenstellung als auch den „Strategie"-Kasten lesen. TN sollten feststellen, dass hier das in der Aufgabenstellung vorgeschlagene Vorgehen verschiedener Schritte bzw. Techniken, sich einer Textzusammenfassung anzunähern, auch auf die Arbeit mit anderen Texten übertragen werden und so zu einer Strategie werden kann. Ziel ist, dass TN bei komplexeren Texten automatisiert diese Schritte nacheinander durchlaufen, um sich den Inhalten eines Textes anzunähern und das Verständnis zu sichern.

E
Mediation

TN schreiben in eigenen Worten eine kurze Definition zum Begriff *Schlüsselqualifikation* (3 Sätze).

Ü2

Fragen Sie TN vor Ü2a, ob sie schon einmal an einem Assessment Center teilgenommen haben. TN berichten von Erfahrungen (oder davon, was sie sich unter einem Assessment Center vorstellen). Stellen Sie sicher, dass alle tatsächlich wissen, was ein Assessement Center ist und dass man sich auf ein solches gezielt vorbereiten muss (siehe den „Tipp"; Sie können erwähnen, dass es z. B. spezielle Trainingsbücher mit Tipps und Hilfen hierfür gibt).

E

Nach dem Lesen des Textes formulieren TN je 2 Fragen, die sich aus dem Text für sie ergeben (z. B.: *Was ist ein Planspiel?* oder *Wo findet ein AC statt?*). TN stellen die Fragen im PL, andere TN versuchen zu antworten (ggf. spekulativ). Gehen Sie dann über zu Ü2b.

A3a

Hier können verschiedene Schlüsselqualifikationen genannt werden. Betonen Sie in diesem Zusammenhang noch einmal, was auch im Podcast-Text erwähnt wird: dass die Relevanz von Schlüsselqualifikationen, obwohl diese häufig als berufsübergreifend bezeichnet werden, letztlich oft vom jeweiligen Tätigkeitsbereich abhängig ist. Beispiel: *Digitale Kompetenz* ist zwar in zahlreichen Berufen von großer Bedeutung, was aber unter digitaler Kompetenz für ein bestimmtes Tätigkeitsfeld verstanden wird, variiert u. U. stark.

A3b
B

TN arbeiten entweder in EA oder PA.

A3c
Mediation

Nach den Gesprächen in den KG stellen diese die von ihnen als beste Antworten ausgewählten Antworten mit Begründungen im PL vor. Die anderen TN geben Feedback.

A4
E

Sie können an diese Aufgabe ein kleines Projekt anknüpfen, indem Sie TN in 4 KG (nach den Bewerbungsarten) einteilen. Jede KG recherchiert Beispiel-Bewerbungen für ihre Bewerbungsart und präsentiert diese (z. B. eine Woche später) im PL.
Gehen Sie darauf ein, dass eine komplette Initiativbewerbung oder klassische Bewerbung natürlich auch online eingereicht/hochgeladen werden kann, was im Sprachgebrauch auch oft „Online-Bewerbung" genannt wird. Im Buch ist mit „Online-Bewerbung" aber – im engeren Sinne – gemeint, dass Firmen entsprechende Masken zur Verfügung stellen, die von den Bewerber/innen wie Formulare online ausgefüllt werden müssen.

A5

Dieses Projekt kann über einen längeren Zeitraum (z. B. 1–2 Wochen) laufen. Sie können auch auf Band B2 zurückgreifen, wo in Kapitel 2 verschiedene Aspekte des Bewerbungsschreibens behandelt wurden. Dort gibt es auch einen exemplarisch angeleiteten Ablauf zum Vorgehen von der Beschäftigung mit den eigenen Lebensstationen bis hin zum Verfassen von Lebenslauf/Anschreiben (Modul 2, Hinweis zu Ü1). Als Zwischenschritt eignet sich eine Feedback-Runde mit einem/einer Lernpartner/in. TN können dann ihre Bewerbungsschreiben je nach Rückmeldung des/der anderen TN ggf. überarbeiten.

Ü3

Gut als HA geeignet. Weisen Sie beim Abgleich nochmals darauf hin, dass auch Muttersprachler bei so wichtigen Texten wie einem Bewerbungsschreiben normalerweise andere (sprachlich möglichst kompetente) Menschen aus ihrem Umfeld darum bitten, den Text auf Fehler hin Korrektur zu lesen. Denn ein fehlerhaftes Schreiben kann beim Adressaten den Eindruck erwecken, nicht mit der nötigen Sorgfalt verfasst worden zu sein, woraus ggf. Rückschlüsse auf die allgemeine Sorgfalt im beruflichen Bereich gezogen werden. (Natürlich variieren auch hier je nach Branche die Ansprüche.)

10

A6 Je nach Umfang und Art des Feedbacks, das Sie für den Kurs für angemessen halten, können Sie TN
V auch vorschlagen, zunächst alle Fragen zu lesen und dann individuell drei Fragen auszuwählen, die
TN (für sich) beantworten. Anschließend folgt eine Blitzlicht-Runde im PL, in der jede/r TN ein
Feedback zum Kurs gibt. Wichtig dabei ist, dass Sie zuvor die Regeln besprechen, z. B. jede/r TN sagt
etwas, niemand unterbricht, Äußerungen werden unkommentiert stehen gelassen, …

E Das Thema „Abschied" bzw. „Verabschiedung" können Sie auch sehr gut im beruflichen Kontext
betrachten: Stellen/Jobs/Tätigkeiten finden manchmal auf unterschiedlichem Weg ein Ende. TN
können in KG über folgende Fragen in den Austausch und die Ideensammlung gehen:
- „Was ist bei einem Abschied am Arbeitsplatz zu beachten?"
- „Wie geht man so, dass es für alle Beteiligten angenehm sein kann?"
- „Was wäre Ihnen wichtig, zum Abschied zu sagen?"
- „Wie kann man abschließendes Feedback geben, insbesondere wenn Unschönes zum Ende eines Beschäftigungsverhältnisses geführt hat?"
- „Wie stellen Sie sich a) eine formelle, b) eine informelle Verabschiedung bestenfalls vor?"

TN tragen ihre Ergebnisse im PL zusammen. Halten Sie wichtige Punkte eventuell an der Tafel fest.

nach A6 Um den Abschied in der Gruppe zu gestalten, können Sie mit entsprechendem zeitlichen Vorlauf TN
um Vorschläge bitten, wie für sie ein kursgerechter Abschied aussähe. Sie können z. B. für den
Abschied eine Blitzlichtrunde anregen mit folgenden Fragen (die weniger wie in A6 im KB auf
Kursinhalte, sondern auf die gemeinsam verbrachte Zeit zielen):
- „Was war Ihr persönliches Highlight im Kurs?"
- „Welches Erlebnis werden Sie nicht vergessen?"
- „Was möchten Sie der Gruppe zum Abschied sagen?"

Aussprache

Ü1a Teilen Sie die Gruppe vor dem Hören in 6 KG ein, die sich jeweils auf einen der sechs Punkte
V (Stimme, Artikulation, Sprechgeschwindigkeit etc.) konzentrieren. Nach dem Hören beraten sich
die KG kurz und präsentieren dann ihre Ergebnisse und Verbesserungstipps.

Ü1b Bearbeiten Sie die Übung als Gespräch im PL.

Ü2 Stellen Sie TN frei, ob sie ihre Aufnahmen in EA oder PA erneut hören und analysieren wollen. Wenn
genug Zeit ist, können TN neue, verbesserte Aufnahmen vornehmen.

Kommunikation im Beruf

A1a Lesen Sie vor dem Hören den „Tipp", damit TN etwas sensibilisiert werden für konzise im Gegensatz
zu ausschweifenden Antworten.

A1b Ggf. mehrfach abspielen. TN füllen in EA aus und vergleichen dann in PA.

A2a+b Lesen Sie gemeinsam (falls nicht in A1a schon geschehen) im PL den „Tipp". Sagen Sie TN, dass sie
natürlich nicht druckreif sprechen müssen (sonst besteht auch die Gefahr, dass es sich auswendig
gelernt und unnatürlich aufgesagt anhört). Es ist aber von Vorteil, sich bewusst zu machen, dass
konzise Formulierungen dafür sorgen können, z. B. nicht zu wenig fokussiert oder zu vertrauensselig
zu wirken.
Bei A2b können TN auch die Partner/innen wechseln und mehrere Runden durchlaufen, um
verschiedene Antwortmöglichkeiten hören zu können.

Den Job will ich

A2c

TN sammeln zunächst in KG „schwierige Fragen". Sie können die Aufgabenstellung erweitern, indem Sie anregen, auch Fragen aufzunehmen, die seriöse Personaler/innen eher nicht oder selten stellen würden. Diese werden dann an der Tafel im PL gesammelt (gleiche/ähnliche Fragen ggf. zusammenfassen). Anschließend wählen TN (per Strichliste) Fragen aus, die ihnen besonders schwierig oder relevant erscheinen. Wiederum in KG werden diese Fragen nun besprochen und gemeinsam Antworten entwickelt, die anschließend im PL vorgestellt werden. Regen Sie TN unbedingt an, gute Formulierungen für Antworten ins Heft zu notieren, sodass sie diese auch später noch nachlesen und ggf. für die Vorbereitung auf Vorstellungsgespräche nutzen können.

Grammatik-Rückschau

TN bilden bei diesem Spiel Sätze mit der Verbal- bzw. Nominalform, passend zu einem der zuvor behandelten Themen. TN spielen in KG (zu viert oder fünft) mit je einem Würfel. Die Augenzahlen stehen für:

1 = wenn	3 = sofern	5 = bei + Dat.
2 = falls	4 = wenn ... nicht	6 = ohne + Akk.

Schreiben Sie diese Auflistung an die Tafel, sodass alle TN sie während des Spielens vor Augen haben.

TN1 würfelt und bildet gemäß der Wortvorgabe der gewürfelten Augenzahl einen zum Thema passenden Satz. Die rechts von ihm/ihr sitzende Person (TN2) formt den Satz in die jeweils andere Form um (Verbal- oder Nominalform). Bei Unsicherheit gibt die links von TN1 sitzende Person (TN3) Hilfestellung. Sie ist auch diejenige Person, die die beiden von TN1 und TN2 gebildeten beiden Sätze auf Richtigkeit kontrolliert. Anschließend würfelt TN2 usw.

Geben Sie für die einzelnen Runden Themen aus dem Kapitel vor wie z. B. hier in Kapitel 10 *Initiativbewerbung, Assessment-Center, Stellenanzeige, Soft Skills, Mosaik-Karriere, Videokonferenz, Selbstpräsentation*. (Sie können das Würfelspiel aber auch zu Themen aus anderen Kapiteln spielen.)

Beispiel für einen Durchlauf zum Thema „Vorstellungsgespräch":

– TN1 würfelt eine 3 und sagt: „Sofern man nicht zum Vorstellungsgespräch kommen kann, muss man rechtzeitig absagen."
– TN2 formt um in: „Bei Verhinderung muss man rechtzeitig absagen."
– TN3 kontrolliert (und hätte ggf. vorher TN2 unterstützt).

Lesen Teil 2: Einweisungen und Unterweisungen verstehen

vor A1 Sprechen Sie mit TN darüber, wie die Prüfungstrainingsseiten im KB aufgebaut sind: Die Aufgaben folgen nicht der Reihenfolge der Prüfungsaufgaben im DTB, sondern orientieren sich an den Inhalten der vorhergehenden Kapitel. Außerdem kommen bekannte oder einfachere Formate eher am Anfang vor. Sie können eine Übersicht über die einzelnen Prüfungsteile (→ Seite 168) zugrunde legen und darin zeigen, an welcher Stelle welcher Aufgabentyp in der schriftlichen Prüfung steht. Nehmen Sie die erste Überschrift als Beispiel: Hier geht es um den Subtest *Lesen Teil 2* mit dem Lernziel „Einweisungen und Unterweisungen verstehen". (Die Titel bzw. Lernzielformulierungen sind im DTB immer dieselben.)

Sehen Sie sich gemeinsam mit TN den Aufbau und die Darstellung auf den Prüfungstrainingsseiten an. TN sollen erkennen, dass sie hier anhand der Aufgabenstellungen sowie der „Strategie"-Hinweise und „Tipps" gezielt den Umgang mit den auf weißem Fond abgebildeten exemplarischen Prüfungsaufgaben trainieren. Ziel ist das Kennenlernen und Üben der Aufgabenstellungen und der Umgang mit ihnen.

Geben Sie den weniger lerngewohnten TN genug Zeit, sich in PA mit der Darstellung auf den Prüfungstrainingsseiten vertraut zu machen. Sprechen Sie anschließend im PL über den Aufbau und das Layout der Seiten:
- *Die tatsächlichen Prüfungsaufgaben sind weiß unterlegt. Die Aufgabenstellung ist dabei immer kursiv abgebildet. Die weiteren Aufgabeninhalte folgen Stück für Stück.*
- *Alle Aufgabeninhalte und Anlösungen sind in schwarzer Schrift gedruckt.*
- *Die Arbeitsanweisungen für das Prüfungstraining sind in grüner Schrift gedruckt. Sie entsprechen den sonst in den Kapiteln blau gedruckten Arbeitsanweisungen.*
- *Hinweise, Hilfestellungen und Erklärungen sind rot gedruckt.*
- *Auszüge aus dem Prüfungs-Antwortbogen sind (wie auch im Original in der Prüfung) rot unterlegt.*
- *Am Ende eines Abschnitts findet sich ein blauer Verweis auf weitere Aufgaben des jeweiligen Formats im Buch.*

A1a TN ermitteln, dass es zwei Teil-Aufgabenstellungen sind, die hier in einer Aufgabe zusammengefasst werden. Zunächst soll erkannt werden, ob eine Aussage richtig oder falsch ist, anschließend soll die am besten passende Antwort aus drei Möglichkeiten ermittelt werden.

Gehen Sie zur Sicherheit auf das Vorgehen mit dem Antwortbogen ein. Nehmen Sie ggf. den Antwortbogen aus einem Modelltest zur Demonstration zu Hilfe. Zeigen Sie TN, wie die Datenfelder auf dem Antwortbogen der Prüfung auszufüllen sind.

A1b Betonen Sie, dass es in diesem Teil der Prüfung immer zwei Texte aus Willkommensmappen zu lesen gilt und keine andere Textsorte vorkommen kann. Dies kann TN Sicherheit vermitteln, auch wenn die Auswahl der Themen variiert. Weisen Sie darauf hin, dass deshalb die in dieser Aufgabe geforderte Themensammlung eine gute Vorbereitung darstellt. Die Themensammlung kann auch in KG erfolgen und anschließend im PL zusammengeführt werden. Erläutern Sie TN, dass es sinnvoll ist, alle gesammelten Themen für die Prüfungsvorbereitung abzulegen und immer wieder einmal Wortschatz zu den Themen zu wiederholen und diesen stetig zu erweitern.

A2 Wiederholen Sie die aus den Kapiteln bekannte Strategie, Schlüsselwörter zu markieren. Für schwächere TN kann diese Strategie eine Herausforderung darstellen, aber gerade deshalb sollte sie unbedingt regelmäßig geübt werden. TN können nach dem Markieren der Schlüsselwörter in EA ihre Ergebnisse in PA zunächst abgleichen, um das Erkennen wichtiger Wörter in einem Text bzw. einer Aufgabenstellung zu trainieren und ggf. Unterschiede zu anderen TN zu sehen. Das „Aushandeln" von Schlüsselwörtern ist eine gute Übung und gleichzeitig ein Argumentationstraining.

Gehen Sie dann darauf ein, warum die hier vermittelte, rot gedruckte Strategie „Aufgaben zuerst lesen" heißt. Fragen Sie: „Warum ist es wichtig, eine Aufgabe genau zu lesen?"
- *Man weiß dann bereits vor dem Lesen des gesamten Textes, worauf man achten muss und welche Items vorkommen – bei der knappen Zeit in der Prüfung spart das evtl. einen Lesedurchgang. Mit Vorwissen ist man beim Lesen des Textes anders fokussiert.*

Prüfungstraining A

- *Es hilft, nichts zu überlesen (z. B. einen Teil der Aufgabenstellung) oder zu vergessen.*
- *Es ist wichtig, nichts falsch zu verstehen.*

Überlegen Sie gemeinsam im PL, wie man trainieren kann, Aufgaben in Ruhe und aufmerksam zu lesen (ggf. das Lesen mit dem Finger unterstützen, laut/langsam lesen).

Sie können in diesem Zusammenhang TN auch zu „Lesetypen" befragen: Gibt es TN, die dazu neigen, zu oberflächlich zu lesen und voreilig zu antworten? Oder TN, die sich lange und akribisch bei der ersten oder einer schwer lösbaren Aufgabe aufhalten und denen am Ende Zeit fehlt? usw. – Ein Bewusstsein dafür kann in Prüfungen wichtig sein, um mit den eigenen Schwächen umgehen zu können. Weisen Sie TN auch darauf hin, dass in manchen Aufgabenstellungen Feinheiten einen großen Unterschied machen (z. B. wenn Verneinungen zu beachten sind) und gerade daran die Sprachkompetenz der TN gemessen wird. Darauf bezieht sich auch der letzte Absatz in der „Strategie": Bei dieser Prüfungsaufgabe kommen meist alle Schlüsselwörter oder Synonyme aus den Aufgaben im Text vor. Beim Lösen darf man sich davon nicht zu vorschnellen Antworten verleiten lassen und muss umso mehr auf den Kontext achten. Trotzdem sollte nach dem Lesen der Aufgabe schnell nach den Schlüsselwörtern im Text gesucht werden, um eine Orientierung zu haben, an welcher Stelle sich evtl. die nötigen Informationen finden lassen.

TN können nach Beispielen für Synonyme im Text suchen (z. B. *an … zwei Tagen in der Woche = zweimal wöchentlich; im Homeoffice arbeiten = von zu Hause aus arbeiten; in Präsenz anwesend sein = in der Firma sein*).

A3 Nach der PA können Sie im PL fragen, welche Vorgehensweisen sich als zielführend herausgestellt haben. Auf diese Weise üben TN auch, ihre jeweiligen Strategien beim Lösen von Aufgaben in eigenen Worten zu erklären. Bestenfalls führt es zudem dazu, dass TN sich bewusst werden, welches Vorgehen strategisch sinnvoll war, um die Strategie künftig erneut anzuwenden. Fragen Sie auch: „Haben Sie beim Lösen der Aufgabe Fehler gemacht? Welche?", und überlegen Sie gemeinsam im PL, wie es z. B. zu einem Missverständnis kam. Dabei geht es gar nicht so sehr darum, zu zeigen, dass Fehler verhindert werden können, als vielmehr darum, dass Sie TN empowern: Zeigen und sagen Sie, dass Fehlermachen zum Lernen dazugehört, dass Fehler passieren und gemacht werden dürfen. Sie können auf diese Weise eine positive Fehlerkultur im Kurs fördern und die Sorge reduzieren, die Prüfung nicht zu bestehen. Gehen Sie wertschätzend damit um, wenn TN ihre Fehler zeigen. Regen Sie an, über Lernschwierigkeiten zu sprechen, um daran arbeiten zu können. Fragen Sie, ob bei der Besprechung der Lösung alles schlüssig erklärt werden konnte.

Weisen Sie für alle Teile *Lesen* und *Schreiben* aus der Prüfung auf die Zeit hin, die ungefähr zur Verfügung steht. Für *Lesen* 1–4 haben TN 45 Minuten. Für Lesen 2 sollten sie etwa 10 Minuten einplanen. Erwähnen Sie noch einmal, dass dieser Teil in der Prüfung zwei Texte umfasst, für die eine Aufgabe hier sind also 5 Minuten die Orientierung.

Hören Teil 2: Argumentationen nachvollziehen

vor A4 Gehen Sie auf das Verb *nachvollziehen* in der Überschrift zu diesem Prüfungsteil ein. TN sammeln Synonyme (*verstehen, kapieren, sich in … hineindenken, sich in … einfühlen, nachfühlen*). Weisen Sie TN dann darauf hin, dass es in diesem Prüfungsteil immer 4 Zuordnungsaufgaben zu lösen gibt. Es geht darum, einer innerbetrieblich stattfindenden informellen Diskussion zu folgen und die darin vorgebrachten Argumente zu verstehen. Die Gespräche finden zwischen 2 bis 3 Personen im Arbeitskontext statt. Die Aussage, die dabei nachvollzogen werden soll, muss nicht von allen Personen (und auch nicht unbedingt von der vorgesetzten Person) vertreten werden. Darauf können Sie ggf. bei der Auswertung in A6 hinweisen.

A4 TN lesen die Aufgabenstellung und erklären die Aufgabenstellung dann in PA dem/der jeweils anderen TN in eigenen Worten. Ein/e oder zwei TN nennen anschließend im PL noch einmal alle Informationen, die aus der Aufgabenstellung entnommen werden können.

Besonders bei den Teilen *Hören* ist es hilfreich, wenn TN genau wissen, was in jedem Teil auf sie zukommt, damit sie bei der knappen Zeit in der Prüfung die Aufgabe nicht mehr lesen müssen.

Wenn sie hier mitnehmen, dass sie Zeit zum Lesen haben und es immer 4 Gespräche gibt, denen aus 6 Sätzen je einer zugeordnet werden soll, gibt das Sicherheit.

A5a Gehen Sie auf den „Tipp" ein. Wichtig ist, dass TN wissen, dass nur das, was auf dem Antwortbogen steht, in die Bewertung der Prüfung einfließt. Es ist zulässig, die Prüfungsunterlagen als Arbeitsmaterial zu sehen und Notizen sowie Unterstreichungen oder Markierungen vorzunehmen. Diese Eintragungen werden nicht bewertet. Weisen Sie darauf hin, dass TN hier für sich selbst sorgen und individuelle Hervorhebungen nach Bedarf nutzen sollten.
Klären Sie im PL ggf. unbekannte Wörter, z. B. *Mehrwert, unterschätzen, zeitgemäß, Anreize, Übernahme, Garant*.
TN lesen die Sätze und besprechen zuerst zu zweit mögliche übergreifende Themen (*Weiterbildung, neue Mitarbeitende, Qualifizierung für den Job, Arbeitssuche ...*), sammeln Sie dann im PL. Fragen Sie, was am besten passt. Eine Möglichkeit könnte *Qualifikation für den Beruf* sein, auch wenn Satz e dazu scheinbar nicht passt. TN sollen sehen, dass sie meist ein grobes übergreifendes Thema aus den Sätzen herauslesen können, um das es in allen vier Gesprächen geht. Eine solche Hörerwartung unterstützt das anschließende Hörverstehen.

A5b Um beim Hören darauf vorbereitet zu sein, dass man nicht unbedingt die Begriffe aus den Sätzen hört, wird hier die Aufgabe 5b in EA gemacht, TN vergleichen in PA. Fragen Sie im Plenum, welche anderen Synonyme oder Umschreibungen ihnen zu den Sätzen in 5a einfallen. Sie können auch als zusätzliche Übung die Sätze a–f in PA umformulieren lassen. Damit sehen Sie auch, ob TN die Bedeutung der Sätze tatsächlich verstanden haben oder nur die einzelnen Wörter. Der „Tipp: auf den Inhalt achten" weist darauf hin, dass es meist so ist, dass viele der Schlüsselwörter in mehreren Gesprächen auftauchen. Davon sollen sich TN nicht ablenken oder verwirren lassen. Wichtig ist der tatsächliche Inhalt der Sätze bzw. der Sinn des Gehörten.

vor A6 TN lesen die rotgedruckte „Strategie". Fragen Sie anschließend: „Finden Sie die Strategie gut?", „Machen Sie es beim Hören auch so oder gehen Sie anders vor?", „Möchten Sie die Strategie ausprobieren?", und gehen Sie dann über zu A6.

A6 Achten Sie darauf, dass bei Höraufgaben Ruhe im Raum herrscht. Erläutern Sie, dass es für Menschen unterschiedlich schwer ist, sich zu konzentrieren, und auch, dass nicht alle TN gleich gut hören. Aus diesem Grund ist es wichtig, Rücksicht zu nehmen und sich für die eigene Konzentration und die der anderen TN still zu verhalten, solange der Hörtext läuft und auch danach, während die Aufgabe bearbeitet wird.
Der Abgleich der Lösung (A6b) erfolgt in PA und auch das Markieren (A6c) sollte in PA erfolgen, damit der richtige Umgang mit dem Antwortbogen geübt wird. (Erklären Sie ggf., dass in der Prüfung das passende Feld mit Bleistift ganz ausgemalt werden muss.) Fragen Sie anschließend: „Haben Sie die Strategie genutzt?", „Wie hat es geklappt?" TN tauschen sich im PL aus. Weisen Sie TN ggf. nochmalig darauf hin, dass alle Hörtexte des Lehrwerks auch allein geübt und beliebig häufig wiederholt werden können.

Sprachbausteine Teil 1: Rückfragen zu Bewerbungen stellen

vor A7 Wenn noch nicht geschehen, können Sie mit TN an dieser Stelle die Punkteverteilung der ganzen Prüfung ansehen und dabei auf die Zeiteinteilung im Subtest *Schreiben* eingehen. Zu diesem Subtest gehören *Sprachbausteine Teil 1* und *Teil 2* und *Schreiben*, insgesamt hat man 45 Minuten Zeit. Während es für *Schreiben* bis zu 14 Punkte (plus bis zu 27 Punkte durch aufgabenübergreifende Bewertungen für *Lesen und Schreiben* und *Schreiben* zusammen) zu erreichen gibt, bekommt man für die zwei Teile *Sprachbausteine* je maximal 3 Punkte, also 0,5 Punkte pro Item. Diese Informationen sollten bei der Planung der Zeiteinteilung auch eine Rolle spielen. Sie können z. B. empfehlen, dass für die beiden Teile je etwa 7 Minuten eingeplant wird, sodass man etwa 30 Minuten für *Schreiben* zur Verfügung hat. Die drei Teile müssen nicht in einer festen Reihenfolge bearbeitet

Prüfungstraining A

werden. Ein gutes Zeitmanagement innerhalb der einzelnen Subtests ist wichtig und die Zeit sollte immer im Blick behalten werden. Je nach Typ können die TN planen, ob sie in der Prüfung zuerst die *Sprachbausteine* „abarbeiten", um dann Ruhe für *Schreiben* zu haben, oder ob sie mit dem *Schreiben* beginnen, um die Aufgabe sicher geschafft zu haben.

Im Prüfungsteil *Sprachbausteine Teil 1* ist stets gefordert, die Beherrschung von formelhaften Wendungen im Rahmen von schriftlicher Korrespondenz unter Beweis zu stellen, indem Wörter in einen Lückentext eingefügt werden. Dabei kann auch die Grammatik bis zu einem gewissen Grad helfen.

A7 Die Hauptschwierigkeit liegt für viele TN wahrscheinlich darin, dass es mehr Wörter als Lücken gibt und somit eine Auswahl „frei" getroffen werden muss, dass also das Ausschlussverfahren nicht angewendet werden kann. Sollten TN andere Schwierigkeiten benennen, nehmen Sie diese mit auf. So könnten z. B. Verwechslungen ein Thema sein (*wann/wenn*) oder auch Unsicherheit in Bezug auf den Satzbau oder die Wortart usw.

A8 Nachdem TN in PA die Lösung ermittelt und über den Lösungsweg gesprochen haben, gleichen Sie im PL kurz die richtigen Ergebnisse ab. Bilden Sie – falls Unklarheiten/Fragen bestehen – auch mit den nicht passenden Wörtern Beispielsätze, sodass die Verwendung und Bedeutung des jeweiligen Wortes geklärt wird.

A9a Am besten decken die TN den Schüttelkasten in 9b mit einem Blatt ab. Hier sollten TN noch nicht die Wörter a–j verwenden, sondern frei überlegen, welche Wörter in die Lücken passen könnten. Mit dieser Übung merken sie, dass sie sich oft auf ihr Sprachgefühl verlassen können, auch wenn sie nicht die exakt richtige Lösung finden. Weisen Sie auf die Schritte 1 und 2 aus dem Strategiekasten hin. Wenn TN keine Idee für ein passendes Wort haben, können sie zuerst überlegen, welche Wortart an die Stelle müsste oder könnte.

A9b Nachdem die Aufgabe bearbeitet wurde, fragen Sie TN: „Waren Ihre Vermutungen aus 9a richtig?" und „Was hat gepasst, was nicht?" sowie „Was haben Sie gemacht, wenn Sie bei einer Lücke nicht sicher waren?" Zur letzten Frage und Punkt 3 der Strategie können Sie TN noch raten, bei einer Lücke, die man nicht auf Anhieb ergänzen kann, erst einmal weiterzugehen zu den folgenden Lücken. Nach deren Bearbeitung sind weniger Wörter übrig, zwischen denen TN sich bei der noch offenen Lücke dann entscheiden können.

Schreiben: Meinungen begründen und durch Argumente stützen

A10a In diesem Teil des DTB ist grundsätzlich immer das Schreiben einer Stellungnahme für die Geschäftsführung gefordert, d. h. die Diskussion und Bewertung eines Problems. Zwei Themen stehen zur Wahl. Fragen Sie TN: „Was bedeutet es, dass Sie zwei Themen zur Wahl bekommen? Was ist gut daran?", und sammeln Sie im PL Argumente für diese Aufgabenstellung (*Entscheidung für eine Themenvorliebe ist möglich; individuelle Entscheidung, welches Thema leichter fällt bzw. worüber es leichter ist, mehr zu schreiben, bzw. wozu man mehr Informationen/Ideen hat; …*)

Klären Sie im PL, ob die Aufgabenstellung klar ist, mithilfe der ersten Frage: „Was ist eine Stellungnahme?" (*sich zu einer Meinung oder einem strittigen Thema differenziert äußern und eine eigene Sicht darlegen*) Sammeln Sie im PL und halten Sie fest, dass zudem die Punkte in der Aufgabenstellung den Aufbau schon gut beschreiben und immer die gleichen sind:
– *Abwägen von Vor- und Nachteilen*
– *passende Beispiele anführen*
– *den eigenen Standpunkt darlegen*
– *ein Fazit ziehen*

Lassen Sie die zweite Frage in PA besprechen und sammeln Sie anschließend im PL.

A10b TN können hier in PA zunächst über beide Themen sprechen und Wortschatz sammeln.

A11a	Das Brainstorming (und der gesammelte Wortschatz) dient als Grundlage für die Pro-/Kontra-Liste. Wenn Sie binnendifferenziert vorgehen möchten, schlagen Sie TN vor, dass sie sich bereits hier für eines der Themen entscheiden und Argumente sammeln können (als HA kann dann ggf. immer noch zum zweiten Thema gesammelt werden). Besonders das Anbringen von Beispielen zu den Argumenten ist bei einer Stellungnahme wichtig. TN sollen sich ruhig etwas ausdenken oder tauschen sich, wenn sie keine Ideen haben, mit einem anderen Paar aus.
A11b	Ein nachvollziehbarer Aufbau der Stellungnahme ist wichtig. Zur Verdeutlichung können Sie im PL die gesammelten Argumente und Beispiele aus 11a für Thema A an die Tafel schreiben und gemeinsam ordnen. Lassen Sie diskutieren, warum welcher Punkt am wichtigsten sein soll. Weisen Sie darauf hin, dass jedes Argument individuell „das wichtigste" sein kann – es muss im Text aber deutlich werden, warum. Die Argumente für Thema B ordnen TN für sich allein. Jede/r sollte sich auch selbst markieren, welche Seite er/sie in der Stellungnahme unterstützen will.
A11c	Arbeiten Sie weiter mit den gesammelten Argumenten zu Thema A an der Tafel. TN sehen sich die beiden groben Modelle einer Stellungnahme an. In PA besprechen sie, was die Unterschiede sind und welches Modell sie lieber anwenden würden. Im PL können Sie sich wieder auf ein Modell einigen und jetzt die Argumente aus der Tabelle ordnen. Weisen Sie darauf hin, dass beide Modelle gleichwertig sind und auch ein anderer Aufbau möglich ist. Es sollte aber eine Struktur erkennbar sein. Für das Schreiben bleiben hier etwa 30 Minuten, die TN sollten aber auch beachten, dass der Antwortbogen, auf den die gesamte Stellungnahme geschrieben wird, nur 1,5 Seiten (mit breiten Rändern) umfasst. Daher ist es auch wichtig, die Argumente zu begrenzen und sich knapp zu fassen. Es kann sein, dass schon 1 bis 2 Argumente für jede Seite reichen, wenn sie gut ausformuliert und mit Beispielen belegt sind. Überlegen Sie im PL, welche Argumente tatsächlich in den Text sollen. Das Gleiche können TN für Thema B in EA (oder als HA) machen. Wenn TN unsicher bzgl. passender Formulierungen zu den einzelnen Schritten sind und Sie binnendifferenziert vorgehen möchten, lassen Sie in PA Redemittel sammeln für (die in 10a genannten Schritte) *Vor- und Nachteile nennen, Beispiele anführen, den eigenen Standpunkt darlegen, ein Fazit ziehen*. Zum Abgleich finden Sie den passenden Redemittelkasten dazu in Kapitel 2, Modul 4, auf Seite 33. Sammeln Sie dann gemeinsam mögliche Sätze, mit denen man in den Text einsteigen könnte. Sie können darauf hinweisen, dass es bei diesem Format nicht notwendig ist, Formalien wie in einem Brief einzuhalten, auch eine Anrede ist nicht notwendig, es geht um die Argumentation. Aber eine formelle Sprache ist durchgehend angebracht. Erwähnen Sie auch, dass es beim Fazit im Einzelfall auch möglich ist zu schreiben, dass angesichts gleichstarker Pro- und Kontra-Argumente eine endgültige Entscheidung noch nicht getroffen werden kann und z. B. ein Team-Meeting dazu einberufen werden sollte.
A12	Lesen Sie die „Strategie" im PL. Ein/e TN kann sie ggf. laut vorlesen. Fragen Sie TN, ob das Vorgehen klar ist. Fragen Sie auch, ob TN Probleme bei dieser Aufgabe sehen, und, wenn ja, welche. Besprechen Sie ggf. Schwierigkeiten und überlegen Sie gemeinsam, welche Übungen und Vorbereitungen auf diese Aufgabe Sie während des Unterrichts umsetzen können. Fragen Sie TN nach ihren Wünschen. Alternativ können Sie auch TN in KG zu jedem der drei Punkte Ideen sammeln lassen, bevor sie sich dann im PL austauschen. Ggf. unterstützen Sie mit Leitfragen: – „Ist es manchmal schwierig, sich schnell für ein Thema zu entscheiden? Warum? Was kann dabei helfen?" – „Was hilft Ihnen dabei, schnell Argumente zu finden? Was ist der Vorteil, wenn Sie sich zunächst Notizen machen?" – „Wie können Sie üben, nicht zu viel oder zu wenig zu schreiben?"

Prüfungstraining B

Lesen Teil 4: Aufgaben und Aufgabenverteilung nachvollziehen

vor A1a Erklären Sie, dass es in diesem Prüfungsteil um innerbetriebliche Kommunikation geht und darum, einen Text möglichst genau (detailliert) zu lesen, um Einzelheiten exakt zu verstehen.

A1a TN ermitteln zunächst ganz allgemein, um welche Art von Sitzung es sich handelt, indem sie sich für eine Lösung entscheiden. Weisen Sie TN darauf hin, dass dieser Prüfungsteil hier gekürzt ist: Das Protokoll ist in der eigentlichen Prüfung etwa 1,5 Seiten lang und es gibt 5 Multiple-Choice-Aufgaben. TN sollten etwa 15 Minuten für diesen Teil einplanen.

A1b Wie meist beim *Lesen* geht es auch hier darum, anhand von Schlüsselwörtern oder Kontext zu erkennen, wo im Text vermutlich die Lösung zu finden ist. Anschließend wird auf der Suche nach der richtigen Lösung detailliert gelesen. A1b bereitet darauf vor. TN vergleichen ihre Lösungen zuerst in PA und erklären, wie sie darauf gekommen sind. Fragen Sie beim Vergleich im PL, wie die Schlüsselbegriffe aus den Sätzen A, B und C in den Textausschnitten umschrieben sind (z. B. *Evaluation* = Kundenbefragung, *das laufende Jahr* = erst im 4. Quartal). Ob die Aussagen richtig oder falsch (oder in der Prüfungsaufgabe a, b oder c richtig sind) lässt sich aber erst durch den Kontext erkennen. Um das Verständnis zu sichern, können TN die falschen Sätze B und C so umformulieren, dass sie richtig sind.

A2a TN lösen die Aufgaben zunächst in EA und vergleichen dann in KG zu dritt die Reihenfolge, bevor Sie im PL die Auflösung besprechen. Weisen Sie TN explizit darauf hin, dass sie nun ein strategisches Vorgehen gleich einem „Fahrplan" oder „Rezept" besprochen haben.

A2b Haben TN sprachliche Probleme mit den Formulierungen der Aufgaben 1–4, besprechen Sie diese vor dem Suchen nach der Position im Text. Lassen Sie z. B. wieder umformulieren.
Die Aufgaben entsprechen der Reihenfolge des Textes, das tatsächliche „Auffinden" der relevanten Stellen ist aber oft eine Schwierigkeit. Besprechen Sie im PL daher ausführlich, welche Stellen TN markiert haben und warum.
Alternativ können Sie auch anders an den Text herangehen, um TN ein besseres Gefühl für die Textsorte zu geben. Stellen Sie dazu zwei globale Fragen zum Text: „Um welche Art von Firma könnte es sich handeln?" und „Welche Hauptthemen kommen in den beiden TOP vor?" Weiter können TN sich je 3 Fragen zum Text überlegen und diese danach in PA tauschen.
Auch wenn es in der Prüfung nicht genug Zeit für diese Art von Auseinandersetzung mit dem Protokoll gibt, gibt es TN ein Sicherheitsgefühl, sich mit der Textsorte besser auszukennen.

A2c TN arbeiten in EA. Fragen Sie nach Besprechen der Lösung im PL, ob TN das strategische Vorgehen als sinnvoll empfunden haben. Lesen Sie dann im PL den Hinweis unten auf der Seite. Geben Sie TN Zeit, sich den Umfang des Protokolls auf → Seite 62/63 anzusehen.

Hören Teil 1: Arbeitsabläufe, Probleme und Vorschläge verstehen

vor A3a Besprechen Sie mit TN, dass dieser Prüfungsteil immer aus 2 Aufgabentypen besteht: Zu jedem Gespräch gibt es eine Richtig-/Falsch- und eine Multiple-Choice-Aufgabe, bei der die am besten passende Antwort markiert werden muss. Es geht darum, in einem Gespräch ein Thema zunächst global zu verstehen und dann ein Detail zu identifizieren. Es sprechen 2–4 Personen über Abläufe bei ihrer Arbeit. Eines der Gespräche ist extern.
Sprechen Sie über potenzielle Schwierigkeiten beim Lösen der Aufgabe (z. B. dass der Hörtext nur einmal gehört wird und man ggf. auf beide Aufgaben gleichzeitig achten muss).

A3c Zum Auswerten im PL können Sie auch das Transkript benutzen. TN erkennen, dass die Information zu der ersten Aufgabe relativ am Anfang kommt. Weisen Sie aber darauf hin, dass auch hier schon Hinweise auf die zweite Aufgabe kommen könnten.

A4a Nennen Sie erneut den Begriff „Schlüsselwörter". Fragen Sie ein, zwei TN vor dem Hören, welche Wörter diese markiert haben. Weisen Sie auch darauf hin, dass für in den Gesprächen vorkommende Personen in der Aufgabe oft eine Umschreibung benutzt wird. Ggf. ist es relevant zu erkennen, ob

	diese Bezeichnung korrekt bzw. wer damit gemeint ist (z. B. ob jemand mit einem *Kollegen* oder *Kunden* spricht, was nur am Gespräch selbst erkannt wird).
A5	Weisen Sie darauf hin, dass TN den Hörtext nur einmal hören. TN lesen die „Strategie" und demonstrieren anhand eines Beispiels, wie genau vorgegangen werden soll. (Hinweis: Die Gespräche sind in der Audiodatei bereits mit der richtigen Pausenlänge aufgenommen.)

Sprechen Teil 2: Mit Kolleginnen und Kollegen sprechen

vor A6	Sagen Sie, dass es in diesem Prüfungsteil um soziale Kontakte am Arbeitsplatz geht. Hier treten immer Kollegen und Kolleginnen in Beziehung miteinander, es wird aber nicht über die eigentliche Arbeit gesprochen, sondern z. B. über den Weg zur Arbeit oder das Mittagessen. Es geht um Dialog und Kooperation im informellen Gespräch. Dazu gehört auch ein ausgeglichener Sprecherwechsel. Gehen Sie die Bewertungskriterien für den Prüfungsteil *Sprechen* an der Tafel nacheinander durch, indem TN benennen (und Sie als LK ergänzen), was mit den einzelnen Punkten gemeint ist: *kommunikative Aufgabenbewältigung, Aussprache/Intonation, formale Richtigkeit, Spektrum sprachlicher Mittel*. Erklären Sie, dass für jeden Teil *Sprechen* die *kommunikative Aufgabenbewältigung* mit einer bestimmten Punktzahl bewertet wird, für *Sprechen Teil 2* gibt es maximal 8 Punkte. Die insgesamt 30 Punkte für die anderen drei Kriterien werden für alle Teile *Sprechen* zusammen vergeben.
A6a	TN A erhält in der Prüfung eine Frage, die das Thema vorgibt und die entweder vorgelesen oder in eigenen Worten an TN B gestellt werden kann (→ „Tipp" auf Seite 71). TN A und B sprechen über das Thema, danach erhält der/die andere TN eine andere Frage, mit der diese/r ein weiteres Gespräch einleitet. Weisen Sie darauf hin, dass in den vorgegebenen Fragestellungen zwar geduzt wird, dass TN sich in der Prüfung aber auch siezen dürfen. Aufgabe 6a können TN ohne Ihr Eingreifen in KG durchführen. Ziel ist, dass TN sich zutrauen, frei über ein Thema zu sprechen, und selbst feststellen, was bereits gut möglich ist und bei welchen Themen z. B. noch Redemittel fehlen. Der Austausch darüber dient der Vorbereitung auf A6b.
A6b	TN machen die Aufgabe in EA. Spielen Sie dann den Einsatz jeder Strategie mindestens einmal, ggf. öfter durch. Sollten TN mit unbekannten Begriffen konfrontiert sein, können sie genau das zum Gegenstand des Gesprächs machen, z. B.: A: *Wie findest du denn die neue Kernarbeitsreglung?* – B: *Äh, was ist das noch mal?* – A: *Das weiß ich auch nicht so genau.* – B: *Hm, wen könnten wir denn fragen?* – A: …
A7a	TN können Paare bilden und die Zeit stoppen, in der sie problemlos über das Thema sprechen können. Danach tauschen sie sich aus. Gehen Sie dann in die Metakommunikation: „Macht es einen Unterschied für den Gesprächsverlauf, ob man sein Gegenüber (gut) kennt? Warum (nicht)?", Fragen Sie auch: „Konnten Sie beim Sprechen Strategien aus A6b anwenden? Hat das funktioniert?" sowie „Haben Sie die Frage abgelesen oder umformuliert?" Ggf. üben Sie weitere Durchläufe, indem Sie TN selbst weitere vergleichbare Prüfungsfragen entwerfen lassen. Sie können auch verschiedene Themen aus A6a auf Karten schreiben und im Unterricht immer wieder mal ein solches Prüfungsgespräch simulieren. Weisen Sie TN darauf hin, dass in der Prüfung das Gespräch nicht beide Male von der-/demselben TN eröffnet wird. Wer beim ersten Thema begonnen hat, hat beim zweiten Gespräch also die Rolle des Gegenübers und hört erst einmal zu.
A7b	Lassen Sie TN, die zuvor miteinander gesprochen hatten, die einzelnen Punkte der Strategie „locker bleiben" reflektieren. Sprechen Sie anschließend im PL über die Erfahrungen.
A7c	Weisen Sie nochmals darauf hin, dass hier der-/diejenige TN das Gespräch eröffnen soll, der/die in A7a diese Rolle nicht hatte. Achten Sie zudem darauf, dass Handyaufnahmen, die TN von anderen gemacht haben, wieder gelöscht werden, wenn die Aufgabe beendet ist. Alternativ zu Handyaufnahmen können in 4er-KG zwei TN das Prüfungsgespräch spielen und zwei TN beobachten und geben anschließend konstruktives Feedback.

Prüfungstraining C

Hören Teil 3: Betriebsbezogene Informationen nachvollziehen

vor A1a	Weisen Sie TN darauf hin, dass es in der Prüfungsaufgabe *Hören Teil 3* grundsätzlich immer darum geht, einer Präsentation bei einer Versammlung im Betrieb folgen und Details verstehen zu können.
A1a	TN sammeln in KG Themen und vergleichen dann mit einer anderen KG.
A1b	Besprechen Sie mit TN, dass in der Beispiellösung oft schon inhaltlich eine Hilfe steckt: Man erfährt z. B., um welche Art Versammlung es sich handelt oder wer die Präsentation hält. Außerdem ist der Hinweis wichtig, dass man eine Minute Zeit zum Lesen hat. Stellen Sie einen Timer auf 1 Minute und sagen Sie TN, dass sie (z.B. bei den Hausaufgaben) häufiger mit Zeitvorgaben arbeiten sollen, um ein Gefühl dafür zu entwickeln, wie viel Zeit man für welche Aufgabenstellung benötigt. Unnötiger Druck sollte vermieden werden, aber TN sollten das jeweilige Zeitfenster für Prüfungsaufgaben gut kennen, um es nicht zu unterschätzen.
A2a	Nach dem Hören gleichen TN mit dem „Tipp" ab.
A2b	Die Punkte 1 und 2 der „Strategie" haben TN bis hierher schon durchgeführt. Die größte Herausforderung bei dem Prüfungsteil ist es, dem Hörtext zu folgen und, auch wenn man mal die Lösung einer Aufgabe nicht mitbekommen hat, zu wissen, um welche Folie/Aufgabe es gerade geht. Betonen Sie daher Punkt 3: Normalerweise wird das Stichwort der Folie genannt. Spätestens in dem Moment sollte man sich der entsprechenden Aufgabe zuwenden. Weisen Sie TN auch darauf hin, dass sie im KB und ÜB immer wieder längere Hörtexte ohne Pause hören werden, bei denen sie die Strategien üben können.
A3a	Beachten Sie, dass TN in der Prüfung nach dem Hören 30 Sekunden Zeit zum Ankreuzen haben, die sie zum Übertragen ihrer Antworten nutzen können. (In der Audiodatei ist deshalb nach 30 Sekunden ein Signalton zu hören.)
A3b	Besprechen Sie die Lösungen im PL. Gehen Sie auf Fehler ein, indem Sie sie nicht als problematisch darstellen, sondern gemeinsam im PL, so gut es geht, ermitteln, weshalb eine Teilaufgabe nicht richtig gelöst wurde bzw. was missverstanden wurde. Weisen Sie TN darauf hin, dass dieses Vorgehen allen TN potenzielle Fehlerquellen bewusstmachen kann. Um zu üben, wie man erkennt, dass im Hörtext zur nächsten Folie/Aufgabe übergegangen wird, können Sie das Transkript des Hörtextes in 5 Teile schneiden und den TN in 5 Gruppen je einen Teil geben. Sie suchen das Signalwort der Folie und wo und wie die Lösung der Aufgabe vorkommt. Am Ende tragen sie ihre Ergebnisse im PL zusammen.

Lesen Teil 1: Informationen zum Arbeitsmarkt suchen

vor A4	Der Prüfungsteil *Lesen Teil 1* bezieht sich immer auf das Handlungsfeld „Arbeitssuche und Bewerbung". Im Fokus der Aufgabe steht stets das schnelle und orientierende Lesen, weshalb das strategische Lösen der Aufgabe besonders relevant ist (vgl. A5a).
A4a	Hier sollten TN in PA zunächst ganz frei assoziieren. Im PL können Sie dann sammeln. Die Beschreibung zu Liana ist ein Beispiel für die Personen *(Freunde)*, denen sie einen Artikel zuordnen sollen. Auch in diesem Prüfungsformat sind dabei Synonyme und Umschreibungen wichtig. Es ist also sinnvoll, wenn TN sich direkt beim Lesen der Items 1–5 überlegen, welche Stichwörter in einem Artikel zu erwarten sind oder welche Art Artikel der Person helfen könnte. In der Prüfung sollte das automatisch im Kopf passieren, zum Notieren bleibt keine Zeit.

A4b	TN lesen die Artikel-Überschriften zunächst in EA. Anschließend können Sie im PL die einzelnen Überschriften durchgehen und TN darüber spekulieren lassen, was jeweils inhaltlich im Artikel vorkommen könnte und warum sie für Arthur (nicht) von Interesse sein könnten. Normalerweise kann man auch in der Prüfung nicht allein von den Überschriften ableiten, welcher Artikel passt, aber man kann schon einmal eine engere Auswahl treffen. Weisen Sie auch auf den „Tipp" zum Thema „Überschriften geben Orientierung" hin.
vor A5a	TN bilden Paare. Leiten Sie das Vorgehen (→ A5a) an: Sagen Sie, dass TN sich Seite 102 ansehen (aber nicht lesen) und die „Strategie" (A5a) lesen sollen. Anschließend soll beim Lösen der Aufgabe (A5b) die Zeit genommen werden. Das können TN in PA selbst tun (z. B. mit dem Timer auf dem Handy). Zunächst aber sollten TN in PA über die in der „Strategie" genannten Schritte sprechen und überlegen, ob sie so oder anders vorgehen.
A5a	Eine Strategie könnte sein, dass man bei den Personen nach Ähnlichkeiten sucht und dann beim Überfliegen der Artikel gleich zwei oder drei Personen abarbeitet. Gleichzeitig erkennt man dadurch auch die Stolperfallen schneller. Nachdem TN sich über die strategischen Schritte ausgetauscht haben, bereiten sie sich auf das Lösen von A5b in EA und mit Zeitkontrolle vor.
A5b	Nach dem Lösen der Aufgabe können Sie einzelne TN fragen, wie viel Zeit sie für die Aufgabe benötigt haben, ohne dies zu bewerten. Achten Sie auch darauf, dass TN wertschätzend miteinander umgehen, unabhängig davon, wie lange jemand für die Aufgabe gebraucht hat. Reflektieren Sie den Lösungsvorgang der Aufgabe, indem Sie z. B. fragen: „Was hat Sie beim Lesen viel Zeit gekostet?", „Wobei brauchen Sie noch Training?" / „Was ist schwierig für Sie?", „Was war leicht?" usw.
A5c	TN können in PA die Kurzbeschreibungen auf Kärtchen schreiben und dann austauschen. Ggf. können die Kärtchen auch noch im PL herumgegeben werden, damit TN möglichst viele unterschiedliche Beschreibungen lesen.

Sprachbausteine Teil 2: Auf Anfragen reagieren und Angebote machen

vor A6	Der Prüfungsteil *Sprachbausteine Teil 2* widmet sich angemessener Ausdrucksweise und der Beherrschung von formelhaften Wendungen. Der Text ist immer eine innerbetriebliche Mail zwischen zwei Kollegen/Kolleginnen, die sich zu einem Auftrag oder einer Planung austauschen.
A6a	TN sollten die Frage zunächst in EA losen. Falls TN fälschlicherweise *Grammatik* als Antwort nennen, gehen Sie ein Beispiel aus A7 durch und demonstrieren Sie, dass in diesem Prüfungsformat rein grammatikalisch jeder Ausdruck in die Lücken passen würde. Der Fokus liegt bei dieser Prüfungsaufgabe auf der Bedeutung von oft festen Ausdrücken, meist in Verbindungen.
A7	Raten Sie TN, die „Strategie" Schritt für Schritt abzuarbeiten. Lesen Sie hierzu jeweils gemeinsam im PL nacheinander die Punkte 1 bis 3. Nach dem Lesen von Punkt 1 befolgen TN diesen, danach folgt Punkt 2 und dann Punkt 3. Nach Bearbeitung der Aufgabe gehen Sie die richtigen Ausdrücke im PL durch und klären bei falsch eingesetzten Ausdrücken die Fehlerquelle. Bezüglich der empfohlenen Zeit und der Punkte für den Teil können Sie auf die Punkteverteilung im Subtest *Sprachbausteine und Schreiben* eingehen, wenn noch nicht geschehen (→ Hinweis hier im UHB auf Seite 124 zu *Sprachbausteine Teil 1* im Prüfungstraining A). TN können sich Wortschatz nach Bedarf in ihre Hefte notieren. Als HA könnten TN den Wortschatz aus dem Text und den Items üben, indem sie selbst berufsbezogene Sätze mit den Begriffen formulieren.

Prüfungstraining D

Hören Teil 4: Anliegen und Bitten erfassen

vor A1a Weisen Sie TN darauf hin, dass im Fokus des Prüfungsteils *Hören Teil 4* das genaue Hören von Sprachnachrichten steht. Eine der Nachrichten ist extern, die anderen sind immer innerbetrieblich. Entsprechend ändert sich auch der Ton und das Register der Sprechenden.

A1b TN sollen hier in PA zunächst spekulieren, um sich so auf das Hören vorzubereiten. Besprechen Sie im PL, dass es zu diesem Aufgabentyp gehört, im Vorfeld Annahmen zu bilden. Gleichzeitig ist wichtig, zu berücksichtigen, dass diese beim Hören jeweils bestätigt, aber auch widerlegt werden können.

A2 TN lesen vor dem Hören die „Strategie" zum Thema „Zeit nutzen". Sprechen Sie in Bezug auf den 3. Punkt („Achten Sie auf Details.") im PL über die verschiedenen Hörstile: global, selektiv, detailliert. Wiederholen Sie ggf. die Bedeutung und lassen Sie TN Beispiele nennen.
Anschließend lösen TN die Aufgabe. Sie können zu Übungszwecken den Hörtext auch erneut abspielen, aber weisen Sie dann darauf hin, dass dies in der Prüfungssituation nicht möglich ist.

Lesen und Schreiben Teil 1: Beschwerden und Anweisungen verstehen

vor A3a Erläutern Sie TN, dass es sich hier um die erste Fertigkeiten kombinierende Aufgabe auf den Prüfungstrainingsseiten handelt: *Lesen und Schreiben*. Das Lernziel, das bei diesem Aufgabentyp gefordert ist, lautet „auf Kundenbeschwerde nach Anweisung der Teamleitung antworten"; dabei handelt es sich um eine von drei Mediationsaufgaben in der Prüfung (die anderen sind *Hören und Schreiben* sowie *Sprechen Teil 1C*).
Bei *Lesen und Schreiben Teil 1* geht es um das Lesen und Verstehen der Situation. Dies wird in 2 Multiple-Choice-Aufgaben zu zwei Mails geprüft. TN müssen *Teil 1* bearbeitet haben, um für *Teil 2* (das Schreiben) vorbereitet zu sein.

A3a Damit TN das Aufgabenformat verinnerlichen, können Sie an der Tafel den Mailverkehr, dessen Ablauf hier immer gleich ist, chronologisch verdeutlichen:

> *Text 1: formelle Mail von Kunde/Kundin mit einem Problem, meist einer Beschwerde*
>
> – *Kunde/Kundin kann ein Endkunde sein, aber auch eine Partnerfirma.*
> – *Auf dem Prüfungsbogen ist dies die untere Mail (wie es bei weitergeleiteten Mails oft ist).*
>
> *Text 2: halbformelle/informelle Mail der Teamleitung an Sie (mit erster Mail im Anhang)*
>
> – *Der/Die Teamleiter/in schreibt an Sie, was er/sie über die Situation denkt, und weist Sie an, was Sie machen sollen.*
> – *Auf dem Prüfungsbogen ist dies die obere Mail.*
>
> *Text 3: formelle Mail an Kunden/Kundin*
>
> – *Dies ist die Prüfungsaufgabe „Lesen und Schreiben Teil 2".*
> – *Sie schreiben eine Antwortmail an den/die Absender/in von Text 1.*
> – *Sie beachten dabei die Anweisung der Teamleitung aus Text 2.*

A3b Sobald TN gemerkt haben, dass sich die Aufgaben auf beide Mails beziehen, können Sie im PL den „Tipp" lesen und besprechen. Der „Tipp" streicht heraus, dass die Aufgaben zur Verständnissicherung dienen, bevor TN sich an die Schreibaufgabe machen, was Sicherheit geben kann. Um die Personenkonstellation genau zu verstehen, können Sie vorschlagen, dass TN sich in den Texten die zusammengehörenden Namen je in einer Farbe markieren.
Sie können auch nach dem Lösen im PL den Hergang der Ereignisse bis hierher nacherzählen lassen. Beginnen Sie mit der Frage, was der Auftrag war: *Die Firma Gruner (Spedition) hat für die Firma farben direkt (Händler für Malereibedarf) Material an die Firma Kobalt-Bau (Baufirma und Endkunde) geliefert* usw.

Lesen und Schreiben Teil 2: Auf Beschwerden reagieren

A4a TN gleichen die in EA markierten Informationen in PA ab und lesen den „Tipp".
Klären Sie die Bedeutung von *jemandem etwas unterstellen*. Machen Sie zudem darauf aufmerksam, dass die Teamleitung hier emotional und relativ informell schreibt. Fragen Sie, in welcher Stimmung Tim Holzmann die Mail vermutlich geschrieben hat und wie er die Situation sieht. TN sollten hier beim Lesen erkennen, dass der Teamleiter nicht davon ausgeht, dass das Problem bei seiner Firma liegt.

A4b TN sprechen in PA darüber, was in der Mail angesichts der gesamten Situation und der Wünsche der Teamleitung vorkommen könnte. Gehen Sie dann im PL ins Gespräch darüber, was TN für angemessen halten und warum. Dabei sollten sie auch bedenken, dass ein formelles Entgegenkommen dem Kunden gegenüber in diesen Situationen angebracht ist, auch wenn die Teamleitung dies nicht ausdrückt bzw. sich im Ton intern anders geäußert hat. Dies gehört zur Fertigkeit der Mediation, die in diesem Teil gefordert ist.
Wichtig ist, dass TN erkennen, dass es in dieser speziellen Situation angebracht ist, freundlich Verständnis für die Situation zu zeigen, dass aber (noch) kein Anlass besteht, sich zu entschuldigen (oder gar eine Entschädigung anzubieten), sondern vom Kunden zunächst eine erneute Prüfung der Lagerbestände erbeten wird.

A4c Die Redemittel beziehen sich auf die vier Kategorien a, c, d und g, die in A4b markiert wurden bzw. die gut in die Mail hier passen würden. TN sammeln dann in PA Redemittel für die restlichen Kategorien, auch wenn sie für diese spezielle Prüfungsaufgabe nicht benötigt werden. Sie können im PL eine Tabelle an der Tafel erstellen.
TN lesen anschließend den „Tipp". Überlegen Sie im PL, welche anderen Situationen in der Prüfungsaufgabe vorkommen könnten (z. B. *Die Firma hat einen Fehler gemacht, etwas vergessen …*).

A5 TN sprechen in PA über die Aussagen und darüber, wie sie reagieren würden. Sie formulieren mit den Redemitteln aus 4c und ggf. denen an der Tafel jeweils mindestens einen Satz als Reaktion und vergleichen dann mit einem anderen Paar.

A6a Berücksichtigen Sie bei dieser Aufgabe, dass Sie TN genügend Bearbeitungszeit geben. Das Lesen und Verstehen der „Strategie" mit den Punkten, wie man auf eine Beschwerde antwortet, erfordert bereits Aufmerksamkeit und Zeit, wenn diese umfassend verstanden und umgesetzt werden sollen. Sichern Sie das Verständnis und unterstützen Sie TN beim Verstehen der „Strategie", indem Sie TN nach dem Lesen bitten, die genannten Punkte zunächst in eigenen Worten wiederzugeben.
Zu Punkt 5 können Sie TN noch erläutern, dass der Teil *Lesen und Schreiben* zusammen mit den Teilen *Lesen* bearbeitet wird. Die 20 Minuten für diesen Teil schließen sich ohne Pause an die 45 Minuten für den Teil *Lesen* an. Individuell kann man sich die Zeit also auch anders einteilen. Trotzdem sollten TN nicht zu viel Zeit für diesen Teil verwenden, worauf auch die Punkteverteilung hinweist: TN sollten bedenken, dass sie für den Teil *Schreiben* (Stellungnahme an die Geschäftsführung) doppelt so viele Punkte wie für das Schreiben in diesem Teil bekommen.
TN sollte klar sein, dass hier auf dem vorgegebenen (beschränkten) Platz eine – gemäß den Merkmalen effizienter Berufssprache – knapp, konkret und zielführend formulierte Antwortmail erwartet wird. Weisen Sie TN darauf hin, dass kein/e (fiktive/r) Empfänger/in mit Adresse und/oder Datum notiert werden muss, sondern direkt mit dem Betreff bzw. der Anrede begonnen werden kann.

A6b Weisen Sie TN darauf hin, dass sie die eigene Mail noch einmal lesen und ggf. korrigieren sollten, bevor sie sie an eine/n Partner/in weitergeben, um Feedback zu erhalten.
Sie können auch im PL zunächst eine Checkliste an der Tafel sammeln, die das Feedback erleichtert.

Prüfungstraining D

Sprechen Teil 3: Lösungswege diskutieren

vor A7a Weisen Sie TN darauf hin, dass es im Prüfungsteil *Sprechen Teil 3* um die Groblernziele „Kommunikation und Kooperation am Arbeitsplatz" geht. Es handelt sich um eine innerbetriebliche Gesprächssituation unter Mitarbeitenden, in der zielorientiert über Lösungswege diskutiert wird.
Weisen Sie noch einmal auf die für den Prüfungsteil *Sprechen* wichtigen Punkte hin, die auch in den Hinweisen zu *Sprechen Teil 2* genannt werden (→ Hinweise zum Prüfungstraining B *Sprechen Teil 2*, vor A6).

A7a Je nach zeitlicher Kapazität können TN auch je nur eine Situation in KG bearbeiten. Die verschiedenen Lösungen sollten im PL vorgestellt und ggf. (im Hinblick auf die Kriterien Brauchbarkeit und Angemessenheit) diskutiert werden, damit alle TN möglichst viele kreative Ideen hören. Wenn TN nur wenige Ideen haben, stellen Sie folgende Fragen zur Inspiration:
- *Wer oder welche Abteilung könnte in dem Fall helfen?*
- *Wo könnte die eigentliche Ursache des Problems liegen?*
- *Könnte es auch Hilfe von außerhalb der Firma geben?*

A7b TN arbeiten in EA. Spielen Sie die Gesprächsausschnitte ggf. mehrmals ab. Besprechen Sie die Lösungen im PL und ggf. auch, warum manche Reaktionen nicht passen.

A8a Besprechen Sie im PL, was *Sofortmaßnahmen* und *langfristige Maßnahmen* sind, und geben Sie ein Beispiel zu einer der Situationen in A7a, z.B. zu Situation 1:
Sofortmaßnahme: genau dokumentieren, wo viele Überstunden anfallen
langfristige Maßnahme: überlegen, ob neue Mitarbeitende benötigt werden.
In diesem Teil der Aufgabe geht es erst einmal nur um das Verstehen der Situation, in der TN später sprechen sollen, und um das Sammeln von Stichpunkten. Das sollten TN in EA machen. Wenn TN in EA wenig einfällt, lassen Sie sie in PA sammeln. Achten Sie dann darauf, dass in A8b neue Paare gebildet werden.
Weisen Sie darauf hin, dass in der Prüfung die Fragen im Schüttelkasten nicht auf dem Prüfungsbogen stehen. Es sind aber Leitfragen, mit denen man sich die Situation immer bewusst machen kann. In der Prüfung haben TN nur kurz Zeit, die Situation zu erfassen. Es ist also sinnvoll, mit den Fragen „im Kopf" an die Aufgabe heranzugehen. Die zwei Leitpunkte *Sofortmaßnahmen* und *langfristige Maßnahmen* kommen in der Prüfungsaufgabe immer vor.

A8b TN lesen die „Strategie". Klären Sie ggf. offene Fragen zum Ablauf der Prüfungsaufgabe. TN stellen sich dann einen Timer (Handy) und sprechen vier Minuten lang.
Reflektieren Sie im PL den Ablauf der Gespräche anhand der folgenden Fragen oder teilen Sie die Fragen aus und lassen Sie je zwei Paare miteinander sprechen:

> - *Wie hat der Gesprächseinstieg geklappt?*
> - *Gab es während des Gesprächs Probleme/Missverständnisse?*
> - *Haben beide Partner/innen ungefähr gleich viel gesprochen?*
> - *Wie hat der Sprecherwechsel geklappt?*
> - *Haben Sie zu einer gemeinsamen (!) Lösung gefunden?*
> - *Haben Sie nur über Ihre Stichworte gesprochen oder auch über anderes?*
> - *Waren Sie beide (!) zufrieden mit dem Gespräch?*
> - *Was würden Sie beim nächsten Üben anders machen?*
> - *Was wünschen Sie sich als Übung für diese Prüfungsaufgabe?*

TN machen sich bei den mündlichen Teilen der Prüfung oft Sorgen, dass sie gerade Wortschatz im beruflichen Kontext nicht verstehen könnten. Geben Sie dann folgenden Tipp:
„Wenn Sie in einer mündlichen Prüfung ein Wort in der Aufgabe nicht verstehen, können Sie Ihre/n Partner/in fragen. Sprechen Sie in der Rolle. Im echten Leben kann die Situation auch vorkommen. Wenn Sie beide nicht verstehen, worum es geht, überlegen Sie gemeinsam, um was es sich handeln könnte. Bleiben Sie aber in der Rolle."

Hören und Schreiben Teil 1 und 2: Kundenanfragen entgegennehmen und dokumentieren

vor A1a   Der Prüfungsteil *Hören und Schreiben Teil 1 und 2* besteht aus einem globalen Hören (*Teil 1*: Grund für den Anruf) und dem Schreiben einer Telefonnotiz (*Teil 2*: wichtige Angaben zum Anruf notieren), beides findet gleichzeitig statt. Aufgaben und Formular sind immer gleich.

A1a   TN machen sich zu zweit mit der Aufgabe vertraut. Besprechen Sie dann im PL die Situation: TN arbeiten in einer Firma und hören eine Nachricht ab. Ihre Notizen müssen einem Kollegen / einer Kollegin die Situation ausreichend erklären und den Handlungsbedarf deutlich machen. Dazu müssen auch die Angaben (Name und Telefonnummer) genau stimmen (hier dürfen keine Fehler vorkommen).
TN sollten erkennen, dass es für Aufgabe 2 und 3 relativ wenige Punkte gibt. Für die Aufgabe 4 kann man bis zu vier Punkte bekommen, üblicherweise je einen für eine passende Information. TN können auch mehr schreiben, die Gliederungspunkte sind keine feste Vorgabe zur Anzahl der Notizen. Eine Information zu einem Handlungsbedarf kommt in das letzte Feld.

A1b   TN lösen die Aufgabe in EA und gleichen dann in PA die Ergebnisse ab.

A1c   TN erkennen anhand der Notizen, was der Grund für den Anruf war. Fragen Sie im PL, woran TN ihre Lösung festmachen. Auch beim Hören muss der Grund aus dem Kontext herausgehört werden und wird nicht klar benannt.

A1d   TN hören zu jedem der möglichen Gründe aus Aufgabe 1 jeweils einen Satz und ordnen zu. In PA gleichen sie ab. Hören Sie für die Auswertung im PL die Sätze jeweils noch einmal und fragen Sie, was bei den Lösungen geholfen hat.

A2a   Nach dem Hören und Notieren können Sie eine/n TN bitten, die gehörten Infos an die Tafel zu schreiben. Andere TN gleichen ab und korrigieren ggf. Lassen Sie TN evtl. zur Kontrolle noch einmal hören.

A2b   Bauen Sie diese Aufgabe so oder ähnlich immer wieder als „Pausenfüller" im Unterricht ein.

A3a   Nach dem Abgleich in PA können Sie an der Tafel wichtige Tipps für das Notizenmachen wiederholen (Stichpunkte statt ganzen Sätzen, Zeichen, Abkürzungen wie *Mo/Di/Mi usw., Stck, Hr/Fr, Nr., Adr, …*). Besprechen Sie, wie man die Notizen so weit wie möglich kürzen könnte, ohne das Verständnis zu beeinträchtigen. In der Prüfung sollten TN beim Hören so viel notieren, wie es geht. Am Ende haben sie eine Minute Zeit, um alles noch einmal zu überprüfen. Die Zeit können sie für das Zusammenfassen der Notizen nutzen.

A3b   Lassen Sie die Informationen in PA sortieren, damit die Zuordnung diskutiert werden kann.

A4a   Da man die Nachricht nur einmal und dabei viele Informationen in kurzer Zeit hört, sollten TN Aufgabe und Antwortbogen so weit wie möglich vertraut sein. Gehen Sie hier noch einmal auf jeden Punkt der Strategie ein und sammeln Sie im Kurs, wie man für den Prüfungsteil üben könnte. Lassen Sie TN ggf. im Buch blättern und Aufgaben finden, die ähnlich sind. Auch wenn TN die Aufgaben schon gemacht haben, könnten sie sie selbstständig noch einmal durchgehen oder andere Hörtexte hören und dabei das Notieren üben.

A4b   Weisen Sie TN darauf hin, konzentriert und in EA vorzugehen, um ein Gefühl dafür zu entwickeln, was zu hören/verstehen ist und was nicht. Auch für diesen Prüfungsteil ist es wichtig, Selbstsicherheit zu entwickeln.
Wichtig ist, dass Sie TN wie in der Prüfung vor dem Hören 30 Sekunden Zeit lassen und nach dem Hören dann 1 Minute Zeit geben für das endgültige Ausfüllen des Antwortbogens.

A4c   Geben Sie TN ausreichend Zeit zur Reflexion der Aufgabe in PA. Lassen Sie TN erst danach noch einmal hören und sich ggf. im PL über Schwierigkeiten austauschen.

Prüfungstraining E

Lesen Teil 3: Rahmenbedingungen der Arbeit verstehen

A5a Wie hier beschrieben, entstammen die Fragen und Tipps in diesem Prüfungsteil immer einem Online-Forum aus dem beruflichen Kontext. Das Hauptthema sind Regularien am Arbeitsplatz. TN lesen die Aufgabe und sammeln in KG Themen und Fragen, die sich für ein solches Forum eignen könnten. Sammeln Sie die Ideen dann im PL.

A5b TN lesen den „Tipp" mit dem Hinweis, dass genau darauf geachtet werden muss, was gefragt wird bzw. was das Anliegen ist. Sie bearbeiten die Aufgabe und besprechen ihre Lösungen in KG. TN sollte bekannt sein, dass die „falschen Spuren", die hier in beiden Beispielen vorkommen, typisch für diesen Prüfungsteil sind. Man sollte immer sichergehen, ob auf das Anliegen der fragenden Person tatsächlich eingegangen wird.

A6a TN sollten in PA alle Fragen (A–D) durchgehen und besprechen. Räumen Sie dafür genügend Zeit ein. Es ist wichtig, sich das persönliche Vorgehen beim Lösen von Aufgaben bewusst zu machen, auch in Abgrenzung zur Vorgehensweise anderer TN.

A6b TN lesen die „Strategie" und besprechen in PA, inwieweit das eigene Vorgehen den vorgeschlagenen Punkten entspricht. Erfragen Sie dann im PL weitere Vorschläge zum Lösen der Aufgabe.

A6c Halten Sie sich als LK zunächst zurück, sodass TN in KG so lange diskutieren, bis eine „feststehende" Lösung erarbeitet wurde. KG können unterschiedlich lange für diesen Konsens brauchen.
Fragen Sie abschließend, wie TN mit der empfohlenen Zeit von 10 Minuten bei dieser Aufgabe zurechtgekommen sind. Da jetzt alle Teile aus dem Subteil *Lesen* geübt wurden, können Sie noch einmal auf die Zeiteinteilung eingehen. Geben Sie eine Übersicht zu *Lesen* 1–4 und *Lesen und Schreiben* mit den empfohlenen Zeiten. Wenn Sie z. B. den im Netz verfügbaren Modelltest durcharbeiten lassen, können TN für sich darauf achten, wie lang sie wirklich brauchen und an welchen Stellen sie besser schneller arbeiten sollten. Gleiches gilt für den Subteil *Sprachbausteine und Schreiben*.

Sprechen Teil 1A: Über ein Thema sprechen

vor A7a Weisen Sie TN darauf hin, dass es in der mündlichen Prüfung an keiner Stelle Vorbereitungszeit gibt, dass es aber feststehende Themen gibt (→ Übersicht zum Prüfungsformat *Sprechen Teil 1A* auf Seite 350 f.), auf die TN sich während der Kursdauer vorbereiten können, sodass spontanes und freies Sprechen in der Prüfung möglich wird. Wie in Kapitel 2 angeregt, können TN sich mithilfe von KV 2-2 zu jedem der Themen eine vorbereitende Skizze erstellen. Wenn Sie ein kompaktes Prüfungstraining machen, stellen Sie TN an dieser Stelle die Möglichkeit vor, die Themen anhand der Übersicht noch einmal selbstständig abzuarbeiten wie gleich anschließend beispielhaft in A7c.

A7a TN können sich in KG über die Themen austauschen. Sie können anregen, dass TN kleine Arbeitsgruppen für die Recherche zu bestimmten Themen bilden und sich später austauschen und ergänzen, um möglichst viele Informationen/Ideen im Kurs zusammenzutragen.

A7b Hier wird eines der 12 Themen konkret vorgeschlagen. Geben Sie TN zunächst Zeit, sich in EA zu überlegen, was für einen Herstellungsprozess sie beschreiben wollen/könnten, die Bilder dienen dabei der Inspiration. Sollten TN noch keinen Herstellungsprozess aus einem/ihrem Beruf beschreiben können. Regen Sie Alternativen an, z. B.:
- *Haben Sie ein Hobby, bei dem Sie etwas herstellen (nähen, gärtnern, schreinern …)?*
- *Können Sie den Herstellungsprozess eines geistigen Produkts beschreiben (Webseite programmieren, Artikel/Texte schreiben und veröffentlichen, Musik produzieren …)?*
- *Was interessiert Sie, dessen Herstellung Sie im Internet recherchieren können?*
- *Kennen Sie jemanden, der/die Ihnen einen Prozess beschreiben kann?*

A7c–d Diese Aufgabenteile können TN nur in EA individuell erledigen. Die Notizsammlung sowie die Redemittel-Auswahl kann auch gut in Ruhe als HA vorbereitet werden.
Die KV2-2 können Sie für passende Redemittel zur Struktur des Vortrags (noch einmal) austeilen.

A7e–f	Der Vortrag kann, wie vorgeschlagen, zunächst (zu Hause) mit dem Handy aufgenommen werden. Sie können aber anbieten, dass einzelne TN ihren Vortrag direkt (und auch wiederholt) im Kurs halten, um Feedback anderer TN zu erhalten. Besprechen Sie unbedingt die „Strategie" und betonen Sie, dass in der Prüfung kein auswendig gelernter Text präsentiert, sondern frei gesprochen werden soll (bei 12 Themen, die vorbereitet werden müssen, wird dies ohnehin kaum möglich sein – hier ist ein kognitives Verständnis dessen, was erwartet wird, wichtiger). Weisen Sie darauf hin, dass es immer erkennbar ist, wenn ein Text auswendig gelernt und nicht natürlich vorgetragen wird. Erklären Sie, dass freies Sprechen Übung erfordert, dass dabei aber auch Fehler erlaubt (und normal) sind.

Sprechen Teil 1B: Prüferfragen

A8	Zunächst findet hier ein Brainstorming der TN in PA statt. Dabei handelt es sich um einen wichtigen Perspektivwechsel: TN denken sich in Prüfende hinein und überlegen, welche Fragen zum Thema gestellt werden könnten. Dieser Perspektivwechsel kann zu jedem der acht Themen während der gesamten Kursdauer durchgeführt und geübt werden, damit TN ein Gefühl für mögliche Fragestellungen entwickeln. Sammeln Sie die Fragen im PL an der Tafel. Lesen Sie im PL den „Tipp" und sprechen Sie darüber, was *ausführlich* bedeuten kann. Thematisieren Sie, dass die Aufforderung „Zeigen Sie, was Sie können" natürlich relativ ist, jede/r TN sich aber ermutigt fühlen sollte, seine/ihre Kompetenz zu zeigen. Weisen Sie darauf hin, dass spontanes Sprechen hier vor allem bedeutet, den Redefluss aufrechtzuerhalten und Gedankengänge in Sprache umzusetzen. Natürlich sollte die Sprache so korrekt wie möglich sein, aber Spontansprache zeichnet sich auch durch z. B. Einschübe und Selbstkorrektur aus. Dies noch einmal hervorzuheben, kann TN in Bezug auf die Prüfungsvorbereitung entlasten.

Sprechen Teil 1C: Erläuterung eines Aspekts

A9a	Zur besseren Visualisierung können TN die einzelnen Schritte auch auf Papierstreifen schreiben und dann auf dem Tisch in der richtigen Reihenfolge unter-/nebeneinanderlegen. (Oder Sie bereiten Papierstreifen vor und teilen diese aus.) Gehen Sie herum und sprechen Sie mit TN über die Anordnung.
A9b	Weisen Sie TN darauf hin, dass es hier (wie im „Tipp" beschrieben) wieder um das freie und spontane Sprechen geht. Die angebotenen Redemittel geben TN einen Rahmen vor. Da manche TN sich damit schwertun, dass ein/e andere/r TN die Person ist, die spricht und die man verstehen muss, sollte das gegenseitige Zuhören und Verstehen bewusst geübt werden. Beachten Sie auch: Da es in der Prüfung vorkommen kann, dass z. B. TN A im Teil 1B nichts oder sehr wenig antwortet, bleibt für TN B in Teil 1C nicht viel zum Zusammenfassen. In dem Fall kann es sein, dass die Prüfenden darum bitten, etwas aus der Präsentation (Teil 1A) zusammenzufassen. Das heißt v. a., dass sich die beiden TN von Anfang an gut zuhören sollten und sich auch durchgehend Notizen machen. Dies hilft auch dabei, Zusammenhänge und Wortschatz besser zu verstehen. Das genaue Zuhören, Notizenanfertigen und das anschließende Wiedergeben von Informationen einer anderen Person in eigenen Worten sollte im Unterricht immer wieder explizit als Prüfungstraining stattfinden. Sie können es z. B. auch üben, indem Sie TN bitten, eine tagesaktuelle Nachricht in den Kurs „mitzubringen" und in eigenen Worten den anderen TN zu berichten.
A10	Zur besseren Organisation können Sie jeder Gruppe die vier Rollenkarten ausschneiden. In jeder „Runde" tauschen sie sie dann aus. TN können für ihre Präsentation auch andere Themen aus den 12 Optionen wählen, damit es nicht langweilig wird. Nach dieser Aufgabe sollten Sie unbedingt in die Metakommunikation gehen und die simulierte Prüfungssituation im PL reflektieren. Hierbei können folgende Leitfragen helfen: – *Wie hat Ihr Vortrag geklappt? Was war gut? Was kann verbessert werden?* – *Vergleichen Sie Ihre Notizen. Wie viele haben Sie sich gemacht? Waren die Notizen hilfreich?* – *Wie war Ihr Zeitgefühl während der Aufgaben?* – *Wenn Fragen an Sie gestellt wurden: Konnten Sie antworten? Wenn nicht: Was haben Sie gemacht?*

KV 1–1 Portfolio

Interview

Interviewen Sie sich gegenseitig und notieren Sie die Antworten in Stichworten.
Stellen Sie Ihre/n Partner/in dann im Kurs vor.

Wie möchten Sie sich vorstellen? Was möchten Sie über sich sagen?

_____
_____
_____

Beenden Sie die Sätze:

Im Moment bin ich … _____
Ich hätte jetzt gern … _____
Ich bin besonders stolz darauf, … _____
Ich würde gerne besser … _____

Was machen Sie am liebsten, wenn Sie nicht gerade Deutsch lernen oder arbeiten?

_____
_____

Welche Wünsche haben Sie an diesen Kurs? Was haben Sie sich vorgenommen?

_____
_____

Wenn Sie einmal durch das Buch blättern: Auf welches Thema freuen Sie sich?

_____
_____

Was machen Sie beruflich oder was möchten Sie gern machen?

_____
_____

Nennen Sie fünf Dinge, Fähigkeiten oder Qualifikationen, die man für Ihren Beruf oder Wunschberuf braucht.

_____
_____

Ein Einstellungsgespräch

Schön, das genaue Gehaltsangebot bekommen Sie dann von uns in den nächsten Tagen.
Was wäre Ihnen über das Gehalt hinaus denn noch wichtig?

Mir ist … sehr wichtig und deshalb wünsche ich mir, dass …

Ich befürchte, da gibt es kaum Möglichkeiten, … war bei uns noch nie vorgesehen.

Angesichts der sich ändernden Lebens- und Arbeitsbedingungen sollte … aber Teil eines modernen Arbeitsplatzes sein.

Das verstehe ich, aber da müssen wir alle Mitarbeitenden gleich behandeln. Wir gewähren immer nur einen Zuschuss zu …

Das ist schon ein gutes Angebot. Aber ich halte auch … für gerechtfertigt, denn …

Da haben Sie sicher recht, allein kann ich das aber nicht entscheiden. Ich kläre das noch mal intern und komme dann noch einmal auf Sie zu.
Gibt es noch einen Punkt, den Sie besprechen möchten?

Ja, also ich würde mich freuen, wenn es möglich wäre …

Also wir bieten unseren Mitarbeitenden …
In der Regel sind damit alle zufrieden, die Rückmeldungen sind sehr gut.

In Ordnung. Was … angeht, wäre ich auch verhandlungsbereit. Vielleicht ist Ihr Angebot ja auch ausreichend. Ich sehe mir das mal an.

Das freut mich. Sollen wir dann noch über Diensthandy und -notebook reden? …

KV 1–3

Trennbare und untrennbare Verben

1. a Lesen Sie die Sätze. Zu welchem Bild passen sie? Ergänzen Sie.

1. Wenn man nicht aufpasst, kann man auch einen alten, dicken Baum <u>umfahren</u>.

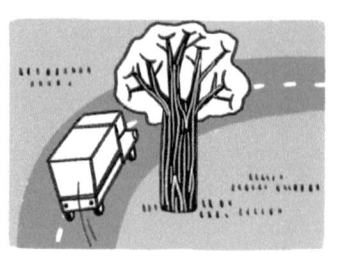

2. Die Straße macht eine scharfe Biegung nach rechts, damit der Verkehr den 300 Jahre alten Baum <u>umfahren</u> kann.

3. Wir haben auf dem Weg einen 300 Jahre alten Baum <u>umfahren</u>.

4. Der Lastwagenfahrer hat den 300 Jahre alten Baum nicht rechtzeitig gesehen und ihn deshalb <u>umgefahren</u>.

Sätze _____ Vorsilbe betont, trennbar

Sätze _____ Vorsilbe unbetont, untrennbar

b Lesen Sie die Sätze laut vor. Achten Sie auf die Betonung.

2. a Ordnen Sie die Kärtchen: Sind die Verben in diesen Sätzen trennbar oder untrennbar? (Nutzen Sie ein Wörterbuch, wenn Sie sich bei der Bedeutung nicht sicher sind.)

b Ergänzen Sie zu jedem Satz einen Satz im Perfekt mit dem gleichen Verb. Lesen Sie die Sätze dann wieder laut. Beispiel:

Hier ist Ihre neue Brille. Möchten Sie mal durchschauen? – Danke, ich habe schon durchgeschaut.

Vorsilbe betont → trennbar	Vorsilbe unbetont → untrennbar
Hier ist Ihre neue Brille. Möchten Sie mal durchschauen?	Der neue Kollege kann eigentlich gar nichts, er spielt nur Theater. Aber ich durchschaue ihn!
Über den Fluss gibt es keine Brücke. Wir müssen mit der Fähre auf die andere Seite übersetzen.	Diese Behördenbriefe sind mir zu kompliziert. Die muss mir mein Bruder übersetzen.
Das Thema ist jetzt erledigt. Wir müssen langsam zum nächsten Punkt übergehen.	Ich habe gehört, dass nicht ich, sondern meine Kollegin befördert werden soll. Die wollen mich schon wieder übergehen!
Der Text war leider nicht so, wie ihn der Chef wollte, wir müssen ihn noch mal umschreiben.	Am besten lerne ich Wörter, wenn Homa sie mir erklärt. Sie kann eine Bedeutung super umschreiben.
Wenn die Sonne so scheint, kann ich nichts sehen. Ich muss den Schreibtisch umstellen.	Die Gewerkschaftsmitglieder wollen heute bei ihrer Demonstration das Ministerium umstellen.
Alex hat jetzt seit zwei Wochen mein Fahrrad geliehen. Ich muss es mir wohl wiederholen.	Habt ihr alle zugehört? Ich kann das auch alles noch mal wiederholen.
Heee, was machen Sie denn da? Der Eingang ist gesperrt. Sie dürfen hier nicht durchlaufen!	Mein Vertrag endet in zwei Wochen. Dann muss ich den ganzen Bewerbungsprozess wieder neu durchlaufen.

KV 2-1 Portfolio

Vorbereitung auf ein Personalgespräch

Rückblick

1. Was habe ich im vergangenen Jahr erreicht? *(z. B. Projekte abgeschlossen, neues Verfahren eingeführt, neue Kundin akquiriert, Erste-Hilfe-Kurs organisiert, …)*
   _____
   _____

2. Wie hat die Firma von meiner Arbeit profitiert?
   _____

3. Welche neuen Herausforderungen habe ich angenommen und mit welchem Ergebnis?
   (z. B. öfter Präsentationen gehalten, obwohl ich mich erst noch unsicher gefühlt habe – bin dabei jetzt selbstbewusster)
   _____
   _____

Selbsteinschätzung

4. Welche Stärken habe ich und wie kann ich sie noch besser einbringen?
   _____
   _____

5. Wo habe ich noch Schwächen, was kann ich noch verbessern?
   _____
   _____

Ausblick

6. Welche Aufgaben wünsche ich mir für die Zukunft?
   _____
   _____

7. Welche Weiterbildung(en) würde ich gern besuchen und mit welcher Begründung?
   _____
   _____

8. Welche Ziele habe ich kurz- und langfristig in der Firma?
   _____
   _____

9. Was wünsche ich mir für meinen Arbeitsplatz oder mein Arbeitsumfeld?
   (z. B. neue Technik, Teambuilding-Maßnahmen, …)
   _____
   _____

KV 2–2 Portfolio

Über ein Thema sprechen (Training für Prüfungsteil Sprechen Teil 1A)

1. Ergänzen Sie die Redemittel für den Aufbau eines Vortrags.

> Zusammenfassend kann man sagen, dass … • Was … angeht, möchte ich sagen, dass … • Ich habe das Thema … gewählt. • Ein wichtiger Aspekt ist … • Ein interessanter Punkt für mich ist … • In meinem Vortrag geht es um … • Mein Thema ist / lautet … • Zuerst spreche ich über …, danach geht es um …, dann … und am Ende … • Ich spreche über das Thema … • Vielen Dank für Ihre Aufmerksamkeit. • Ich möchte auch auf … eingehen, weil … • Zum Schluss möchte ich noch erwähnen, dass … • Dazu habe ich auch ein Beispiel: …

Einleitung	Hauptteil	Schluss

2. Bereiten Sie den Inhalt Ihres Vortrags skizzenhaft vor. Sie können sich z. B. Stichpunkte in einer Mindmap notieren. Arbeiten Sie den Vortrag dann aus.

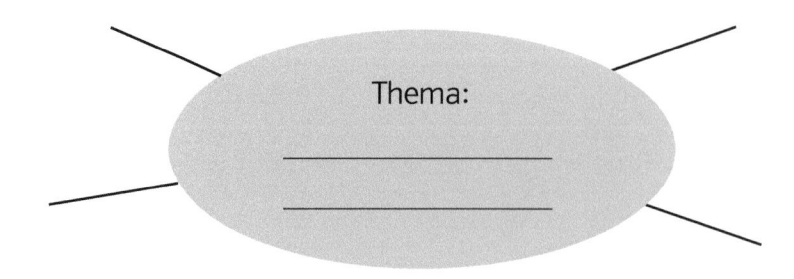

Thema: _____

3. a Üben Sie Ihren Vortrag zu zweit. Partner/in A trägt vor und Partner/in B stellt am Ende mindestens eine Frage zum Inhalt. Tauschen Sie dann.
   b Geben Sie sich gegenseitig Feedback. Beachten Sie:
   – Länge des Vortrags (ca. 2 Minuten)   – Sprache: frei? sicher? flüssig?
   – Aufbau des Vortrags   – sprachliche Korrektheit

KV 2–3 Portfolio

Wortschatzarbeit

Sprechen Sie zu zweit oder zu dritt zum Thema „den eigenen Wortschatz erweitern".
Geben Sie sich gegenseitig Tipps und notieren Sie, was für Sie hilfreich ist.

Wie lernen Sie neue Vokabeln am besten? Welche Erfahrungen haben Sie gemacht (z. B. mit Vokabelkärtchen, Apps, Mnemotechniken, Sprachaufnahmen …)?	
Wo und wann können Sie persönlich am besten lernen? Woran liegt das?	
Wie oft ist es für Sie sinnvoll, Vokabeln zu lernen?	
Wie sollte Ihrer Meinung nach „das perfekte Vokabelkärtchen" aussehen? Was ist Ihnen persönlich bei einer Vokabelkarte wichtig? Sprechen Sie über die Beispiele unten auf der Seite und erstellen Sie dann eine eigene Karte.	vorne hinten
Wie bauen Sie Ihren Wortschatz auf? Nach welchen Kriterien wählen Sie aus, welche Wörter Sie lernen möchten?	
Haben Sie noch weitere Ideen zum Wörterlernen? Gehen Sie auf die vorgegebenen Stichwörter ein, z. B.: **Wörterbuch** – *enthält auch Hinweise zur Aussprache oder Grammatik*	Wörterbuch Aussprache Synonyme Beispielsätze Kontext …

Beispiele

nachhaken

*Jule hat eine neue Wohnung, aber noch keine Garderobe. **Nach** viel Recherche hat sie zwei bestellt. Das Paket kommt nicht. Jule **hakt nach** und das Paket kommt am nächsten Tag.*

nach|haken (Verb)
- regelmäßig
- trennbar
- kein Objekt

„Ich habe zwei Wochen lang keine Antwort bekommen, deswegen habe ich heute nachgehakt."

= nachfragen

KV 2-4

die neue Chefin im Vertrieb	der Kollege, der gestern gekündigt hat
der externe IT-Experte	die Praktikantin aus der Versandabteilung
der Brandschutzbeauftragte	die Teamleiterin aus dem Nachbarbüro
die Reinigungskraft, die morgens als Erste im Büro ist	der Sicherheitsmann am Eingang

In der Buchhaltung sind zwei Kolleginnen und ein Kollegen fristlos gekündigt worden!

Die Kantine bietet ab Mai nur noch kleine Snacks an!

Die Firma wird an eine große Unternehmensgruppe aus Kanada verkauft!

Dieses Jahr bekommen alle einen Bonus zu Weihnachten!

Der Abteilungsleiter lädt im Sommer alle Mitarbeiterinnen und Mitarbeiter ins Schwimmbad ein!

Nur die langjährigen Mitarbeitenden bekommen eine Gehaltserhöhung!

Frau Brandt aus dem Marketing hat geheiratet!

Die Firma kauft für alle neue Computer!

Die Aufgaben in der Verwaltung werden neu verteilt!

Unser größter Kunde hat seinen Vertrag gekündigt!

Thomas hatte einen Unfall im Lager und liegt im Krankenhaus!

Am Montag findet eine große Inspektion statt!

KV 3–1

KUNDE/KUNDIN	MITARBEITER/IN
ein Problem und seine Auswirkungen beschreiben	**nachfragen und Gründe nennen**
… teilt mir gerade mit, dass …	Vielleicht können Sie mir noch mal kurz erläutern, …
Der Fehler / Das Problem ist …	Ist es denn so, dass Sie …?
Wenn …, kommt es bei uns zu …	Das liegt daran, dass wir derzeit …
… können wir uns nicht leisten.	Wegen … kommt es leider im Moment zu …
… wäre wirklich problematisch für uns.	Ich kläre gerade, woran … liegt.
Verärgerung ausdrücken	**auf den Kunden / die Kundin eingehen**
Ich kann das gar nicht glauben!	Das hätten wir besser handhaben müssen.
Ich bin wirklich sehr verärgert.	So etwas sollte natürlich nicht / niemals passieren.
Das ist aber unverschämt!	Da finden wir sicher gemeinsam eine Lösung.
	Das wird nicht wieder vorkommen.
Forderungen stellen und Konsequenzen ankündigen	**Lösungen vorschlagen**
Ich gehe davon aus, dass …	Wir stellen Ihnen selbstverständlich … zur Verfügung.
Ich erwarte … innerhalb …	Bei den Kosten kommen wir Ihnen entgegen: …
Andernfalls werden wir …	Ich kann Ihnen Folgendes anbieten: …
Sollte das noch einmal passieren, können Sie davon ausgehen, dass …	Ich schlage vor, dass wir das gemeinsam mit … besprechen.

KV 3–2 Portfolio

Ein nachhaltiges Unternehmen?

| | 👍 | ? | 👎 |

Ökologische Nachhaltigkeit:

	👍	?	👎
Verwendung nachwachsender Rohstoffe			
Nutzung erneuerbarer Energien			
Energieeffiziente Prozesse in der Produktionskette			
Verzicht auf umweltschädliche Verfahren oder Handlungsweisen			
im Büro: papierloses Arbeiten, Mülltrennung, energieeffiziente Geräte …			
anderes: …			

Zusammenfassend heißt das für dieses Unternehmen:

_____

_____

Soziale Nachhaltigkeit:

	👍	?	👎
menschenwürdige Arbeitsbedingungen auch innerhalb der Lieferkette			
Bekämpfung von Armut auf nationaler oder internationaler Ebene			
Chancengleichheit			
Diversity			
Work-Life-Balance			
nachhaltige Unternehmenskultur: z. B. Jobticket für den ÖPNV, Sportkurse für Mitarbeitende			
anderes: …			

Zusammenfassend heißt das für dieses Unternehmen:

_____

_____

Ökonomische Nachhaltigkeit:

	👍	?	👎
nicht ausschließlich am Profit orientiert			
langfristige Gewinnerzielung			
verantwortungsbewusstes Wirtschaften			
Qualitätsmanagement			
anderes: …			

Zusammenfassend heißt das für dieses Unternehmen:

_____

_____

KV 3-3

Lernfalter: Nominalisierung

Arbeiten Sie zu zweit: A sieht nur die linke Seite, B sieht nur die rechte Seite. A beginnt und liest den Satz in Verbalform (kursiv) vor. Dann wandelt A den Satz in die Nominalform um. B kontrolliert.

A wandelt die Sätze 1–4 um, B dann die Sätze 5–8.

A	B
Beispiel: *Wir lagern das Material am Hafen. Das ist billiger.* ↓ ↓ Die Lagerung des Materials am Hafen ist billiger.	**Beispiel:** (Korrekte Lösung:) *Die Lagerung des Materials* am Hafen ist billiger.
1. *Die Geschäftsführung hat sich noch in der Nacht entschieden.* ____ _____ der Geschäftsführung ist in der Nacht gefallen.	1. *Die Entscheidung* der Geschäftsführung ist in der Nacht gefallen.
2. *Wir bauen ein neues Netzwerk auf. Alles läuft gut.* Der _____ des neuen _____ läuft gut.	2. Der *Aufbau* des neuen *Netzwerk(e)s* läuft gut.
3. *Das Team arbeitet an dem Projekt. Es ist chaotisch.* ____ _____ ____ _____ an dem Projekt ist chaotisch.	3. *Die Arbeit des Teams* an dem Projekt ist chaotisch.
4. *Die Gründerin vertraut ihrem Team. Das ist toll.* _____ in ihr Team ist toll.	4. *Das Vertrauen der Gründerin* in ihr Team ist toll.
5. *Die Bestellung* der Farben bei Farben-Freunde geht immer schnell.	5. *Wir bestellen die Farben bei Farben-Freunde. Das geht immer schnell.* ____ _____ der Farben bei Farben-Freunde geht immer schnell.
6. Die *Freude* der *Kollegin* über das Geschenk überrascht mich nicht.	6. *Die Kollegin freut sich über das Geschenk. Das überrascht mich nicht.* Die _____ der _____ über das Geschenk überrascht mich nicht.
7. *Die Diskussion des Kunden* mit dem Lieferanten über die Lieferscheine wird laut.	7. *Der Kunde diskutiert mit dem Lieferanten über die Lieferscheine. Es wird laut.* ____ _____ ____ _____ mit dem Lieferanten über die Lieferscheine wird laut.
8. *Das (neue) Aufteilen / Die (neue) Aufteilung / Das Neuaufteilen der Arbeit* bei jedem Projekt ist gerecht.	8. *Die Arbeit teilen wir bei jedem Projekt neu auf. Das ist gerecht.* _____ bei jedem Projekt ist gerecht.

KV 3–4

1. Hören Sie die Nachricht von Herrn Langmeier aus Aufgabe 2c noch einmal und ergänzen Sie.

> einen neuen Hingucker • fand ich eigentlich alles machbar • Irgendwas wird dann ja hoffentlich dabei sein • nicht zu groß denken • Eindruck schinden • parat hätten • oder so halt • Da bin ich alter Kauz also überstimmt • Ich bin ja bis Dienstag außer Haus • neumodischer Schnickschnack

1 Morgen, Herr Russo, Langmeier hier. (1) _____.
2 Die Einladung für die Leitungssitzung müsste aber heute noch raus. Übernehmen Sie das bitte?
3 Der wichtigste Punkt ist die Ideensammlung. Die Regionalleitung findet ja, dass der Laden mal
4 (2) _____ braucht, der uns von der Konkurrenz
5 abhebt. Irgend so ein (3) _____ mit Nachhaltigkeit
6 (4) _____.

7 Ich weiß ja nicht, aber Sie hatten da doch schon ein paar Ideen, mit denen man (5) _____
8 _____ könnte. Könnten Sie davon eine skizzieren und auch in die Leitungsrunde
9 schicken? Nehmen Sie sich dafür gerne mal einen Nachmittag Zeit und recherchieren Sie zu einem der
10 Themen. Soweit ich mich erinnere, (6) _____.
11 Aber wählen Sie einfach das Konzept, von dem Sie am meisten überzeugt sind. Wenn Sie eine kleine
12 Präsentation zu der Sitzung (7) _____, wäre das
13 klasse.

14 Ach, und dann schreiben Sie in die Einladung zur Sitzung auch gleich, dass natürlich jeder seine Ideen
15 einbringen und präsentieren kann. (8) _____.
16 Na ja. […] Bei alldem aber bitte (9) _____. Es geht um eine Sortiments-
17 anpassung oder eine kleine Ergänzung des Ladens, wir sind aber immer noch ein Lebensmittelmarkt.

18 Auf der Tagung hier habe ich mit anderen Marktleitern gesprochen und eigentlich sind sich alle einig:
19 Auch wenn man Teil einer Kette ist, ist Individualität im Moment ganz wichtig. Die Leute wollen etwas
20 Besonderes bei ihrem Einkauf erleben. (10) _____
21 _____. Sie und die Kollegen machen das schon. […]

2. a Was bedeuten die Ausdrücke 1–10? Arbeiten Sie zu viert. Jede/r erklärt in der Gruppe mindestens zwei Ausdrücke.

  b Arbeiten Sie wieder zu viert. Jede/r wählt einen Abschnitt des Textes. Suchen Sie je ein Beispiel für die folgenden Aussagen. Erklären Sie dann in der Gruppe, warum Sie diese Beispiele gewählt haben.

1. Herr Langmeier vertraut seinem Angestellten und weiß, dass das Geschäft bei ihm in guten Händen ist.	2. Herr Langmeier ist von den Plänen der Marktleitung nicht überzeugt.

  c Welche Funktion haben die markierten Partikeln *ja*, *doch*, *einfach*, *na ja* und *schon* in Herrn Langmeiers Nachricht? Sprechen Sie in Ihrer Gruppe.

KV 4-1 Portfolio

1. Einen Fehler mitteilen und auf Fehler anderer reagieren: Was passt? Kreuzen Sie an.

Positive Fehlerkultur:	einen Fehler mitteilen	auf einen Fehler reagieren
Das ist in der Tat ein Problem. Lassen Sie uns nachdenken, was jetzt am besten zu tun ist.		X
Es ist mir sehr unangenehm, aber ich fürchte, ich habe einen (großen) Fehler gemacht.	X	
Könntest du mal nachschauen, ob das so stimmt? Ich habe das Gefühl, dass ich hier etwas falsch gemacht habe.	X	
Wir sollten in Ruhe darüber sprechen.		X
Ich glaube, dass ich für die Situation verantwortlich bin.	X	
Könnte ich mit Ihnen unter vier Augen sprechen? Es gibt da etwas, das ich Ihnen erklären möchte.	X	
Ich bin froh, dass Sie damit zu mir/uns kommen.		X
Ich fürchte, das habe ich zu verantworten.	X	
Es ist gut, dass Sie so offen waren. Etwas Ähnliches ist mir auch schon mal passiert.		X
Mir ist bewusst, dass das Auswirkungen auf das gesamte Projekt hat.	X	
Mit ist ein Fehler unterlaufen. Ich bin an … schuld.	X	
Gut, dass Sie mir/uns das sagen/mitteilen.		X
Jetzt ist es nun mal passiert. Aber wir können (für die Zukunft) daraus lernen.		X
Ich habe den Fehler zum Glück relativ früh bemerkt und hoffe, dass er keine weitgehenden Konsequenzen hat.	X	
Das sollte natürlich nicht wieder vorkommen. Ich nehme das als Anlass zu überlegen, wie wir im Vorfeld besser kommunizieren können.		X
Das darf nicht noch einmal passieren. Aber vielen Dank, dass Sie damit zu mir gekommen sind.		X
Ich merke gerade, dass der Fehler zum Teil auch bei mir liegt. Ich hätte …		X

2. Welche folgenschweren Fehler kann man in Ihrem (Wunsch-)Beruf oder Berufsfeld machen? Was haben Sie schon erlebt? Notieren Sie typische Situationen.

_____

_____

_____

_____

_____

3. Arbeiten Sie zu zweit. Wählen Sie einen der Fehler, die Sie in Aufgabe 2 notiert haben. Spielen Sie Mini-Dialoge. Eine/r spricht den Fehler an, der/die andere reagiert im Sinne einer positiven Fehlerkultur. Spielen Sie Situationen aus beiden Fehlerlisten.

KV 4–2

aktuelle Schulung absagen	alle über Schulungsabsage informieren
Teilnahme an Schulungen z. B. durch Bonuszahlungen attraktiver machen	mögliche Höhe der Zahlung klären und schnell an Trainer/innen kommunizieren
eine Fortbildung pro Quartal verpflichtend machen	Vorgabe muss in Verträgen festgehalten werden
neue Trainer/innen für neue Trainingsmethoden finden	Stellenanzeigen aufgeben und Finanzierung von mehr Personal klären
statt neuer Kurse neue Geräte anbieten	Kosten und Raumkapazitäten für Geräte klären
keine neuen Kurse anbieten – Trends sind ohnehin schnell wieder vorbei	mehr Werbung für die „klassischen" Kurse machen, Hinweis, dass diese sich bewährt haben
Umfrage unter den Trainer/innen machen, für welche Schulungen sie sich interessieren würden	Fragebogen erstellen

einfaches Gleitzeitmodell

Das einfache Gleitzeitmodell verlangt jeden Tag dieselbe Stundenzahl. Bei einer Stundenzahl von acht Stunden pro Tag ist man also verpflichtet, jeden Tag acht Stunden zu arbeiten. Gibt es keine Kernarbeitszeit, kann man innerhalb der Betriebszeit kommen und gehen, wann man will, solange man die täglichen Arbeitsstunden erfüllt.

Die flexible Zeiteinteilung innerhalb der Gleitzeit wird häufig durch eine Kernarbeitszeit eingeschränkt. Damit legen die Arbeitgeber/innen einen Zeitrahmen fest, in dem die Mitarbeitenden anwesend sein müssen. Je nach Unternehmen kann dies für die betrieblichen Abläufe relevant sein, wenn z. B. Erreichbarkeit wichtig ist oder häufig gemeinsame Meetings angesetzt werden müssen. Die Kernarbeitszeit kann z. B. zwischen 11 und 15 Uhr sein, die generell mögliche Arbeitszeit (Betriebszeit) aber von 6 bis 20 Uhr gehen.

qualifiziertes Gleitzeitmodell

Im qualifizierten Gleitzeitmodell kann man sich seine Arbeitszeit ziemlich frei einteilen. Bei diesem Modell ist es möglich, die Stundenanzahl für jeden einzelnen Tag selbst zu wählen. Man kann z. B. an einem Tag fünf, am nächsten zehn Stunden arbeiten. So kann man auch Termine im Privatleben einfacher planen. Am Ende muss die Gesamtzahl der Stunden in einem festgelegten Zeitraum stimmen. Der festgelegte Zeitraum kann z. B. ein Monat oder ein Quartal sein. Wenn die Monatsarbeitszeit also 160 Stunden beträgt, muss man insgesamt im Monat auf diese Anzahl Stunden kommen. Berücksichtigen muss man dabei aber trotzdem, dass Arbeit, die einem zugeteilt wird, fristgerecht erledigt wird. Vor allem in Unternehmen, bei denen wenig Außen- und Kundenkontakt notwendig ist, kann dieses Modell funktionieren.

Gleitzeit mit Funktionsarbeitszeit

Bei der Gleitzeit mit Funktionsarbeitszeit kann man theoretisch kommen und gehen, wann man will – sofern dabei die Abteilung oder die Firma trotzdem funktionstüchtig bleibt. Grundsätzlich setzt die Funktionsarbeitszeit keine Anwesenheit zu bestimmten Zeiten voraus, stattdessen zählt das Arbeitsergebnis. Dieses Modell erfordert allerdings eine gute Abstimmung innerhalb der Abteilungen, die sich oft selbst organisieren und eventuell auch je nach Projekt vorübergehend gemeinsame Arbeitszeiten festlegen, wenn es nötig ist. Dieses Modell funktioniert nur, wenn sich alle Mitarbeitenden ihrer Verantwortung bewusst sind, wann z. B. Projekte abgeschlossen werden müssen.

Bei Abwesenheit von Kollegen oder Kolleginnen muss geklärt werden, wer bei Bedarf an Präsenz gebundene Aufgaben innerhalb der Abteilung oder Firma übernehmen kann.

Gleitzeit mit Jahresarbeitszeit

Die Gleitzeit mit Jahresarbeitszeit ist eine Variante der qualifizierten Gleitzeit (bei der Beschäftigte innerhalb eines Zeitraums auf eine festgelegte Gesamtzeit an Stunden kommen müssen). In diesem Fall wird eine jährliche Stundenanzahl festgelegt. Diese kann nach eigenem Ermessen „abgearbeitet" werden. Das heißt, dass Beschäftigte sich freie Tage oder Wochen (zusätzlich zum Jahresurlaub) genehmigen können, solange sie die Arbeitszeit im laufenden Jahr an anderer Stelle ausgleichen. Das Gehalt bleibt dabei immer gleich. Natürlich muss bei diesem Modell besonders darauf geachtet werden, dass anfallende Arbeit erledigt wird. Kommunikation innerhalb der Teams über die geplante Anwesenheit sollte dabei selbstverständlich sein. Hat ein Unternehmen „Laufkundschaft", wird dieses Modell ohne Kernarbeitszeit sicherlich nicht funktionieren.

Die nächste Stufe im Spektrum der Arbeitszeitmodelle sind *Lebens*arbeitsmodelle, mit denen man sich z. B. Sabbat-Jahre oder einen früheren Renteneintritt erarbeiten kann.

Quelle: https://www.lernen.net/artikel/gleitzeit-26328/

Was ist passiert?

Stellen Sie Vermutungen mit Futur I und Futur II an.

1

2

3

KV 5–1

1
- Haben Sie Kundenkarten? Wie viele?
  _____
- Wenn ja: Warum? Welche Vorteile haben Kundenkarten für Sie?
  _____
- Wenn nein: Warum nicht?
  _____
- In welchen Geschäften wurden Sie schon nach Kundenkarten gefragt? Wie finden Sie das?
  _____

2
- Hatten Sie schon mal Kontakt mit dem Kundenservice einer Firma?
  _____
- Wie lief der Kontakt ab? *(schriftlich, online, telefonisch, im Laden …)*
  _____
- Wie waren Ihre Erfahrungen?
  _____
- Was finden Sie bei einem Kundenservice wichtig?
  _____
  _____

3
- Schätzen Sie: Zu wie viel Prozent kaufen Sie online ein?
  _____
- Was kaufen Sie vor allem online ein?
  _____
- Warum entscheiden Sie sich für einen Online-Shop?
  ☐ Werbung ☐ Empfehlungen ☐ Bewertungen im Netz ☐ Preis
  ☐ Auswahl ☐ Internetauftritt ☐ andere Gründe: _____

4
- Folgen Sie Firmen in den sozialen Medien?
  _____
- Wenn ja: Nennen Sie Beispiele und Gründe dafür.
  _____
  _____
- Haben Sie schon mal bei Aktionen von Firmen mitgemacht? Welchen?
  ☐ einen Newsletter abonniert ☐ bei einer Kundenumfrage mitgemacht
  ☐ an einem Gewinnspiel teilgenommen ☐ zu einem Event gegangen ☐ andere:

KV 5-2

1. Was bedeuten die Begriffe aus der Präsentation? Ordnen Sie zu.

1. das Arzneimittel ____
2. die Dosierung ____
3. die Einnahme ____
4. die Pflegeeinrichtung ____
5. etwas verordnen ____
6. die Freigabe ____
7. lückenlos ____
8. die Zuteilung ____

A hier: ein Medikament / eine Medikation verschreiben
B vollständig, komplett, ganz, ohne Ausnahme
C einer Person seinen/ihren Anteil von etwas geben
D Nomen von einnehmen; hier für: ein Medikament nehmen
E das Medikament
F ein Ort, an dem Menschen betreut werden, die nicht alleine zurechtkommen
G eine bestimmte Menge, die gebraucht wird
H wenn etwas nach einer Kontrolle zugelassen, also für den Gebrauch oder die Auslieferung erlaubt wird

2. Hören Sie die Präsentation. Ergänzen Sie die Notizzettel der Mitarbeiterin von BlisterMix.

| Arzneimitteln | verordnet | lückenlose | Dosierung | Blister | Pflegeeinrichtungen |
| Entlastung | Freigabe | vollautomatisch | personeller | Zuteilung | hygienische |

Was ist BlisterMix?
Verblisterung von Medikamenten:
- perfekte Lösung für Versorgung mit (1) _____
- immer korrekt:
  - Medikament,
  - (2) _____
  - Zeitpunkt der Einnahme
- kein (3) _____ oder zeitlicher Mehraufwand

Was sind die Vorteile von BlisterMix?
- mehr Sicherheit durch
  - hohe (8) _____ Standards
  - digitale und automatisierte Prozesse
  - (9) _____ Dokumentation
  - individuelle (10) _____ der Medikation
- (11) _____ des Personals = Verbesserung der Pflege

Wie funktioniert BlisterMix?
Wir liefern (4) _____ mit individuellen Medikamenten.
Ablauf:
- Medikation wird (5) _____, geht als elektronischer Auftrag an uns
- Blister werden (6) _____ erstellt mit Infos zu Einnahmezeitpunkt
- erst digitale Kontrolle, dann
- (7) _____ durch geschultes Personal

Für wen ist BlisterMix?
- Für alle, deren Patienten und Patientinnen täglich und langfristig auf korrekte Einnahme verschiedener Medikamente angewiesen sind:
- (12) _____
- Krankenhäuser
- private Pflegedienste
- kleinere Einrichtungen

KV 5-3 Portfolio

Der Elevator Pitch

Ein Elevator Pitch ist ein Pitch, der nur etwa 60–90 Sekunden (so lang, wie eine Fahrt im Aufzug dauert) dauern soll. Man kann den Pitch nach dem AIDA-Modell planen.

1. **Sehen Sie die Schritte an und ergänzen Sie Redemittel für jeden Schritt.**

Awareness
Erzeugen Sie zuerst **Aufmerksamkeit**. Das geht z. B. mit Fragen oder einer kurzen Geschichte.

Ist Ihnen das auch schon mal passiert? Sie möchten … aber haben kein …

Interest
Erklären Sie jetzt kurz und verständlich, worum es geht, wecken Sie also das **Interesse**.

Wir haben … entwickelt, damit …

Man hat dadurch einen Riesenvorteil, weil …

Desire
Erzeugen Sie **Verlangen**: Überzeugen Sie Ihr Gegenüber davon, warum er/sie von Ihrer Idee profitiert.

Ich kann Ihnen das gerne einmal zeigen. Lassen Sie uns einen Termin für eine Präsentation vereinbaren.

Action
Fordern Sie Ihr Gegenüber zum **Handeln** auf, z. B. Ihr Angebot anzunehmen oder einen Termin mit Ihnen zu vereinbaren.

2. a **Schreiben Sie einen Pitch für Ihre Idee. Üben Sie, den Pitch frei zu sprechen.**
   - Lesen Sie den Text für den Pitch zuerst mehrmals laut.
   - Legen Sie dann den Text weg und sprechen Sie den Text frei.
   - Präsentieren Sie Ihren Pitch, wenn Sie sich sicher fühlen.

   b **Geben Sie sich gegenseitig Feedback zu Ihrem Pitch.** Beachten Sie dabei auch die Umsetzung der AIDA-Schritte.

3. a **Das Prinzip von Elevator Pitches kann man auch nutzen, um statt einer Geschäftsidee sich selbst, z. B. im Vorstellungsgespräch, zu präsentieren.** Schreiben Sie für sich selbst einen Pitch.

   b **Tragen Sie sich zu zweit Ihre Pitches vor.** Geben Sie sich anschließend Feedback.

KV 6–1 Portfolio

Argumente sammeln und auf Argumente reagieren

1. Notieren Sie Ihre Argumente, eventuell auch mit einem Beispiel pro Argument. Ordnen Sie die Argumente dann (mit Nummern) z. B. nach Wichtigkeit oder nach Schwerpunkten.

Meine Argumente:	
☞	Nr. ___
☞	Nr. ___
☞	Nr. ___
☞	Nr. ___
☞	Nr. ___
☞	Nr. ___

2. Hören Sie die Argumente der Gegenseite. Überlegen Sie, wie Sie darauf reagieren möchten.

Argumente der Gegenseite: ☞	Meine Reaktion darauf: 👄

Ablauf einer Debatte

Gruppen A und B
Recherchieren und Argumente sammeln
- Argumente und Beispiele zusammentragen
- Reihenfolge der Argumentation planen
- jedes Argument auf eine Karte schreiben für Sprecher/in

Moderator/in
Eröffnung der Debatte
- nennt das Thema
- erklärt die Regeln
- achtet während der Debatte auf die Zeit und die Schritte

Gruppe A
Sprecher/in hält Plädoyer
- stellt Standpunkt der Gruppe dar
- nennt Hauptargumente
- max. 2 Minuten

Gruppe B
Sprecher/in hält Plädoyer
- stellt Standpunkt der Gruppe dar
- nennt Hauptargumente
- max. 2 Minuten

Gruppe A und B
Beratung zu Erwiderung
- Gruppen überlegen, wie sie auf die Argumente der anderen Gruppe reagieren möchten
- ca. 5 Minuten

Gruppe A
Erwiderung
Reaktion auf Plädoyer von Gruppe B

Gruppe B
Erwiderung
Reaktion auf Plädoyer von Gruppe A

Publikum
Fragen
Publikum stellt Fragen an eine oder beide Gruppen

Gruppe A
Antworten auf Fragen

Gruppe B
Antworten auf Fragen

Moderator/in
Beendigung der Debatte
- Zusammenfassung
- erklärt Debatte für beendet

Wortschatz-Bingo

Infinitivsätze

Ergänzen Sie die Sätze mit *zu* + Infinitiv.

Der Architekt erinnert sich nicht,
Die Polizistin glaubt,
Die Malermeisterin bereut es,
Der Elektrotechniker behauptet,
Die Vertriebsleiterin hat das Gefühl,
Der Grafiker kann beweisen,
Die Schriftstellerin ist sich sicher,
Der Augenarzt ist der Ansicht,
Die Buchhalterin ist stolz darauf,
Der Schwimmlehrer meint,

KV 7–1

Wechselspiel – Wer sagt was im Meeting?

Fragen und antworten Sie abwechselnd wie im Beispiel und ergänzen Sie so Ihre Tabelle.

Beispiel: B fragt … *Was schlägt der Geschäftsführer vor?*

Sie (A) antworten (mit *zu*): *Der Geschäftsführer schlägt vor, Produkte online an**zu**bieten.*

Partner/in A	schlägt vor	findet gut	findet essenziell
der Geschäftsführer	Produkte online anbieten		Abläufe optimieren
die Marketingleiterin		umfassende Veränderungen angehen	nicht von der Konkurrenz überholt werden
der Praktikant	flexibler auf veränderte Märkte reagieren		
die IT-Beraterin		Systeme miteinander vernetzen	
der Campaign Manager	den Wandel in der Unternehmenskultur nicht verschlafen		wettbewerbsfähig bleiben

✂ ··

Wechselspiel – Wer sagt was im Meeting?

Fragen und antworten Sie abwechselnd wie im Beispiel und ergänzen Sie so Ihre Tabelle.

Beispiel: Sie (B) fragen … *Was schlägt der Geschäftsführer vor?*

A antwortet (mit *zu*): *Der Geschäftsführer schlägt vor, Produkte online an**zu**bieten.*

Partner/in B	schlägt vor	findet gut	findet essenziell
der Geschäftsführer	*Produkte online anbieten*	bei der Digitalisierung gezielt vorgehen	
die Marketingleiterin	eine Standortbestimmung durchführen		
der Praktikant		alle Betriebsbereiche in das Projekt mit einbeziehen	Schwachstellen in der Kommunikation identifizieren
die IT-Beraterin	sich mit dem Thema Digitalisierung auseinandersetzen		digitale Technologien in Arbeitsprozesse einbeziehen
der Campaign Manager		ähnliche Aufgaben bündeln	

zu zahlende Rechnungen	die zu veröffentlichende Stellenanzeige
eine schnell zu erledigende Arbeit	die zu vernichtenden Akten
ein Memo mit umzusetzenden Maßnahmen	eine abzuarbeitende To-do-Liste
restliche zu verteilende Aufgaben	der noch zu installierende neue Drucker
die Teilnehmerliste des abzusagenden Meetings	eine zu unterschreibende Geburtstagskarte
eine sorgfältig zu verpackende Lieferung	ein zu überarbeitender Evaluationsbogen
ein genau zu lesender Vertrag	eine zu zertifizierende Neuentwicklung
der noch zurückzugebende Parkausweis	ein auszufüllendes Formular
eine Liste mit auszuwählenden möglichen Urlaubstagen	die Nummer des anzurufenden Wartungstechnikers
ein Katalog mit auszusuchenden Kundengeschenken	mehrere abzuschickende Briefe

Bildungsurlaub: Recherchieren Sie zu Ihrem Bundesland.

1. Gibt es bei Ihnen „Bildungsurlaub"? Wie heißt er offiziell? Wie viele Tage im Jahr haben Sie Anrecht darauf?

   _____

2. Wie läuft der Antrag auf Bildungsurlaub in Ihrem Bundesland ab?

   _____
   _____
   _____
   _____

3. Darf der/die Arbeitgeber/in Ihren Antrag auf Bildungsurlaub ablehnen? Wann/Warum?

   _____
   _____
   _____
   _____

4. Welche Angebote zählen als Bildungsurlaub und welche nicht? (Beispiele)

   _____
   _____
   _____
   _____

5. Finden Sie ein Angebot, das Sie gern nutzen würden. Warum interessieren Sie sich dafür? Tauschen Sie sich in Gruppen aus.

   _____
   _____
   _____
   _____

In Firmen sollte es einmal im Monat einen verpflichtenden Fortbildungstag geben.

Yoga und anderer Sport haben nichts mit der Arbeit zu tun, sie sind reines Vergnügen.

Das Aufstiegs-BAföG sollte nur bei sehr guten Leistungen gezahlt werden.

Wegen des Fachkräftemangels müssen alle Ausbildungen und Studiengänge in Deutschland kostenlos sein.

Viele Schulungen und Fortbildungen sind schlecht und verschwenden nur Zeit und Geld.

Wenn Firmen die Viertagewoche einführen würden, könnte man den Bildungsurlaub abschaffen.

KV 8–1

Behauptungen mit subjektiven Modalverben

1. Was erfahren Sie in den Behauptungen 1–11 über das angebliche Geschehen am Bahnhof? Kreuzen Sie an. Vergleichen Sie dann zu zweit.

	Das angebliche Geschehen …			
	… passiert jetzt.	… ist schon vorbei.	… passiert(e) aktiv.	… passiert(e) passiv.
1. Auf dem Bahnhof soll es einen Polizeieinsatz geben.				
2. Ein Mädchen soll auf die Schienen gelaufen sein.				
3. Der Vorfall soll von einem Zeugen beobachtet worden sein.				
4. Der Zeuge soll laut gerufen und die Polizei geholt haben.				
5. Das Mädchen soll von der Polizei zurück auf den Bahnsteig gebracht worden sein.				
6. Plötzlich soll einer der Polizisten ohnmächtig geworden sein.				
7. Das Mädchen soll nämlich eine Maus in der Hand gehalten haben.				
8. Der Polizist soll Angst vor Mäusen haben.				
9. Das Mädchen will die Maus vor einem Vogel gerettet haben.				
10. Der Polizist will am Ende die Maus noch gestreichelt haben.				
11. Die Maus soll ganz zahm sein.				

2. Sprechen Sie zu zweit die Sätze. A beginnt mit einem Satz. B reagiert erstaunt und wiederholt den Satz, ohne abzulesen. Tauschen Sie nach 5 Sätzen.

A: Hast du gehört? Auf dem Bahnhof soll es einen Polizeieinsatz geben!

B: Wirklich? Bist du dir sicher? Auf dem Bahnhof soll es einen Polizeieinsatz geben?

B: Das kann ich nicht glauben! Auf dem Bahnhof soll es einen Polizeieinsatz geben?

B: Das gibt es ja nicht! Auf dem Bahnhof soll es einen Polizeieinsatz geben?

KV 8-2 Portfolio

Kündigungsschreiben

	Absender mit Adresse
	Adressat mit Kontaktperson, wenn bekannt
	Datum
	Betreff
	Anrede
	Bei einer Kündigung: Schreiben Sie • zu welchem Datum Sie kündigen • dass Sie eine Bestätigung möchten • dass Sie ein Arbeitszeugnis möchten
	Gruß
	Unterschrift

KV 8–3

Vermutungen mit subjektiven Modalverben

Spielen Sie zu dritt. Würfeln Sie und gehen Sie so viele Felder weiter, wie Sie gewürfelt haben. Es gibt zwei Arten von Feldern:

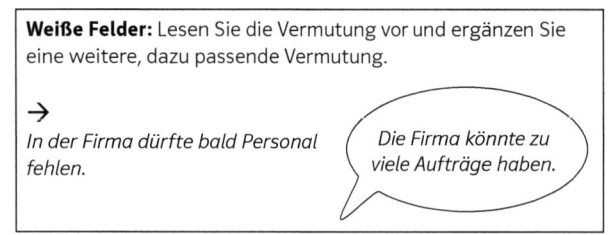

Weiße Felder: Lesen Sie die Vermutung vor und ergänzen Sie eine weitere, dazu passende Vermutung.

→ *In der Firma dürfte bald Personal fehlen.* — *Die Firma könnte zu viele Aufträge haben.*

Graue Felder: Formulieren Sie den Satz in eine subjektive Vermutung mit Modalverb. Die Würfelzahl gibt die Wahrscheinlichkeit vor:
1+2 = es ist möglich
3+4 = es ist sehr wahrscheinlich
5+6 = es ist ziemlich sicher

— *Die Schwierigkeiten dürften …*

START →	*In der Firma dürfte bald Personal fehlen.* →	*Die Mitarbeitenden der Bahn könnten morgen streiken.* ↓
Die Schwierigkeiten waren schon im letzten Jahr bekannt. ↓	Marianne hat nicht selbst gekündigt. ←	*Paulina muss schon letzten Monat gekündigt haben.* ←
Die Zahlen sind nicht richtig. →	Der junge Mann ist der neue Praktikant. →	Die Lieferung ist bald ausverkauft. ↓
Den Plan kann Ricardo nicht gemacht haben. ↓	Das Projektteam hat sich gestritten. ←	*Die Qualität dürfte sehr schlecht sein.* ←
Das Angebot der Konkurrenz war besser. →	*Das muss der neue Sportwagen vom Chef sein.* →	Die Kollegen sprechen über das Essen in der Kantine. ↓
Das Restaurant hat kein geeignetes Personal gefunden. ↓	← Die Unterlagen sind von Herrn Ümer.	Das Restaurant ist pleite. ←
Der Kopierer könnte schon wieder kaputt sein. →	Die Konkurrenz hat den neuen Prototypen noch nicht fertig. →	Dieses Jahr gibt es eine Gehaltserhöhung für alle. ↓
Juan hat einen besseren Job gefunden. ↓	In der Abteilung gibt es viel Druck von der Chefin. ←	*Die Mail kann Susanne geschrieben haben.* ←
Julia dürfte mit ihrem Gehalt unzufrieden sein. →	*Der Steuerberater muss einen Fehler gemacht haben.* →	ZIEL

KV 9-1 Portfolio

Checkliste für Recherchen im Internet

Effektiv suchen

Haben Sie die Suche mit gezielten Suchbegriffen eingegrenzt? • z. B. nicht nur „Branchen" suchen, sondern z. B. „Branchen Deutschland größte" und noch eine Jahreszahl oder das Suchwort „Statistik" dazu eingeben.	☐
Kennen und verwenden Sie unterschiedliche Suchmaschinen? • Die Treffer bzw. Ergebnisse unterscheiden sich bei unterschiedlichen Suchmaschinen zum Teil. Oft sind die ersten Treffer bei Suchmaschinen z. B. Werbung („Anzeige"), die sich aus Ihren früheren Suchen ergibt. Probieren Sie also auch einmal alternative Suchmaschinen aus, z. B. ecosia.de, duckduckgo.com …	☐
Nutzen Sie auch die Suchfunktion auf einschlägigen, bewährten Websites? • Suchen Sie gezielt auf Seiten, von denen Sie wissen, dass sie vertrauenswürdige Informationen liefern.	☐

Inhalte auswählen

Sind Sie sicher, dass die Seite, von der Sie Informationen bekommen, seriös ist? • Orientieren Sie sich an Quellen, die Ihnen Informationen „aus erster Hand" geben, z. B. bei Fragen zur Krankenversicherung direkt die Seite Ihrer Krankenkasse. • Universitäten, Behörden oder andere anerkannte Institutionen veröffentlichen normalerweise besser abgesicherte Informationen als Privatpersonen. • Nachrichten sind am verlässlichsten bei denjenigen großen deutschen Sendern und Zeitungen, die sich zur Einhaltung der im „Pressekodex" formulierten hohen journalistischen Standards verpflichtet haben. Bei Verstößen werden sie zur Rechenschaft gezogen. • Nachrichten aus Ihrer Region suchen Sie bei Regionalzeitungen und Regionalsendern. • Hilfreiche verlässliche Seiten sind z. B. bpb.de (Bundeszentrale für politische Bildung), die Seiten der Agentur für Arbeit, der Berufsverbände oder des DGB sowie tagesschau.de und heute.de.	☐
Ist der Inhalt auf der Seite sachlich und neutral dargestellt? • Achten Sie darauf, ob der Autor / die Autorin sachlich-neutral berichtet oder aber „Meinungsjournalismus" betreibt, also eine Perspektive bevorzugt, unsachlich oder einseitig berichtet und Emotionen schüren will. Fragen Sie sich immer: Was beabsichtigt die Person/Seite mit der Veröffentlichung der Information?	☐
Lassen sich die Quellen zu den auf der Seite genannten Informationen nachprüfen? • Können Sie nachvollziehen, wer für die Inhalte auf der Seite verantwortlich zeichnet? (Angabe von Autorennamen, Angabe eines Impressums, auch: genaue und nachvollziehbare Nennung, woher ein Zitat oder ein Bild stammt) • Suchen Sie auf anderen Seiten und in anderen Medien, ob Sie dort die gleichen Informationen finden. • Wenn nicht genau ersichtlich ist, wer den jeweiligen Artikel verfasst hat, sollten die genannten Quellen und andere, zusätzliche Quellen geprüft werden.	☐
Haben Sie die Aktualität Ihrer Informationen geprüft? • Das Internet vergisst (und löscht) nichts: Achten Sie immer darauf, wie aktuell die gefundenen Informationen sind. • Prüfen Sie bei strittigen oder zweifelhaften Inhalten, ob es seit deren Veröffentlichung ggf. Aktualisierungen, Widerrufe, Richtig- oder Gegendarstellungen gibt.	☐

Verantwortlich und juristisch korrekt handeln

Haben Sie beim Herunterladen von Informationen für deren Weiterverwendung (z. B. in einem Blog, einem Flyer oder einer Präsentation) die rechtlichen Vorschriften beachtet? • Speichern und nennen Sie stets die Quelle von Inhalten, die Sie übernehmen. • Zitate dürfen nur unverfälscht und mit genauer Quellenangabe verwendet werden. • Bei Abbildungen müssen Urheber- und Persönlichkeitsrechte beachtet werden (Recht am eigenen Bild, Einholung der Nutzungsrechte, Urhebernennung). • Der Besitz und das Weiterleiten bestimmter Inhalte (z. B. volksverhetzender Schriften oder verfassungsfeindlicher Symbole) ist strafbar.	☐

KV 9-2 Portfolio

Branche _____

1. **Welche Berufe umfasst die Branche? Nennen Sie Beispiele.**
   _____
   _____
   _____

2. **Wie groß ist die Branche in Deutschland? (Zahl der Firmen, Umsatz, …)**
   _____
   _____

3. **Welche Arbeitgeber (Firmennamen) gibt es in der Branche?**
   _____
   _____
   _____

4. **Wie viele Beschäftigte arbeiten in dieser Branche?**
   _____

5. **Wie ist die Arbeitsmarktlage in der Branche? Wo gibt es Bedarf, wo nicht?**
   _____
   _____
   _____

6. **Wie wird sich die Situation entwickeln? Welche Prognosen gibt es?**
   _____
   _____
   _____

7. **Was macht die Firmen in dieser Branche attraktiv? (z. B. Gehalt, zusätzliche Leistungen, viel Urlaub, …)**
   _____
   _____
   _____

8. **Wie zufrieden sind die Beschäftigten in dieser Branche?**
   _____
   _____
   _____

KV 9–3

Methoden und Redemittel, mit denen Sie Begriffe erklären können:

Geben Sie eine **Definition**: • *Unter … versteht man … /* • *Bei … handelt es sich um …*	Erklären Sie das Wort mit einem **Relativsatz**.
Erklären Sie das Wort mit einem **Synonym** (= gleichbedeutenden Wort) oder einem **Antonym** (= Gegenteilwort).	Erklären Sie das Wort mit einem **dass-Satz**: • *Das Wort … wird oft im Bereich … benutzt und bedeutet, dass …*
Beschreiben Sie den Begriff, indem Sie einen **Beispielsatz** damit bilden. (Das zu erklärende Wort lassen Sie dabei aber aus.)	Erklären Sie das Wort mit einem **wenn-Satz**: • *Das ist, wenn …* • *Das sagt man, wenn …*

versäumen	die Kündigung	befristet
das Arbeitsverhältnis	die Frist	sich melden
der Anspruch	die Versicherung	nachweisen
selbstständig	beantragen	vor Ort
etwas verschulden	sperren	verringern
der Stichtag	die Erwerbslosigkeit	die Bescheinigung
ein <u>triftiger</u> Grund	eine <u>rückwirkende</u> Zahlung	eine Zahlung <u>aussetzen</u>
verfallen	das Arbeitslosengeld	frühestens

KV 10–1 Portfolio

Meine Wunschstelle

Ergänzen Sie.

1. **Welche Qualifikationen und Fähigkeiten brauche ich für die Stelle oder Position? Welche Anforderungen werden normalerweise in Stellenausschreibungen genannt?**

- Das habe / kann ich schon:
  _____
  _____
  _____

- Das brauche ich noch / muss ich noch lernen:
  _____
  _____
  _____

2. **Welche Stärken und Soft Skills sollte man für diese Position haben?**

- Das habe/kann ich:
  _____
  _____
  _____

- Das kann ich noch lernen:
  _____
  _____
  _____

- Das kann ich vielleicht nicht lernen, aber ich weiß, wie ich es erklären und kompensieren kann:
  _____
  _____
  _____

3. **Diese Motivation habe ich für die Stelle: Warum interessiert sie mich?**
  _____
  _____
  _____

KV 10-2

Person A

Sie sind Vermieter/in und können Person B eine günstige schöne Wohnung anbieten. Sie rufen an und sagen, dass Person B aber morgen um 10 Uhr kommen und den Vertrag unterschreiben muss. Sonst bekommt jemand anderes die Wohnung.

Person B

Sie suchen dringend eine Wohnung und warten schon lange darauf, nach einer Besichtigung auch endlich einmal eine Zusage zu bekommen.
Morgen fahren Sie ab 8 Uhr als Begleiter/in bei einem Schulausflug Ihres Kindes mit.

Person A

Sie sind Elektriker/in und sollen bei Person B den Herd reparieren. Sie rufen an und sagen, dass gerade ein Termin freigeworden ist und Sie in 10 Minuten da sein können.
Der nächste offene Termin ist in drei Wochen.

Person B

Ihr Herd ist seit einer Woche kaputt und Sie können nichts kochen.
Sie finden keine/n Handwerker/in, der/die Zeit hat. Sie haben schon allen Ihre Telefonnummer gegeben.
Jetzt sind Sie beim Friseur.

Person A

Sie sind Teamleiter/in und ein wichtiger Mitarbeiter ist kurzfristig erkrankt. Jemand muss dringend für ihn einspringen und morgen früh für vier Tage nach Dänemark reisen, um dort bei einer Partnerfirma ein Projekt zu planen.
Sie rufen Person B an und bitten sie, die Aufgabe zu übernehmen.

Person B

Sie sind noch relativ neu in Ihrer Firma und möchten bald schon gern mehr Verantwortung haben.
Bis jetzt gab es noch keine Möglichkeit zu zeigen, was Sie können.
Morgen haben Sie Geburtstag und am Abend eine große Feier geplant.

Person A

Sie sind in Ihrer Firma verantwortlich für Neueinstellungen und möchten Person B zu einem Bewerbungsgespräch einladen. Mögliche Termine sind Montag um 12 Uhr oder Dienstag um 10 Uhr, aber am Dienstag könnte das Gespräch nur per Videokonferenz stattfinden.

Person B

Sie haben sich auf eine Stelle beworben, die Sie unbedingt haben wollen. Seit zwei Wochen haben Sie nichts von der Firma gehört und nächste Woche fahren Sie am Montagmorgen in den Urlaub. Um mal richtig zu entspannen, haben sie eine Berghütte ohne Internetzugang gebucht.

KV 10-3 Portfolio

Meine Selbstpräsentation

Wer bin ich?		
	Name	
	Alter	
	Herkunft / Wohnort	
	persönliche Situation	

Was kann ich?		
	Mein beruflicher Werdegang / Meine Ausbildung:	
	Meine aktuelle berufliche Situation:	
	Evtl. berufliche Schwerpunkte:	
	Meine praktischen Erfahrungen:	
	Meine bisherigen beruflichen Erfolge:	
	Meine Stärken und Soft Skills:	
	Erwähnenswert ist auch noch: …	

Was will ich?		
	Kurzfristige Pläne für die Zukunft:	
	Langfristige Pläne für die Zukunft:	
	Diese Qualifizierungen oder Weiterbildungen interessieren mich:	
	Meine Fähigkeiten und Erfahrungen könnte ich so einbringen: …	
	Meine Motivation ist …	
	Erwähnenswert ist auch noch: …	

KV 10-4

Wie nennt man ...?

mobil, engagiert/hilfsbereit, selbstbewusst, lernbereit, zielstrebig/ehrgeizig, selbstkritisch, zuverlässig, anpassungsfähig/flexibel, vertrauensvoll/zuversichtlich, kreativ/einfallsreich, belastbar, lösungsorientiert, kontaktfreudig, selbstständig, empathisch

Lösung:
1 zielstrebig/ehrgeizig
2 selbstbewusst
3 anpassungsfähig/flexibel
4 empathisch
5 mobil
6 kreativ/einfallsreich
7 selbstkritisch
8 zuverlässig
9 engagiert/hilfsbereit
10 belastbar
11 kontaktfreudig
12 lösungsorientiert
13 lernbereit
14 vertrauensvoll/zuversichtlich
15 selbstständig

---

1 ... eine Person, die etwas erreichen will und deshalb immer Einsatz zeigt und den Willen hat, ihr Bestes zu geben?

2 ... eine Person, die weiß, was sie kann, und überzeugt von sich selbst ist? Sie traut sich viel zu und lässt sich von Kritik nicht gleich entmutigen.

3 ... eine Person, die in neuen Situationen schnell und ohne Probleme zurechtkommt? Auch neue Herausforderungen kann sie schnell annehmen.

4 ... eine Person, die die Gefühle und Motivationen anderer Menschen gut verstehen kann? Sie kann sich in deren Welt hineinversetzen.

5 ... eine Person, die darauf eingestellt ist, viel unterwegs zu sein und das/die geeignete(n) Verkehrsmittel dafür zur Verfügung hat?

6 ... eine Person, die immer viele Ideen hat und sich auch ungewöhnliche Lösungswege ausdenkt?

7 ... eine Person, die sich viele Gedanken darüber macht, wo ihre Schwächen liegen und ob sie etwas besser hätte erledigen können?

8 ... eine Person, bei der man sicher sein kann, dass sie das macht, was sie zugesagt hat?

9 ... eine Person, die sich mit viel Energie für etwas einsetzt und immer zur Stelle ist, wenn Hilfe benötigt wird?

10 ... eine Person, der man auch in Stresssituationen viele Aufgaben geben kann, weil sie dennoch konzentriert und produktiv arbeitet?

11 ... eine Person, die gerne andere Menschen um sich hat und kein Problem damit hat, neue Menschen anzusprechen, weil sie sehr offen und interessiert an anderen ist?

12 ... eine Person, die sich nicht frustrieren lässt, wenn etwas nicht funktioniert, sondern den Blick darauf richtet, wie man ein Problem beseitigen kann?

13 ... eine Person, die gerne neues Wissen erwirbt, sich für Neuerungen interessiert und an sich selbst arbeiten möchte, um sich zu verbessern?

14 ... eine Person, die optimistisch ist und daran glaubt, dass etwas letztlich gut gehen wird?

15 ... eine Person, die ihre Arbeit gut alleine erledigen kann und nicht bei jedem Schritt Unterstützung braucht?

Prüfungsübersicht — C1

Deutsch-Test für den Beruf C1

Subtest	Ziel	Aufgabe	Zeit
	LESEN		
Teil 1	Informationen zum Arbeitsmarkt suchen	5 Zuordnungsaufgaben	45 Min.
Teil 2	Einweisungen und Unterweisungen verstehen	2 Richtig/Falsch-Aufgaben 2 Multiple-Choice-Aufgaben	
Teil 3	Rahmenbedingungen der Arbeit verstehen	4 Zuordnungsaufgaben	
Teil 4	Aufgaben und Aufgabenverteilung nachvollziehen	5 Multiple-Choice-Aufgaben	
	LESEN UND SCHREIBEN		
Teil 1	Beschwerden und Anweisungen verstehen	2 Multiple-Choice-Aufgaben	20 Min.
Teil 2	Auf Beschwerden reagieren	Eine Klärung ermöglichen	
	HÖREN		
Teil 1	Arbeitsabläufe, Probleme und Vorschläge verstehen	3 Richtig/Falsch- und 3 Multiple-Choice-Aufgaben	20 Min.
Teil 2	Argumentationen nachvollziehen	4 Zuordnungsaufgaben	
Teil 3	Betriebsbezogene Informationen nachvollziehen	4 Multiple-Choice-Aufgaben	
Teil 4	Anliegen und Bitten erfassen	5 Multiple-Choice-Aufgaben	
	HÖREN UND SCHREIBEN		
Teil 1	Kundenanfragen entgegennehmen	1 Multiple-Choice-Aufgabe	5 Min.
Teil 2	Kundenanfragen dokumentieren	Inhalte übertragen	
	SPRACHBAUSTEINE UND SCHREIBEN		
Teil 1	Rückfragen zu Bewerbungen stellen	6 Zuordnungsaufgaben	45 Min.
Teil 2	Auf Anfragen reagieren und Angebote machen	6 Multiple-Choice-Aufgaben	
Teil 3	Meinungen begründen und durch Argumente stützen	Stellungnahme an die Geschäftsführung	

Subtest	Ziel	Aufgabe	Zeit
	SPRECHEN		
Teil 1 A	Über ein Thema sprechen	Etwas monologisch beschreiben	**keine Vorbereitungszeit!** ca. 16 Min.
Teil 1 B	Prüferfragen	Anschlussfragen beantworten	
Teil 1 C	Erläuterung eines Aspekts	Relevante Aspekte vermitteln	
Teil 2	Mit Kolleginnen und Kollegen sprechen	Sich über Themen austauschen	
Teil 3	Lösungswege diskutieren	Eine Situation am Arbeitsplatz besprechen	